Study on the Strategies and Methods
to Reduce the Cost of the Real Economy in Baise

百色市实体经济降低成本的途径与策略研究

王耀光 著

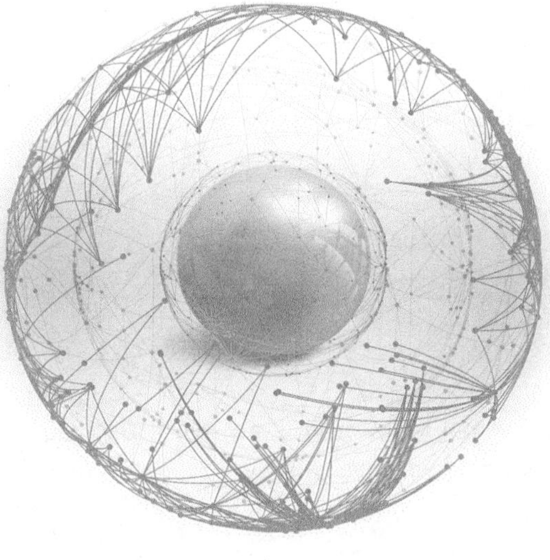

经济管理出版社
ECONOMY & MANAGEMENT PUBLISHING HOUSE

图书在版编目（CIP）数据

百色市实体经济降低成本的途径与策略研究/王耀光著．—北京：经济管理出版社，2016.12

ISBN 978－7－5096－4784－4

Ⅰ.①百…　Ⅱ.①王…　Ⅲ.①区域经济发展－研究－百色　Ⅳ.①F127.673

中国版本图书馆 CIP 数据核字(2016)第 312029 号

组稿编辑：张永美
责任印制：黄章平

出版发行：经济管理出版社
（北京市海淀区北蜂窝 8 号中雅大厦 A 座 11 层　100038）
网　　址：www.E－mp.com.cn
电　　话：(010) 51915602
印　　刷：北京九州迅驰传媒文化有限公司
经　　销：新华书店
开　　本：720mm×1000mm/16
印　　张：13.25
字　　数：179 千字
版　　次：2017 年 3 月第 1 版　　2017 年 3 月第 1 次印刷
书　　号：ISBN 978－7－5096－4784－4
定　　价：49.00 元

本书咨询委员会成员：

罗　成	百色市发展和改革委员会	主　任
范旭日	百色市发展和改革委员会	副主任
向家宇	百色市发展和改革委员会项目中心	主　任
钟静宇	百色市发展和改革委员会综合科	科　长

本书出版赞助单位：

百色学院

百色市发展和改革委员会

自　序

中国从1978年开始实施全面改革开放至今已经走过38年历程，创造了举世瞩目的经济成就。从中国经济增长模式角度看，可以将这38年的经济增长过程分为两个阶段。第一阶段是粗放式增长阶段，即1978～2008年。在这个阶段，中国政府致力于破除大部分束缚市场经济建设的桎梏，释放生产要素活力，并通过多种资金筹措渠道扩大基础设施建设投资。所有这一切，使中国人口红利得到较为充分的利用，并使中国经济始终保持两位数的增长。第二阶段是转换增长方式阶段，大致是2009年至今。在这个阶段，中国政府始终致力于调结构和稳增长工作，并于2015年11月提出“供给侧结构性改革”战略。这不仅要通过“供给侧结构性改革”调整政府工作职能，完善相关市场制度建设，而且还要通过“供给侧结构性改革”推动中国企业步入精细化和国际化发展阶段，由关注数量增加转向关注质量提高。所有这一切的实现，需要中国经济管理工作实现理论上的转向，更需要实现实践上的转向。

在中国全面实施改革开放的初期，欧美发达国家成为中国追赶的对象。在这个过程中，从苏联借鉴而来的计划经济理论逐渐被摒弃，在西方占据主流地位的新古典经济学理论悄然进入中国，并逐渐成为中国理论界的显学。客观地讲，新古典经济学理论对破除束缚中国市场经济建设的桎梏的确具有一定的借鉴意义。但是，新古典经济学的完全理性行为假设以及很少关注偏好来源的做法具有相当大的局限性。这种局限性导致中国经济工作者过于关注数量的增长，而忽视了在市场交换过程中市场偏爱所起的重要作用及偏爱的演化过程，忘记了“经济学是解决人类社会生活事务中经济问题的学问”这个基本界定，甚至出现部分人将起源于萨伊的供给学派理论与中国政府提出的“供给侧结构性改革”相混淆的现象。这些忽视经济系统嵌植在其所属社会环境中，并由其所属社会环境所铭刻的做法，必然导致部分经济工作者忽视“社会和市场偏爱是成本存在的先决条件”这个事实。

百色市作为经济后发展地区，正经历着由经济高速增长向低速增长滑落所带来的痛苦，这种痛苦不但远超出中国其他地区的同类城市，而且在国内也是特殊的。首先，独特的地理位置加上中国国内居高不下的物流成本使百色市难以承接发达的中东部地区在此次经济结构调整中淘汰的产能。其次，与百色市相邻的越南是欠发达国家，历史原因导致百色市没有形成与越南从事高效国际贸易的经济体系。最后，中央政策不再重点考虑投资拉动经济增长的方式，这也加重了刚刚进入工业化初期的百色市在此次经济结构调整中的难度。这种因地理和历史因素造成的痛苦需要百色市通过符合自己情况且独特的方式化解。

从恰当的角度通过看待和解决实体经济成本过高的问题，是百色市经济成功转型并获得高速发展的前提。如果从新古典经济学理论角度看，实体经济降低成本问题的解决范畴完全在微观经济体内部，土地、劳动力和货币资本始终是保证经济增长的基础。如果从制度经济学理论角度看，宏观经济制度和微观经济组织内部制度是解决成本问题的关键，相对较低的制度成本是保证经济增长的前提条件。如果从经济社会学理论角度看，经济组织与其所属社会环境的高度契合、恰当的交换，以及在其所属社会环境中所具有的高度合法性是实体经济有效生存和发展的关键，社会资本、知识资本和文化资本是保证经济增长的关键，对成本问题的解决要从实体经济所属社会环境及其内部考虑。因此，如何对这些既相互竞争又相互补充的理论进行有效整合，并在此基础上提出一个恰当可行的实体经济成本分类框架成为探索百色市实体经济降低成本的途径与策略能否成功的先决条件。

在2007年金融危机爆发以前，学术界在“凯恩斯革命”和“反凯恩斯革命”的争论中出现了百花齐放、百家争鸣的现象，各种新理论层出不穷。然而，在这个过程中，人们忽视了“宏观经济环境与企业生产成本之间的关系”、“虚拟经济的膨胀对实体经济的冲击”、“金融系统与虚拟经济的关系”，以及“企业扩张方式与产能过剩”等问题。因此，本书首先在第一章阐明什么是实体经济、实体经济与虚拟经济的关系，以及处理实体经济和虚拟经济之间关系的原则。在此基础上，本书第二章从经济社会学角度对成本、投资、政企关系及相互责任进行探讨，提出一个全新的实体经济成本分类框架，提出降低成本不仅仅是采用各种方法减少支出，更多时候是要通过增加支出来降低相对成本的观点。其次，第三章和第四章对百色市的经济状况和实体经济的生存现状进行描述和分析，从中探索百色市实体经济成本过高的真正原因。再次，第五章阐明百色市处理成本问题的原则和普遍性途径，并从宏观、产业和微观三个视角出发，提出百色市实体经济降低成本的具体途径和策略。最后，为了方便读者了解本书的内容和观点，本书在附录 1 中较为详细地介绍了百色市的人文地理和资源禀赋情况。在附录 2 中提供了《2014 年百色市国民经济和社会发展公告》，该公告不但反映了百色市在 2014 年所取得的经济成果和社会成就，而且还反映出百色市在过去一年的投资重点和经济发展策略，从宏观角度揭示百色市实体经济成本过高的成因。

对于如何有效进行经济结构调整，在经济发展道路上成功实现“弯道超车”，并在 2020 年以前彻底消灭贫困，百色市确实是一个非常有前景的实验场。我们希望本书的出版能够促进更多学者关注革命老区的发展，特别是，我们希望学者们不仅要关注革命老区的基础设施建设，更要关注革命老区的社会资本、文化资本和知识资本的培养与发展，使革命老区的经济能够从以往以数量为基础的增长方式，快速转换到以创新为驱动，以质量为基础的发展方式上。

目　录

第一章 实体经济

第一节 什么是实体经济

“实体”一词属于哲学范畴，一般指不断变化的事物的基础。实体是实在的、具体的且具有物质性，与其他方面相比较，实体更具有稳定性和根本性。但是，关于“实体经济”的概念，学术界目前还没有一个被广泛接受的定义。因此，对“实体经济”一词的把握，不但要有学术上的探索，更要有实践上的理解。

从中国的情况看，自2008年全球金融危机爆发以来，实体经济一词逐渐被政府和学者频繁且广泛地提起。在2011年末召开的中国中央经济工作会议上提出，要“牢牢把握实体经济这一坚实基础，营造鼓励脚踏实地、勤劳创业、实业致富的社会氛围”。中国共产党十八大报告也明确指出，要“牢牢把握发展实体经济这一坚实基础，实行更加有利于实体经济发展的政策措施，推动战略性新兴产业、先进制造业健康发展，加快传统产业转型升级，推动服务业特别是现代服务业发展壮大，支持小微企业特别是科技型小微企业发展”。2013年7月，习近平总书记提出“工业是中国立国之本，工业化对国家强大至关重要，国家强大要靠实体经济，不能泡沫化”。紧接着，在2013年末召开的中国中央经济工作会议上提出，要“增强金融运行效率和服务实体经济的能力”。2014年4月召开的中共中央政治局会议明确提出，要“加大对实体经济的支持力度，夯实经济发展基础”。从中国中央政府提出“供给侧结构性改革”以来，“中国经济虚火过盛，应该脱虚向实”的呼声越来越强烈，并且中国房地产市场的走势已经成为中国经济能否“脱虚向实”的标志。

从美国的情况看，2001～2004年美联储利用低利率政策刺激美国房地产市场发展，导致次级房贷还款利率不断升高，并最终导致危机发生。次贷危机全面爆发以来，为了稳定股票市场的情绪，美联储始终宣称“金融市场的动荡没有损害实体经济”，美联储在2007年9月18日宣布降息的声明中表示“此次降息是为了防止市场动荡损害实体经济”。从2013年7月18日美国“汽车之城”底特律申请破产保护以来，美国政府始终在倡导美国海外企业向本土回归。同时，美联储开始十分关心食品价格指数、消费者核心物价指数、库存指数和零售销售额变化指数等。

从以上的介绍看，大家普遍认为实体经济具有以下几个特征：①金融业和房地产业不属于实体经济范畴。②实体经济是一个国家经济系统的基础。③实体经济直接决定了一个国家人民的基本生活水平。④制造业是实体经济中的主体。⑤服务业属于实体经济范畴。⑥金融业属于虚拟经济范畴，虚拟经济是一个与实体经济相对的概念。

在2011年末的中央经济工作会议上，周小川提出，“实体经济是国民经济发展的基础，要对实体经济加以区分”。实际上，学术界对实体经济所下的定义颇多，彼得·德鲁克（2003）、Viviana Zelizer（2008）和成思危（2003）等都给出过实体经济的定义。但是，这些定义不但理论性过强，而且存在多样化特征，在经济实践工作中难以把握。实际上，对实体经济的理解关键在于是否以资源配置为基础，以价值创造为手段发展经济。虽然金融经济或其他虚拟经济也是以资源配置为基础，但创造出来的是市场价格，而不是价值。因此，是创造价值还是创造市场价格成为判定实体经济的唯一标准。

第二节　实体经济和虚拟经济的关系

在亚洲金融危机的启示下，2002年，中国共产党十六大报告首次提出“要正确处理发展高新技术产业和传统产业、资金技术密集型产业和劳动力密集型产业、虚拟经济和实体经济的关系”，并将这一点作为全面建成小康社会的重要措施。从此，正确处理虚拟经济和实体经济的关系成为中国在发展经济过程中必须要面对的重要问题。

现代经济系统包括实体经济系统和虚拟经济系统，两者作为整体经济系统的构成部分密不可分。实体经济是人类社会得以存在和发展的基础，虚拟经济是实体经济发展的前提条件，是实体经济发展到一定阶段的必然产物。从经济实际运行的具体情况看，实体经济和虚拟经济的具体关系如下：

第一，实体经济是基础，实体经济的发展需要借助虚拟经济。首先，当实体经济发展到一定程度和范围时，对市场信号的需求越来越强烈，市场信号对实体经济的发展也越来越重要。实体经济依赖市场信号组织资源配置，而虚拟经济恰恰能够提供资源价格，促使资源向需求强烈的地方流动。其次，实体经济的发展需要对内部资源进行有效配置，有效配置资源的前提条件是有良好的宏观外部条件。这些宏观外部条件包括实体经济所需的资金总量、资金筹措和资金循环状况等。同时，实体经济为了有效规避风险和不确定性，需要实施横向一体化、纵向一体化和多元化经营战略。这些战略的实施不但需要恰当的产权制度、交易规则、市场治理制度和控制观念，而且还需要充足的资金支持，这一切都需要虚拟经济来完成。最后，当实体经济发展到一定范围和程度时，出现多样化发展途径和多元化成长策略是实体经济必然面临的问题。在这个阶段，虚拟经济可以为实体经济提供多样化支持，促进实体经济发展。

第二，虚拟经济的产生和发展依赖于实体经济。首先，虚拟经济是实体经济发展到一定高度和范围时而产生的，是实体经济发展的衍生物。其次，虚拟经济并不是真正意义上的“虚无缥缈”，而是一种现实。虚拟经济的现实性来源于虚拟经济产生的条件，以及虚拟经济发展的基础。从根本上说，虚拟经济能否产生，以及能够形成的规模完全取决于实体经济的发展程度和规模。最后，实体经济的多元化和多样性直接决定了虚拟经济的发展特征及发展路径。

第三，虚拟经济和实体经济之间存在不可分割的契合性。首先，当实体经济发展到一定程度时，如果缺乏虚拟经济的支持，那么，实体经济就会出现停滞不前的现象。其次，从本质上看，虚拟经济是实体经济环境的重要构成部分。如果虚拟经济出现问题，那么，实体经济就会受到损伤。从社会学的行动者框架理论角度看，如果实体经济是行动者，虚拟经济就是行动者框架构成的部分之一。因此，相对于实体经济发展程度，虚拟经济必须发展到较高一个阶段才能够与实体经济相契合。最后，随着虚拟经济的发展，实体经济必须如期向更高阶段发展。否则，实体经济就会开始衰退。

第三节　正确处理实体经济和虚拟经济之间关系的原则

在2007年美国次贷危机发生以前，人们并没有对实体经济和虚拟经济之间的关系给予足够的认识。无论是中国国内学者还是国外学者，都没有能够从经济整体上把握处理实体经济和虚拟经济之间关系的原则。无论是从宏观经济层面看，还是从微观经济层面看，虚拟经济相对实体经济来说具有一定程度的独立性。换句话说，在一定时空范围内，虚拟经济可以独立发展且不受实体经济的任何约束。但是，虚拟经济脱离实体经济的独立发展会对实体经济造成致命伤害。资本的天性是追逐收益，更高的收益会吸引更多的资本，这是正常现象。但是，当资本无序地流入某一实体领域，并导致该领域的价值与价格发生严重偏离时，就会产生泡沫并对实体经济造成冲击。这种冲击与技术进步、生产效率波动和政府支持造成的冲击具有本质区别，这种冲击是完全具有破坏性的冲击。因此，在处理实体经济和虚拟经济之间关系时必须遵守以下原则：

第一，等同对待原则。实体经济和虚拟经济在整体经济发展过程中都有各自的独特功能，都对经济增长具有推动作用。因此，必须要保证两者在规模、发展速度、比例和多样性方面的协调。例如，中国目前各种类型投资公司很多，但是，中小企业贷款依然困难。探寻其中的根本原因是实体经济的创新程度不足，资本难以获得较高收益。因此，大量资本通过各种渠道进入房地产市场，导致中国房地产业“高烧不退”。其实，自改革开放至今，中国实体经济始终面临创新不足的问题，回顾历史，鹌鹑市场、君子兰市场、邮票市场等都是实体经济创新不足的反应。因此，经济泡沫过多的原因并非都是虚拟经济造成的。

第二，辩证原则。自从1997年东南亚金融危机爆发以后，金融体系的不稳定性和金融危机对实体经济造成的冲击成为人们关注的焦点，甚至有部分学者将金融体系视为与实体经济相对立的虚拟经济，并用虚拟经济的概念解释金融危机，这其实是错误的。实际上，金融体系是实体经济宏观环境的构成要素之一。当金融体系提供的资本完全参与了实体经济的价值创造时，不会产生经济泡沫，也不会构成虚拟经济。但是，当金融体系提供的资本部分没有甚至完全没有参与实体经济的价值创造，而仅仅是参与到实体经济的某个部分并且形成价格创造时，虚拟经济就会形成。在虚拟经济创造的价格对实体经济创造的价值偏离程度不大时，虚拟经济的存在是相对有益的，具有活跃资本市场的作用。但是，当虚拟经济创造的价格对实体经济创造的价值偏离程度过大时，经济泡沫就会过多，虚拟经济就会对实体经济造成伤害。因此，应该以辩证原则处理实体经济和虚拟经济的关系。

第三，边界清晰原则。美国次贷危机爆发的一个重要原因是，美国金融体系中的衍生品设计过多、过于复杂，且资金交易链条过长。这种金融体系的自我膨胀式发展模糊了实体经济体系与金融体系之间的界限，导致监管难度增加的同时，为投机资本创造了较为宽阔的操作空间，进而直接导致虚拟经济的无限扩张。因此，清晰界定金融体系和实体经济体系之间的界限是控制虚拟经济的前提条件。

第四，坚持信息先行原则。虚拟经济过度发展和畸形发展的前提条件有两个：一个是金融体系存在制度漏洞；另一个就是存在严重信息不对称现象。从实际情况看，金融企业对申请资金获得企业的净值和创新情况并不十分了解，而申请获得资金企业对金融企业资金投放的具体情况也不清楚，两者之间存在严重的信息不对称现象。如果能够坚持信息平台建设，使实体经济系统与金融系统之间保持适当的信息对称，那么，虚拟经济就会与实体经济之间保持一个相对平衡状态。

第五，平行治理原则。当虚拟经济过度发展和膨胀时，就会产生巨大泡沫并对实体经济产生冲击。因此，对中国金融体系进行有效监管和治理的呼声越来越高，似乎中国金融体系是虚拟经济过度膨胀的根本原因，这个观点是不完全的。从实际情况看，如果没有实体经济，单靠金融体系是不会产生虚拟经济的。虚拟经济的产生必须同时依赖实体经济和金融经济的存在，虚拟经济的过度膨胀也必然来自金融经济存在的漏洞以及实体经济存在的缺陷。中国企业目前存在的问题有两个：一个是企业将大量银行贷款偷偷用于转贷或投入房地产中，依靠投机获取不正当得利；另一个是企业依靠大量银行贷款进行简单复制式产能扩张，而不是通过提高管理水平、新产品研发和服务创新进行高质量扩张。这种简单复制式产能扩张的后果导致市场出现恶性价格竞争，促使留有资金的企业将剩余资金投入到房地产领域，或者转贷给其他企业并直接导致贷款利率的上升。因此，在对金融体系实施治理的同时，也应该对企业经营行为实施治理。唯有如此，才能够将虚拟经济限制在一定规模和范畴内。

第二章　成本、投资和政企关系

第一节　成本的内涵和分类

从传统上说，企业的成本和费用是有区别的。费用是指企业为了销售产品和提供劳务等经营活动而发生的经济利益的付出。而企业的成本是按一定的产品和劳务对象所归集的费用。按照现行《会计法》的要求，企业费用和企业成本在内容、计算期、计算对象、计算依据、账户和原始凭证、总额和作用等方面是不同的。从中国企业实际经营情况看，除去《会计法》和《税法》的要求外，企业高管在进行决策时往往不考虑企业成本和企业费用的差异，而将企业成本和企业费用统统看作企业为了获得利益或收益而需要付出的代价。欧美企业在管理企业时同样按照《税法》的要求设置会计科目，也要区分企业的成本和费用。在进行决策时，也同样将企业成本和费用统统看作企业为了获得利益和收益而需要付出的代价。然而，欧美企业比中国企业更加先进一些，往往将这些付出的代价与产品或服务的加工环节，以及这些加工环节的获利能力放在一起综合评价。这种对待企业成本和企业费用的观点导致了现在的全球贸易格局（中心国家、核心国家和外围国家）和服务外包理论的形成。这种分析企业成本和费用的思路不但指导了欧美企业在全球贸易中对优势地位的抢占，而且帮助欧美企业垄断了产业链中获利最大的环节。因此，正确理解成本的内涵，并对成本进行合理的分类是经济实体进行正确投资、有效控制成本和获得竞争优势的前提条件。

从狭义的个体角度看，对成本内涵的理解是简单的，成本是人类个体或群体为了某种利益或收益的获得而付出的代价。对这种狭义成本内涵的界定具有两个前提条件：一个是收益或利益是事先给定的；另一个是这种付出的代价是简单且单向的，仅仅局限于物质性的代价。从经济学“外部性”的角度看，经济个体行为的后果不但具有正外部性，而且具有负外部性。这种外部性会给经济行为个体以外的其他个体和社会整体带来收益或损害。因此，从广义的个体角度看，对成本内涵的理解是相对复杂的。这不但涉及个体的收益和相应的付出，而且还涉及其他个体及社会整体的收益及付出。基于广义的个体角度对成本的理解，政府开始立法以保护其他行为个体和社会整体的利益，并产生出企业环评等要求。以此为基础，政府和企业在经济行为个体成本的基础上开始考虑企业集体成本和集聚效应，对产业园区给予相当高的重视。无论是从经济行为个体的角度还是经济行为集体（产业园区）的角度看，环境中的某些资源储量是绝对无限的，可以非常随意地使用和投入。但是，如果从整个社会整体以及经济系统角度看，这些资源是非常有限的，且某些资源是不可再生的。即使某些资源是可以再生的，但这种再生需要一定时间周期。因此，从狭义的群体角度理解成本的概念是不完善的，缺乏对社会整体和经济系统未来的考虑。这种对社会整体和经济系统的未来考虑恰恰是经济可持续发展的前提条件。可以说，对经济可持续发展的考虑要求从更广泛的社会整体和经济系统角度重新对成本的内涵进行认识。这种认识角度从根本上改变了成本的内涵，并赋予成本新的特征。从广义群体的角度理解成本内涵时可以看出，成本是为了获得可选择性未来收益或利益而付出的一组可再生性和非可再生性资源的集合。

从广义群体的角度看，非可再生性资源的价格要高于可再生性资源，是资本支配劳动力的具体表现。在大多数情况下，提高非可再生性资源的收益要靠可再生性资源的支撑，是劳动力支配资本的具体体现。当一项产品或服务的使用价值一定时，如果生产该项产品或服务所耗费的非可再生性资源越少，耗费可再生性资源越多，那么该项经济活动就越具有可持续性。同时，在这项经济活动中，非可再生性资源的使用价值被较大程度提高，可再生性资源的市场价值也会相应被提高。非可再生性资源的使用价值和可再生性资源的市场价值的不断提高，不但可以使企业获得市场竞争优势，而且可以扩展企业未来发展空间，在提高企业市场灵活性的同时，能够有效降低企业的机会成本。可以说，从广义群体的角度看，企业成本可以分为可再生性成本和非可再生性成本。① 由于中国高等教育的失误，绝大多数中国经济管理类的学生误将西方传播进来的《新古典经济学》

① 有学者可能不同意本书对成本的划分，但本书重点关注的非可再生性资源不断减少的现状以及购买这些资源所使用金钱的时间价值。

当做《西方经济学》。实际上，《新古典经济学》只是庞大西方经济学体系中的沧海一粟，完全代表不了西方经济学这个庞大体系。《新古典经济学》倡导完全自由资本主义，并将这种观点完全抽象化，摒弃一切人类社会事务，并以此攻击中国的社会主义市场经济理论和实践。实际上，美国经济学大师阿尔费雷德·马歇尔在其名著《经济学原理》中将经济学定义为“处理人类社会事务中经济问题的学问”。由此可以看出，经济问题不具有绝对的独立性，经济事务是从属于复杂的社会系统，经济系统是社会系统的一个子系统，与同属于社会系统的其他子系统有着复杂的相互影响的关系。因此，经济系统的相对独立性和对社会整体的从属性必然使实体经济的成本具有系统性、有机性、环境嵌植性和动态性四个特征。

从成本的系统性特征看，不同类别的成本共同构成一个相对独立和完整的体系。在这个体系中，不同类别成本之间存在几种不同的关系：领导和被领导的关系、替代关系、互补关系以及共生关系。从成本系统的纵向角度看，成本可以分为制度成本和实体经济成本。制度成本领导实体经济成本，并直接决定实体经济成本的内在构成和大小。除此之外，制度成本与实体经济成本之间还存在共生和替代的关系。当实体经济外部的制度成本开始降低时，实体经济的运营成本也开始降低。当实体经济外部的制度成本开始增加时，实体经济的运营成本也开始增加。当实体经济的外部制度相对完善且运行成本较低时，实体经济的运营成本会得到有效降低。当实体经济的内部制度开始形成并有效运行时，实体经济的其他成本会有效降低。在一定范围内，实体经济内部的制度成本与实体经济的其他运营成本之间存在替代关系。从社会整体与经济实体之间的关系看，两者之间存在互补关系。经济实体的有效运营需要社会整体付出相应成本作为支撑；反过来，社会整体的有效运行也需要经济实体投入相应的成本进行保障。总之，从实体经济成本的系统性特征角度看，成本可以分为社会成本、外部制度成本、内部制度成本和实体经济运营成本。实体经济成本的高低并不完全由实体经济自身决定，而是由所有类别的成本共同来决定。

从成本的有机性特征看，成本系统内不同成本之间不是简单的叠加关系。换句话说，不是“1+1=2”的关系。有些类别成本对于实体经济的有效运行是负担，例如，土地使用成本和能源成本。因为这些成本与实体经济的利益获得具有反向作用，所以称这类成本为反向成本。有些类别成本对于实体经济的有效运行具有拉动作用，例如培训员工的投入。由于这些成本与实体经济的利益获得具有正向作用，因此可以称这类成本为正向成本。有些类别成本在一定条件下投入越多越好，但超过一定限度后这些投入会成为实体经济的负担。例如，固定资产的投入，这类成本可以被称为限制性成本。总之，负向成本越少越好，正向成本越多越好，在一定条件下，限制性成本越多越好，超过一定条件后，限制性成本越少越好。

任何实体经济都会首先诞生在一定的区域，该区域为实体经济的诞生提供素材和构件。实体经济在成长过程中会与该区域的社会整体发生交换，在交换过程中，实体经济会吸纳所属社会整体所提供的要素。随着要素的吸纳，区域性社会整体的特征在经济实体的内部开始形成并且不断被强化，这就是企业的环境嵌植性特征。因此，任何实体经济都会铭刻其所属社会整体的特征。这些铭刻的特征直接或间接地决定了经济个体的成本构成和运行特征，并且导致不同区域的经济个体关注不同类别的成本。这种差异导致不同区域的企业选择不同的发展策略，以及不同的投资重点，并进一步形成经济实体所拥有的资本存量、资本类型及资本结构。因此，有些区域的经济实体重点关注传统资本（土地、劳动力和机器）的作用，并将此作为经济增长和扩张的基础。而有些区域的经济实体则重点关注新资本（社会资本、知识资本和文化资本）的作用，重视新资本的形成和积累，并且重点将新资本作为支撑企业发展和扩张的基础。

从以上分析可以看出，不同区域的经济实体为获取未来利益或效益所付出的代价是不同的。这种不同体现在有形付出和无形付出占据总付出的比例，以及各自的具体结构。通过对全球不同产业链上的企业研究后发现，无形付出在总体付出中占据比例高的企业往往占据产业链的高端，从每单位销售额中获取的利润率远远高于同产业链上的其他企业。无形付出支持实体经济获得高附加值的根本原因有三个：①无形付出是难以被其他实体经济所模仿，因此有利于竞争优势的保持和发展。②有形付出是非常容易被其他实体经济所模仿，任何具备相关能力的企业都可以通过购买或模仿获得相同的付出，因此，依靠有形付出支撑的竞争优势是难以长时间保持和发展。③有形付出往往都是非可再生性资源，这些资源几乎都有明确的储量和消耗时长，因此，依靠非可再生性资源或有形付出的实体经济是难以持续的经济，生命力往往较弱、生命周期较短且发展空间狭窄。

世间没有完全静止的系统，成本系统也不例外。通过阿尔弗雷德·钱德勒对美国工商史的研究成果可以看出，那些成功存活到今天并且发展良好的企业都是适应性较强的企业。这些企业为了有效应对环境变化和竞争者的挑战，会不断调整付出内容和付出结构，使自身始终拥有良好的成本结构。研究这些企业的成本结构后可以发现有三种趋势存在：①这些企业不断寻求更加低廉的有形资源代替目前正在使用的较为昂贵的有形资源。②在不断削减有形资源在成本中占比的同时，不断提高无形资源在成本中的占比。③不断用自动化设备替代人工，以达到降低成本和提高质量的目的。实际上，最后一种趋势是前两种趋势相互结合后而产生的一种结果。据此可以看出，在实体经济发展过程中存在两种付出：一种是可替代性付出；另一种是不可替代性付出。

综上所述，实体经济的成本是由可再生性资源和非可再生性资源构成的一个付出性集合。这个集合具有系统性特征、有机性特征、环境嵌植性特征和动态性特征。从系统性角度看，实体经济的成本可以分为社会成本、外部制度成本、内部制度成本和实体经济运营成本，这些成本共同决定实体经济最终运营成本的高低。从有机性角度看，实体经济的成本可以分为正向成本、反向成本和限制性成本。这三类成本共同决定实体经济的风险、利润和不确定性。从环境嵌植性角度看，实体经济的成本可以分为有形成本和无形成本两种。这两种成本在实体经济总成本中的占比直接决定了实体经济所拥有的竞争优势强度和生命周期的长短，并进而决定实体经济的获利能力和发展空间。从动态性角度看，实体经济成本可以分为可替代性成本和不可替代性成本。从长期来看，不可替代性成本的作用在逐渐增加，可替代性成本的作用在不断减小。加大对不可替代性的投入可以使企业获得并保持长期竞争优势。

第二节　投资的本质和特征

实体经济是有组织且有效获得利益或收益的一种方式，投资则是获得这种方式的必要途径。获得未来收益或利益的方式不同，获得的收益或利益就有多有少，甚至是亏损。剔除对获取利益或收益方式的具体运用和管理因素，投资对实体经济获取利益或收益的效果具有决定性影响。因此，对投资本质的正确理解有助于提升实体经济掌握正确的获取未来利益或收益方式的能力。从资本和市场的角度看，投资的本质是对利益交换方式的选择以及为此而进行的要素选择及组合。

任何个体都要与所处社会整体和周围个体发生交互才能够生存及发展，交换程序和交换价值的不同决定了交换方式的不同。被参与交换者认可且不能够充分供应的交换价值会获得较大交换价值，被参与交换者认可且能够节省交换成本或方便交换的交换程序会获得较多的交换机会。较大交换价值和交换机会的获得是对经济实体正确选择交换方式、要素选择及要素组合的回报。但是，实体经济对交换方式选择、要素选择以及要素组合方式的选择受到投资特征的约束。

在社会化大生产的今天，投资的社会化程度越来越高，投资的社会化程度越高，投资成功的可能性越大。作为构建实体经济的重要手段和途径，投资必然与实体经济一样拥有社会整体所赋予它们的特征。

从市场需求的角度看，任何投资都不可能是孤立的。投资必须考虑市场对所投资领域的需求状况，但是，一定要注意，在某种条件下终端市场的需求决定了一切。产业市场和衍生市场都是为终端市场服务的，是为了与终端市场交换而形成的合作市场和服务配套市场。因此，要从投资本质的角度考虑，选取的交换方式能否提高以终端市场为导向而形成的交换系统的效率及交换价值。如果不能，该项投资就是不合理投资。从合作市场和服务配套市场角度看，任何一项投资必须要保证所从事的环节是完整且有效的，这需要有效的要素选择和组合。如果所需要的要素无法完全获得，或者获得所需要素后无法进行有效组合，那么投资也是不合理的。例如，有些城市不断加大基础设施投资，然而该城市缺乏相应的产业投资，或者产业投资不足，那么这些基础设施投资将是无效投资。同样，有的城市不断加大产业投资，然而，该城市的基础设施投资不足，降低了产业投资的效果，那么这些产业投资将是不合理投资。再如，有的城市在某个产业的上游不断加大投资，却忽略了该产业的下游投资，导致该产业合作市场的结构出现不合理，那么，这些投资是不合理投资。总之，注意早期投资、平行投资以及后续投资之间的联系是保证投资合理和实体经济低成本运营的前提条件，投资具有系统性特征。

从要素组合的角度看，任何地区或产业的投资不是“1+1=2”的机械式的简单叠加，而是一种“1+1>2”的有机式集聚，这种有机式集聚会使投资群体产生出偶发性特征[①]和伴生性特征[②]。例如，工业园区的建设可以使园区内的企

① 偶发性特征：生物学术语，指的是随着有机体个体的集聚会出现一些意想不到的现象，而这些现象从单个有机体上是观察不到的。柏拉图用“离开身体的一只手不是手”这一句话来描述过偶发性特征的内涵。

② 伴生性特征：生物学术语，指的是随着生物体从低级向高级进化，会出现一些新的功能。这些功能可以从高级生物体上观察到，而低级生物体则不具备这些功能。

业个体共同使用园区的基础设施，并且每个个体企业都承担较少的成本。再例如，美国的硅谷、128 号公路和中国的中关村，这些企业的集聚导致处于同一地区企业中的员工拥有较高的交流频率和合作频率，并以此为基础产生出更多新技术、投资、研发项目和企业。这些成果的产生，不但完善了该地区现有的经济系统、金融系统、产业系统和投资系统，而且快速提升了处于该地区企业的经营效率。许多意想不到的新技术、新产业、新的投融资方式和新的市场游戏规则不断产生，大量的意想不到的新产品和新服务不断地被创造出来，同时，企业运营成本以惊人的速度下降。因此，投资具有有机性特征。

从要素选择和要素组合的角度看，任何地区都拥有具有相对市场优势的要素。同时，几乎所有地区都缺乏一些必需的要素，拥有全部要素的地区非常少见，尤其是拥有的要素全部具有相对优势的地区更是罕见。这些先天的要素分布格局决定了该地区早期投资的方向和要素组合方式。例如，在矿产资源丰富的地区，早期投资往往集中在资源开采和上游加工方面。在要素选择和组合方面，往往将关注的重点放在资源开采技术、粗加工设备以及低质量劳动力方面。再例如，自然资源缺乏而劳动力丰富的区域，投资重点一般放在贸易加工方面。在要素选择和组合方面，往往将关注的重点放在无形资源或可再生资源方面，并且努力降低有形资源或非可再生资源在产出上的比重。因此，投资具有环境嵌植性特征。

回顾西方发达国家的经济发展历程，以及比较中国不同地区和城市发展经济的方式，可以发现，随着投资重点、要素选择和要素组合的不同变化，不同地区或城市的经济进入到不同发展阶段。导致这种现象出现的根本原因在于有些地区或城市在早期发展阶段就注意到对本区域缺乏相对优势的要素进行重点培养和发展，不断从其他区域或城市引进本区域缺乏的要素，并在时机成熟时恰当地调整投资方向和重点，以及改变原有的要素选择和要素组合。这些以要素改变为基础的投资调整使早期经济发展程度相近的地区和城市，在发展一段时间后纷纷形成自己的经济特色，并将其他地区和城市远远地甩在后面。这种要素的不断改变以及投资的不断调整就是投资的动态性特征。

综上所述，有效投资的结果是产生出有效运营的经济实体，而实体经济是社会系统中的一个子系统。社会系统的所有特征都不可避免地被铭刻在投资理念、投资过程、投资方向、投资行为以及要素的选择和要素的组合上。因此，投资具有系统性特征、有机性特征、环境嵌植性特征和动态性特征。

第三节 政企关系和相互责任的划分

政企关系一直是中国政府改革的重点。从国际主流观点看，有三种类型的国家政府。第一种是政府直接参与经济，并作为主要经济个体或群体从事市场经济活动。在这种情况下，市场资源的配置是扭曲的。例如，改革前和改革初期的中国经济体制。第二种是政府利用投资导向引导经济发展，政府利用财政政策和货币政策来积极引导和推动经济发展。在这种情况下，资源配置会出现浪费现象。例如，中国目前的市场运行状态。第三种是政府不再直接干预经济，而是通过建立各种市场制度等手段规范和引导市场行为，并通过立法等手段保证公平和公正的完全建立及体现，在这种情况下，市场化程度越高，资源配置效率越高。例如，一些西方发达国家目前的经济运行状态。这也是中国政府未来经济改革的方向和目标。

毋庸置疑的是，任何国家政府都可以被简单地分为中央政府和地方政府。从社会学结构与行动者理论的角度看，中国中央政府制定总体经济发展导向和市场游戏规则，地方政府在中央政府制定的整体框架下制定自己的投资重点和发展策略，而企业必须在地方政府制定的框架内进行投资和运营。从系统论的角度看，真正的行动框架是中央政府制定的，地方政府与实体经济体仅仅是行动者。对于各级地方政府而言，只是宏观经济承受者。因此，地方政府对企业的作用也仅仅限于服务、约束和促进方面。这些方面不但直接影响到企业交易成本高低和产业链长短，而且还间接地影响到企业的创新能力。从中国政府目前管理经济方式和方法的角度看，各级地方政府在对本辖区经济增长负有较大责任的同时，还要承担着巨大的社会责任和压力。从市场经济运行规律的角度看，这是不合理且不正常的。对于企业个体而言，所处地方的 GDP 是否增长与自身关系不大。这些企业个体真正关心的是自己企业的经营状况，以及目前所处区域的局部环境是否有利于自身的获利与发展。地方政府与企业个体在利益出发点和关注点上的差异必然导致双方在经济活动上出现差异，这些差异的出现不但导致政府在投资及要素配置上出现扭曲，而且导致政府在处理与企业关系方面出现失误，并进一步导致政府对企业的服务、约束和促进出现无效，甚至是反效果的出现。

通过对发达国家和中国国内发达城市经济结构的研究可以发现，这些发达地区和城市的经济结构都处于以下两种类型之一：一种是以大企业为主，以小企业为辅的结构；另一种是以众多小企业为主，以大量服务中介为辅的结构。这两种不同经济结构发展得同样好的根本原因有两个：第一个原因是不同的经济结构有不同的市场发展策略。以大企业为主体的经济结构采用大规模生产和大规模销售策略，利益来源于规模经济和范围经济。以小企业为主体的经济结构采用集中生产和集中销售策略，利益来源于市场差异化所带来的高附加值。第二个原因是不同市场结构有共同的创新功能支持，大企业有自己的创新团队和研发实验室，并带领相关小企业共同创新和研发新产品及服务，大企业起到承担主要风险和引领创新方向的作用。在以小企业为主的经济结构中，单个小企业没有足够财力设置研发中心供自己使用。因此，在政府引导下具有各种大企业功能的企业服务中介机构纷纷被建立，并与小企业群相互融合、共同发展。

在第一种经济结构中，政府对大企业的服务主要集中在有偿提供有形资源或非可再生性资源、提供大企业所需一切社会服务功能等方面。在对大企业约束方面，地方政府主要采用硬约束和软约束两种方法。第一种是地方政府以国家各种法律为依据对大企业的经营行为进行管理和引导。第二种是以沟通和交流的方式使大企业与政府在未来城市发展规划方面达成共识和相互谅解。在促进方面，各个地方政府会运用外交、不同地区之间或城市之间的交往以及区域合作等手段为大企业的市场扩张提供相应帮助，保证大企业以较低的制度成本进行市场扩张，这类政企关系的主要特征是合作。

在第二种经济结构中，政府对小企业的服务主要集中在三个方面：首先，营造一种有利于小企业运营的制度环境，以保证小企业以较低的制度成本运营。其次，引导建立各种社会服务型企业，集中为各种小企业提供低成本的社会化服务。最后，根据小企业各种经营管理和产品研发需求引导各种服务型中介的投资建设，以市场竞争性价格为小企业群体提供管理咨询服务和产品研发服务。在对小企业管理方面，政府可以运用多种手段达到对小企业的约束和促进的目的。在约束方面，政府依据国家相关法律对小企业进行硬性约束的同时，可以用城市未来发展规划对小企业进行软约束，使小企业的经营行为符合政府的要求。在促进方面，地方政府可以使用的手段比较多。首先，地方政府可以运用要素有偿分配等手段鼓励某类企业发展的同时，抑制另一类企业发展来达到调整产业结构的目的。其次，地方政府可以将某些政策性扶持集中到小企业的某类行为上，例如，可以利用能源补贴等政策鼓励小企业进行产品创新和服务创新等活动。再次，政府可以通过财政等手段调整本区域的有形要素和无形要素的类型、存量及比例，从供给角度促进小企业调整经营方式和发展方向。最后，地方政府可以动用有形资源调整本区域的经济结构和产业布局，以达到引导小企业按照符合本地经济发展战略要求的方式来经营。

综上所述，在中国目前经济体制下，地方政府在发展地方经济时会受到上级政府与当地企业的双重挤压。上级政府会用 GDP 的增长指标考核下一级政府的工作业绩，而企业会用产值增加值为筹码向当地政府索要各种政策支持和补贴。在维持社会稳定、扶贫以及保持就业率等指标的限制下，地方政府不得不向当地大企业让步。在这种政企关系错位的情况下，企业为了个体短期利益而在经济高涨时盲目扩张，地方政府为了业绩考评和满足各种指标要求而对企业扩张行为保持沉默。当经济处于快速上升期，地方政府会受到上级政府的表扬。当经济处于下行期时，这些产能会出现过剩，企业为了消耗过剩产能不得不进行价格战，其结果是盲目扩张、管理粗放、无形要素存量低且质量差，以及没有核心技术及核心竞争力的企业开始出现亏损和破产压力。在这种情况下，上级政府认为下级政府管理经济工作不利，亏损企业认为地方支付支持力度不够且服务不好，学术界则将产能过剩原因归咎于地方政府为了自己工作业绩而盲目投资造成的。实际上，这种现象出现的根本原因在于中央政府设置的经济指标存在问题。权威观点一直关注 GDP 的总量和增速，同时也关注环境和民生问题，并以此为基础提出循环经济和生态经济的概念。可是，从来没有人关注 GDP 的结构问题。因此，在企业经营效率低下和产能过剩的问题上，企业应该负有绝大部分责任，而地方政府不应该承担过多责任。这种责任划分不仅是依据中央政府考评经济的指标存在不合理界定的，更重要的是依据在政府和企业之间存在信息不对称界定的。从合理的情况看，即使是企业管理专业研究人员，如果没有长时间对特定企业进行连续的详尽研究，也很难对该企业的投资决策和运营决策进行准确评价，更不要说地方政府的相关工作人员。

因此，在处理政企关系和相互责任认定方面应该坚持以下三项原则：

第一，各负其责原则。企业是独立经营个体，独自承担投资、运营和管理的风险。因此，凡是属于企业自己决策的范畴都应该是企业自己承担一切后果。政府属于企业外部环境范畴，政府通过各种制度的建设和完善来间接地影响企业经营行为。同时，政府可以运用财政资金的投入和使用引导企业投资方向。因此，政府不应该介入企业的具体经营事务。同时，企业也不应该将本属于自己范畴内的事务交由政府来处理。

第二，协调统一原则。企业作为整体社会环境中的一员，必然涉及方方面面的社会关系，这些社会关系单靠企业自身是难以解决的。企业经营需要相对稳定的经营环境，政府在这方面要给予帮助。但是，企业的目标是经济效率，政府的目标是社会公平和社会效率。因此，双方必须要对这些目标进行协调，寻求彼此都能够接受的均衡点。

第三，平等原则。政府和企业都是社会系统中重要的构成部分，两者的地位是平等的。如果政府认为自己只是单纯的监管者，企业是被监管对象，那么，两者之间的关系就是对立的，在目标和行动上两者很难达成一致。如果政府认为自己是领导者，企业是被领导者，那么，两者之间的关系是从属的，政府是企业最后的“埋单者”，政府与企业之间的界限是模糊的，责任是难以划分的。

第三章　百色市经济现状

第一节　百色市宏观经济现状[①]

通过对百色市发表的2006～2014年《百色市国民经济和社会发展统计公报》的分析可以发现，作为后发展地区的百色市在过去10年中取得了令人瞩目的经济成就。百色市的GDP始终保持较高增速，且经济总量变得越来越大。然而，将GDP总量和增速与社会固定资产投资放在一起进行综合分析时会发现百色市经济存在较大问题。具体情况如图3－1所示。

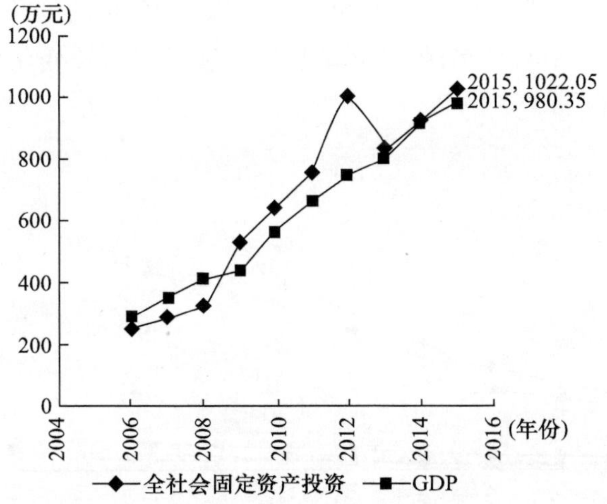

图3－1　2004～2016年百色市全社会固定资产投资与GDP的变化趋势

① 数据来源于2005～2014年的《百色市国民经济和社会发展统计公报》。因统计公报采用的统计口径在2005～2015年有变化，同时，由于2015年某些统计数据还没有公布。所以，在分析中采用的时间指标有时会出现不一致，但不影响对分析期内重要节点和主要经济趋势的分析。

通过图 3-1 可以看出，百色市在过去 10 年中虽然 GDP 处于高速增长，但是社会固定资产投资也同时处于高速增长。通过比对分析可以发现，2008 年以前，百色市的经济发展是比较健康的。GDP 的增速始终高于全社会固定资产投资的增速，这充分说明百色市的投资结构和投资质量在 2008 年以前是良好的。从图 3-1 中可以看到，2008 年是百色全社会固定资产投资和 GDP 之间关系的一个拐点。2008 年，百色市全社会固定资产投资总量与 GDP 总量相等，处于均衡状态。从 2009 年开始，百色市全社会固定资产投资处于快速上升期，直到 2012 年达到年度投资总量最高峰后开始回落，在 2013 年重新接近 GDP 总量，与全社会固定资产投资保持了相对均衡状态，并在 2014 年形成完全均衡状态。从 2014 年开始，百色市全社会固定资产投资增长开始重新超过 GDP 增长，并维持至今。

从投资、经济增长和收入三者关系的角度分析百色市宏观经济状况会发现，百色市的经济是不健康的。具体情况如图 3-2 所示。可以看到，2006~2015 年，百色市全社会固定资产投资与 GDP 的增长幅度是非常大的。然而，百色市的财政收入、一般预算收入和各项税收收入的增长幅度非常平缓。2008 年以前，百色市财政收入、一般预算收入和各项税收收入几乎没有大的变化。2008 年以后，百色市财政收入、一般预算收入和各项税收收入才开始有一些增长，但增幅不大。从图 3-2 中可以非常明显地看出，如果以近 10 年的变化趋势作为分组指标，那么，近 10 年中百色市的 GDP 增长变化和投资增长变化可以被归类到一

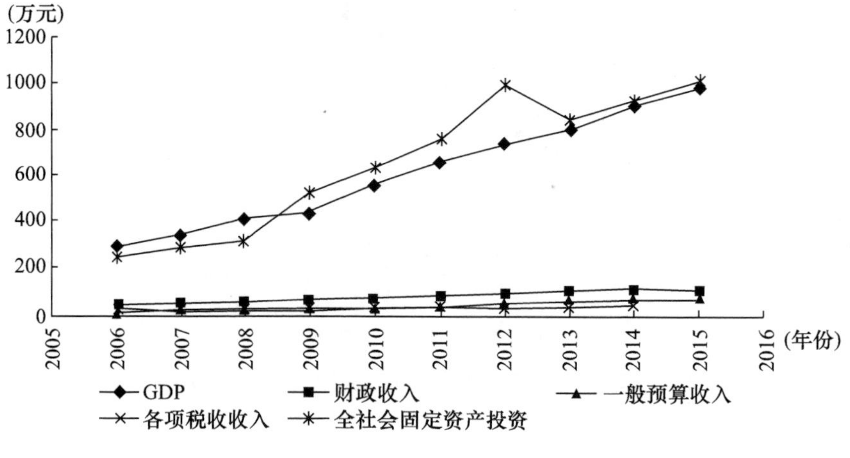

图 3-2　百色市 GDP、全社会固定资产投资与收入的变化趋势

组，而百色市财政收入、一般预算收入和各项税收收入可以被归为另一组。换句话说，从近10年的数据分析看，这两组数据之间似乎没有什么太大关联。因此，可以得出百色市全社会固定资产投资不但严重缺乏系统性和有机性特征，而且对财政收入的贡献过小。

但是，导致百色市全社会固定资产投资、GDP和收入之间出现失衡的原因是什么？由于详细数据无法获得①，所以不能进行更为详细的测算。但是依据《百色市国民经济和社会发展统计公报》中所公布的2006～2015年百色市主要工业产品产量的具体数据可以发现，2006～2015年百色市水泥产量的变化与百色市全社会固定资产投资的变化高度契合，与GDP的变化趋势也高度契合，如图3－3所示。由于水泥不但是消费地方化产品，而且与固定资产和房地产投资高度相关，据此得出推论一：百色市全社会固定资产投资中的大部分投在百色市基础设施建设和房地产。对于这个推论是否正确，本书以百色市2006～2015年各项税收收入数据、GDP数据和全社会固定资产投资数据为基础来构建这三类数据的线性关系图表，并以此为基础验证推论一。如图3－4所示。

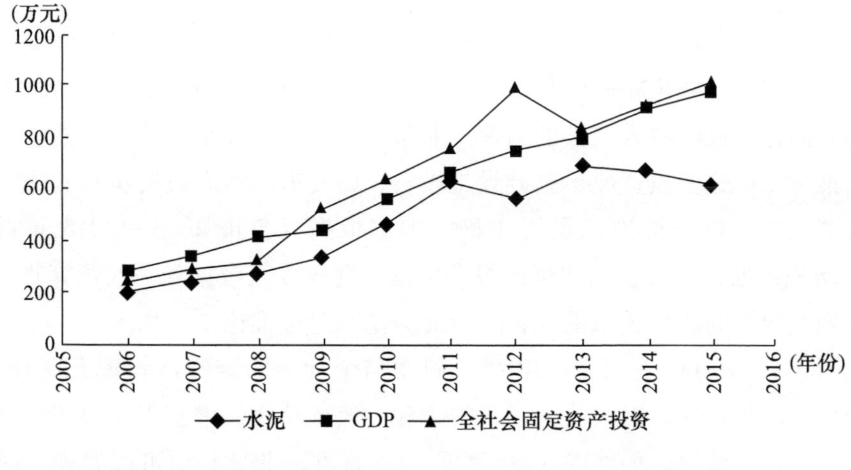

图3－3　全社会固定资产投资、水泥和GDP的变化趋势

① 百色市具体产业和产业内具体企业的每年具体投资情况和收益情况无法获得，统计局给出的解释是受统计法约束无法详细提供。因此，本研究再次只有采用统计局公开数据进行推断。

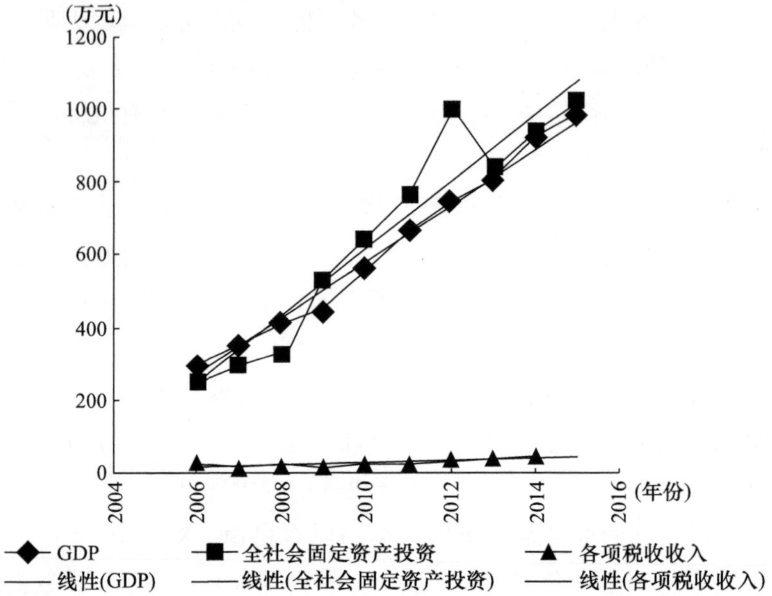

图3－4 百色市GDP、全社会固定资产投资和各项税收收入的线性变化趋势

从图3－4可以看出，百色市2006～2015年GDP的增长和全社会固定资产投资的增长具有几乎完全相同的斜率。从两者斜率比较陡的情况看，两者的增长是迅速的。而各项税收收入增长的斜率是非常平缓的，增长是缓慢的。这些证据可以得出推论二：这些投资属于基础设施投资，即使有房地产投资也存在大量库存没有被消化掉。对于推论二是否正确，本书根据百色市2006～2015年百色市GDP的增长数据、全社会固定资产投资数据、财政收入数据和一般预算收入数据构建这四类数据的线性关系图表，并以此为基础验证推论二。如图3－5所示。

从图3－5中可以看出，GDP增长斜率与全社会固定资产斜率几乎相一致，且比较陡，增长较快。财政收入增长斜率和一般预算收入增长斜率高度一致，且相当平缓，增长缓慢。但将图3－4和图3－5放在一起比较后可以发现，图3－4中税收收入的斜率小于图3－5中财政收入和一般预算收入的斜率。这说明GDP的增长和全社会固定资产投资的增长对税收收入和财政收入的影响是有差异的。这种差异从投资/收入理论角度无法解释，但从房地产成本构成和税收特征角度可以解释这种差异。因此，通过图3－5及相关数据可以验证推论二的正确性。

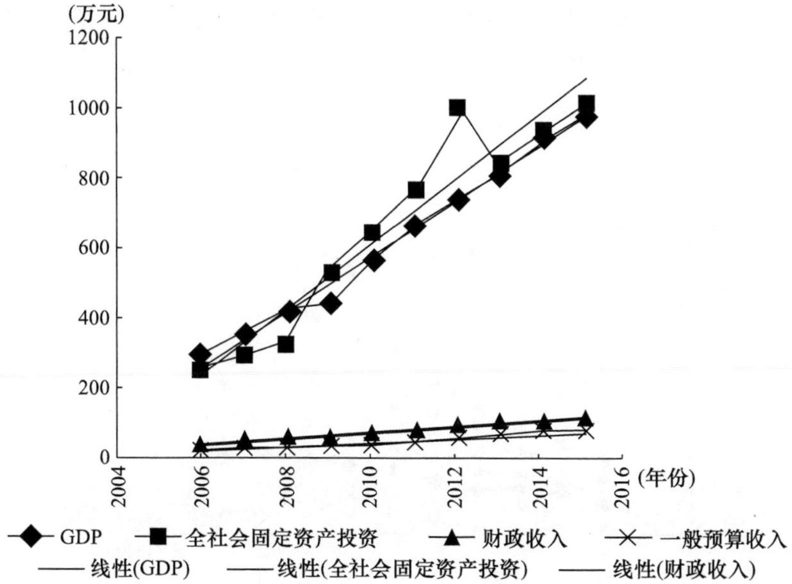

图 3－5 GDP、全社会固定资产投资、财政收入和一般预算收入的线性变化趋势

综上所述，百色市在过去 10 年中的投资结构是不合理的。这种不合理导致百色市全社会固定资产投资效率低下，并进而导致百色市宏观经济显示出脆弱性。这种低效率投资和经济脆弱性将导致百色市未来经济增长缺乏外在动力①，且抗风险能力不足。这些问题和困难会导致百色市财政收入进一步萎缩，伴随着偿还政府债高峰期的到来，百色市政府在调整经济结构方面的战略空间越来越小。因此，百色市在未来必须要放弃以往的经济外生性增长路径，转而将重点放在经济内生性增长路径上。

第二节 百色市产业结构现状②

图 3－6 反映出 2004～2016 年百色市第一、第二、第三产业投资和相应产业

① 关于“未来经济增长缺乏外在动力”这个问题，本研究在产业部分和微观部分会从产业结构和微观经济个体的角度进行更加详尽的阐述。

② 数据来源于 2005～2015 年的《百色市国民经济和社会发展统计公报》。

增加值的变化趋势。从图 3 - 6 中不但可以看到百色市目前的经济结构现状，而且可以看到这种现状的成因。

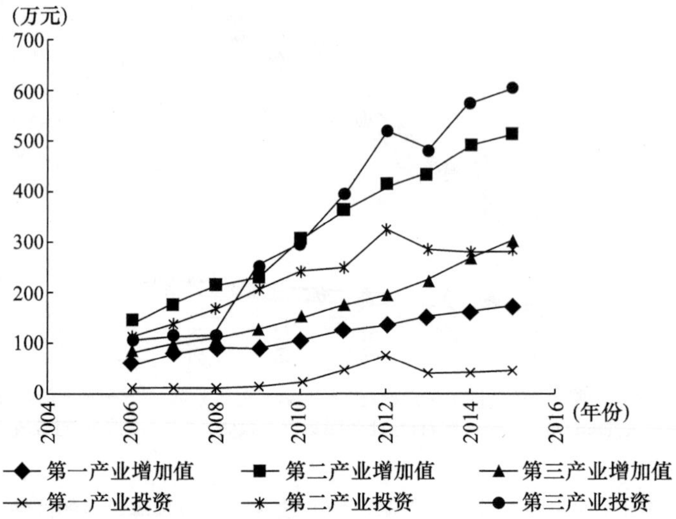

图 3 - 6　百色市第一、第二、第三产业投资和相应产业增加值的变化趋势

从历史数据看，百色市第一产业的投资在近 10 年中是相对平稳的。可以说，百色市第一产业投资可以分为三个阶段：第一阶段是 2006 ~ 2009 年，在这个阶段百色市第一产业投资是极为平稳的。第二阶段是 2009 ~ 2012 年，在这个阶段中百色市第一产业投资快速增长，到 2012 年达到峰值。第三阶段是 2012 ~ 2015 年，第一产业投资开始出现缓慢增长①。回顾 2008 年全球金融危机以及中国政府采用大规模投资刺激中国经济的过程，并将这些因素导致中国经济具体变化趋势与百色市第一产业投资变化趋势相比较，会发现百色市第一产业投资变化的趋势是独特的，具有极强的地方性特征。不过从 2009 年和 2012 年两个有重大变化的节点看，百色市第一产业投资的确是有效的。虽然百色市第一产业投资从 2012 年的投资峰值跌倒 2013 年的最低值，但从 2013 年以后百色市第一产业增加值却步入一个较高水平，且持续至今保持稳定。

① 由于缺乏更加详细的数据，本研究对第一产业投资出现的这种变化特征还无法给出更详细的解释。

从近 10 年的数据看，百色市第二产业投资变化非常有趣。可以说，百色市第二产业投资可以分为三个典型阶段：2006 ~ 2009 年为第一阶段，在这个阶段，第二产业投资稳步增加，增长轨迹与第一产业非常相似。2009 ~ 2012 年为第二产业投资快速增长期，投资增量在 2012 年达到峰值，与第一产业投资变化轨迹惊人相似。第三阶段是 2012 ~ 2015 年，第二产业投资从 2012 年的峰值开始回落，回落到 2013 年后开始稳定并一直保持至今。从第二产业投资效果看，2005 ~ 2009 年，第二产业投资对拉动第二产业增加值的作用不大，并且在 2009 年达到投入和产出的均衡。2009 年以后，第二产业投资对第二产业的拉动作用越来越大，虽然在 2012 年有少许回落，但 2013 年至今，第二产业投资拉动第二产业增加值的作用明显变大，并且越来越大，一直维持到现在。

通过对 2006 ~ 2015 年百色市第三产业投资和第三产业增加值的分析可以看出，百色市第三产业投资明显存在两个发展阶段。虽然从 2012 年第三产业投资出现下滑情况，但也仅仅维持了 1 年。从 2013 年开始，第三产业投资继续增加，并在 2014 年末以前超过 2012 年的投资量，在 2015 年达到研究期的峰值。因此，可以将第三产业投资的第一阶段界定为 2006 ~ 2008 年的平稳期，第二阶段的 2008 ~ 2015 年为高速增长期。从图 3 – 6 中可以明显看出，百色市第三产业投资与增加值在 2008 年达到均衡后均开始出现快速增长，这种变化轨迹符合 2008 年金融危机后中央政府大量投资刺激经济所导致的典型投资与增长的变化态势。然而，与其他大多数地区和城市所发生的情形不一致的是，百色市第三产业投资额始终超过第三产业增加值，尤其是 2008 年开始至今，百色市第三产业投资额超出第三产业增加值的额度越来越大，并且在 2015 年达到差额历史的峰值。这说明百色市第三产业处于严重亏损状态，第三产业投资严重失误和扭曲。

综上所述，从产业层面看，百色市的经济结构严重不合理。导致这种结构不合理的主要原因是百色市第三产业投资方向与第三产业增加值出现问题，投资并没有带来与投资额度相应的第三产业增加值，从而拖累了百色市整体经济的健康发展。从图 3 – 2 中可以看出，百色市 GDP 与全社会固定资产投资的关系可以被分为两个阶段：第一阶段是 2006 ~ 2008 年下半年，在这个阶段 GDP 的数值始终高于全社会固定资产投资的数值。第二阶段是 2008 年下半年至 2015 年，在这个阶段，GDP 的数值始终低于全社会固定资产投资的数值。图 3 – 2 中 GDP 与全社会固定资产投资关系的变化轨迹与图 3 – 6 中第三产业增加值和第三产业投资关系的变化轨迹呈现出高度一致性。因此，可以推断百色市第三产业投资的变化趋势主导了百色市全社会固定资产投资的变化趋势。同时，由于第三产业投资额远远超出第三产业增加值的额度，因此可以得出，第三产业增加值不足导致百色市整体 GDP 增长乏力的结论。

第三节　百色市实体经济现状①

百色市的独特地理地貌特征注定百色市不适宜普遍性地发展大规模农业，因此，百色市农业企业规模普遍偏小，并且现代化程度不高。由于独特地理位置和特殊历史原因，百色市经济刚刚进入工业化早期阶段，较高阶段的工业文明还没有形成。在百色市第二产业中起主导作用的企业大部分以矿产资源开采和初级加工为核心业务，并且企业规模普遍偏小。由于城市容量和地理位置限制，百色市服务企业规模普遍偏小，业务量有限，价格偏高且服务质量较差。所有这些共同构成百色市实体经济的普遍特征，并且对百色市未来经济发展有相当强的约束。

一、百色市铝行业生存现状②

（一）全球铝行业和中国铝行业现状

2002～2014 年，全球铝消费由 2531 万吨增加到 5585 万吨，增长 1.2 倍。其中中国内地由 420 万吨增加到 2912 万吨，增长率高达 593%。但是，中国内地人均铝消费量与世界发达国家相差较大。世界人均消费铝 7.7 千克，中国人均消费 21 千克，而欧美等发达国家人均消费铝 40 千克，据此可以判断，中国铝消费已经步入中低速增长阶段，并且中国铝消费会向精细化方向发展。

根据安泰科的调查，2013 年全球原铝产量为 5120 万吨，其中中国原铝产量占世界原铝总产量的 42.8%。2014 年全球原铝产量为 5390 万吨，中国占世界原铝产量的 51.1%。由于中国原铝产量基数大且增长较快，导致世界铝工业出现二元格局。中国占据其中一元，其他国家占据分散一元（俄罗斯占 7%、加拿大占 6%、澳大利亚占 6%、美国占 4%、阿联酋占 4%、澳大利亚占 3%、印度占

① 所有相关数据来自现场调研和国家级行业协会。

② 数据来源：《铝型材专刊》、安泰科数据和实地调研。

3%、巴西占3%、挪威占2%、巴林占2%、冰岛占2%、其他国家占13%）。从全球铝产业整体看，过剩产能形成的主要原因在中国。但是，一些矿石资源丰富和能源丰富的国家始终在大力发展铝冶炼和铝加工产业，因此，未来全球铝业产能依然是相对过剩。

从电解铝投资情况看，中国内地与世界电解铝的投资趋势在近10年中呈现出高度一致，都是向铝矿资源丰富和能源价格低廉的地区转移。近5年，电解铝投资呈现出投资规模大和投产快的特点，尤其是在中国新疆集中了大批新的产能。根据中国有色金属协会的统计，2014年新疆电解铝产量已经达到426.8万吨，产量已经超过河南，成为中国电解铝第一大省。从生产成本看，新疆因能源价格优势每吨电解铝生产成本要比河南少1000元。新疆已经完全形成煤电冶产业链，产业规模已经超过千亿元，且新疆目前拥有的延伸铝加工企业最多。因此，毋庸置疑，在不久的将来新疆会成为中国的“铝都”以及世界最大的铝工业产业带。根据工信部2014年发布的数据，中国电解铝产能由大到小排列的企业依次是山东魏桥集团、中国铝业、山东信发集团、中电投、东兴铝业、东方希望、神火集团、天山铝业、云股股份、伊电控股、新疆其亚、河南豫联、青海鑫恒、山东怡力、河南万基。从具体情况的分析中可以看出，这些企业普遍具有的一些特征；首先，这些企业投资规模都比较大且民营资本占优。其次，这些企业中大部分处于能源成本较低的地区，或者已经完成煤电冶一体化改造。再次，这些企业普遍掌握较新的生产工艺和管理技术。最后，这些企业普遍模仿美国铝业发展模式，即从冶炼到初级加工再到深加工的全产业链、高技术含量且具有国际竞争力的综合性大型铝工业企业。

从中国铝产业结构看，2015年冶炼铝全行业亏损，而铝延压加工行业盈利，仅2015年第一季度就盈利115亿元，同比增长18.1%。但是，铝延压加工行业不久也会出现严重产能过剩现象。据不完全统计，中国目前航空铝厚板材已经形成产能35万吨，在建航空铝厚板材9个项目，估计完成后全部航空铝厚板材产能将达到100万吨/年，而全球航空铝厚板材每年需求量在60万吨。中国轨道列车铝厂需求量为10万吨/年，而目前在产和在建的45兆牛顿以上大型挤压机超过90台，80兆牛顿以上重型挤压机超过44台，总生产能力超过60万吨。2014年，中国铝合金板带冷轧项目在建16个，总生产能力为1200万吨/年，远超出市场需求。可以说，2016年以后，中国普通铝材生产能力也会出现产能过剩现象。

（二）百色市铝行业现状①

百色市铝产业主要集中在右江河谷地区，因此，此次对铝业企业实地调研集中在河谷地区。通过调研发现，广西银海铝业亏损严重，企业表示亏损原因是电费过高导致，该企业生产电解铝成本为1.6万元/吨。广银铝业表示生产电价为0.72元/度，燃气是非管道供应，价格较高。中铝平果公司使用的电价为0.56元/度，电解铝生产成本为1.1万元/吨。华银铝业表示用电成本在0.63元/度。但信发铝业是个例外，用电成本为0.36元/度，电解铝生产成本为1.24万元/吨。总之，百色市电解铝生产几乎完全处于亏损状态。通过详尽了解，导致这些企业电解铝生产亏损的原因主要有以下三点：首先，这些企业生产用电成本的确高于区外企业0.1～0.27元/度。其次，这些企业资金成本过高。最后，这些企业普遍没有系统化的企业管理制度、创新制度和降成本制度。综合这些现象看，这些企业亏损是必然的。根据2006～2014年《百色市国民经济和社会发展公报》发布的数据，百色市铝产业在近10年中始终依靠低端加工和卖资源存活。百色市铝产业结构十分不合理，不但企业规模偏小，而且产业链特别短，如图3－7所示。

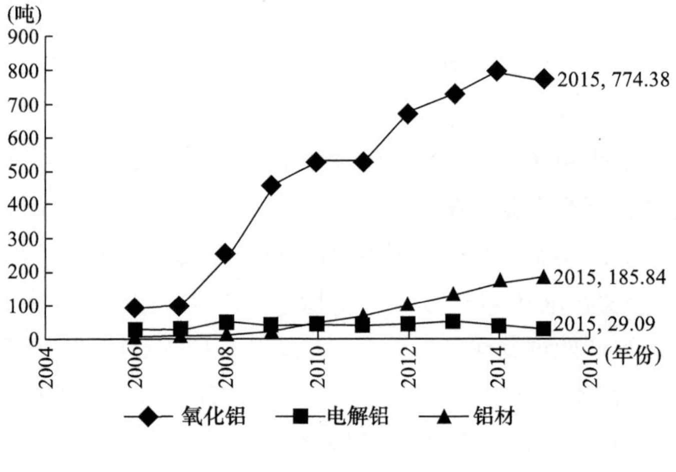

图3－7　百色市铝产业结构变化图（2004～2016年）

从图3－7可以看出，百色市在2006～2010年这个时期，电解铝生产和铝材

① 资料来源于企业访谈。

加工的产值没有太大变化。2010 年至今，百色市铝材生产产值开始高于电解铝生产的产值。导致这种现象出现的原因有两个：一个是早期铝材产品附加值低；另一个是 2010 年以后百色市电解铝价格下降。但是，在近 10 年间百色市氧化铝生产却是处于高速增长状态。可以说，百色市铝产业存在两个问题：一个是百色市铝材加工不发达，导致整个铝产业加工链短；另一个是百色市电解铝生产处于亏损状态，并构成百色市铝产业发展的“瓶颈”。

二、百色市硅锰行业生存现状①

在实地调研过程中笔者接触到光大锰业有限公司、德柳锰业、浩元铭锰业和湘潭电化公司等企业。这些企业普遍处于亏损状态，但德柳锰业目前处于微利状态，湘潭电化公司的效益在百色市锰业中属于较好状态。整体看，百色市锰业企业存在以下四个困难：首先，几乎所有企业都反映企业用电成本较高，这种反映与百色市铝企业相似。其次，融资困难，企业资金成本较高。再次，这些企业都生产高度雷同的产品。最后，人工成本过高。

根据百色市工信委提供的材料看，这些硅锰企业出现大面积亏损是事实。但是，也有少量企业处于盈利状态。例如，同样生产铁合金，百色市明泰合金有限公司经营业绩优良。同样是生产硅锰合金，德保鑫铁合金厂经营业绩不错。通过深度访谈后发现，这些业绩不错的企业的管理水平远远高于其他亏损企业。例如，经营业绩较好的湘潭电化公司在公司内部早已实施过管理流程再造，并在企业内部构建了 OA 办公系统，用 OA 办公系统整合企业供应链群，与上下游企业进行业务和技术联合。在生产方面，湘潭电化公司采用新技术改造生产过程，同时对生产残渣进行处理和利用，以达到保护环境和降低成本的目的。这些现象说明能源成本的确对企业获利能力有重要影响，但企业管理能力和创新能力对企业获利能力的影响更重要。在调研过程中还发现，百色市硅锰企业普遍存在信息闭塞问题，例如，在调研过程中参与座谈的企业都将未来摆脱困境的方法放在生产锰酸铝上。可以推断，当这些企业形成锰酸铝的产能后，锰酸铝的价格战就开始了，这些未来锰酸铝产能届时一定是过剩产能。

---

① 资源来源于百色市工信委和企业访谈。

三、百色市农业生存现状

总体来讲，百色市农业企业一般规模较小，管理水平较差，技术水平落后。例如，田东县反映传统农业企业规模偏小，农副产品加工程度低，农产品多元化优势没有凸显，并且缺乏大物流平台。甘蔗种植成本越来越高，导致制糖业亏损。增年山茶油公司也反映因为茶树老化，原材料产量低导致企业生产成本上升。虽然如此，这些农业企业的经营业绩还是不错的。但是，缺乏合理的物流体系、营销队伍、先进经营理念和现代工商管理团队是这些农业企业未来发展的“瓶颈”。同时，农业生产劳动力的缺乏、农业基础设施落后、缺乏现代农业生产技术以及百色市普遍缺乏大块农业用地等因素共同导致农产品成本上升，并进而削弱百色市农业企业的成本优势和市场竞争力。例如，田阳县的水果种植面积不断减少，并且缺乏电商和自有品牌。总体看，目前百色农业生产特征、农业企业自身现状以及农业生产和农产品经营加工环境阻碍百色市农业企业高效且快速发展。

总之，百色市农业企业面临的问题主要来自两个方面：第一个方面是企业自身经营管理水平问题。第二个方面来自农产品生产问题，而农产品生产问题的出现是由于农业生产管理制度、农林生产相分离、农业基础设施和农业金融四个方面问题所引致的。

四、百色市林业生存现状①

百色市林业企业中上规模的有 29 家（5 家数据不全），产品是拼板、指接板、锯材、木材和人造纤维板为主。从这些上规模林业企业具体经营情况看，有好有坏。这些企业共同在百色市经营，共同享有百色市的制度和资源，因此，从目前看，这些企业的经营业绩差异完全是由企业自身经营水平差异所导致的。例如，广西凌云县永健木业有限公司、广西凌云县长安有限责任公司、广西凌云县健雄木业有限公司和广西凌云县莉宝木业有限公司共同处于百色市凌云县，四家企业同样生产锯材，市场价格相差不大，然而效益却相差很多。

从表 3 - 1 可以看出有一个明显的趋势存在，随着木业企业人数的增加，木业企业的效率在不断下降。职工人数最少的长安公司的生产效率和收益情况都高

① 资料来源于百色市工信委和发改委。

于职工人数最多的莉宝公司。这些数据说明凌云县四家木业企业在管理水平和经营效率上存在较大差异。在木业企业外部经营环境一定的情况下，木业企业的收益和获利能力完全是由企业自身来决定的。

表3－1　百色市凌云县四家木业企业的经营情况

公司名称	职工人数	产品	营业收入（万元）	利润（万元）	利润（人）	营业收入（人）
永健木业有限公司	90	锯材	12599	4	0.044	140
长安有限责任公司	53	锯材	11789	516	9.736	222
健雄木业有限公司	36	锯材	14072	2242	62.28	391
莉宝木业有限公司	110	锯材	12397	1270	11.55	122

从技术角度看，在这些木业生产厂家，如果使用的加工技术含量越高，那么企业亏损面越大，这是个非常奇怪的现象。如表3－2所示。

表3－2　百色市规模以上木材加工企业产品品种、营业收入、利润收入及占规模以上木材加工企业总额的比例

产品名称	利润（万元）	营业收入（万元）	利润/总利润（%）	营业收入/总营业收入（%）	利润/营业收入（%）
木材	2067	7689	19.86	3.59	26.88
锯材	4725	61168	41.10	28.53	7.72
拼板和指接板	－8	9766	—	5.84	—
胶合板	1158	47168	11.13	22.00	2.46
人造纤维板	2464	86601	23.68	40.39	2.78
合计	10406	214392			

从表3－2中可以看出，在所有百色市木材产品中，木材的附加值最高，锯材次之，而胶合板和人造纤维板的附加值最低。这充分说明百色市人造纤维板和胶合板的生产管理水平差，技术含量低，否则不会出现原材料和初级加工环节的产品附加值高于深加工环节的产品附加值。木材和锯材的利润之和占所有木材产品利润总和的60.96%，胶合板和人造纤维的利润之和占所有木材产品利润总和的34.81%。以上这些证据表明，百色市木材行业资源依赖程度较高，深加工产品获利能力不强，这是不正常的。

从百色市林业产业整体看，百色市林业产业结构单一。木材加工企业的产值占据林业产业增加值的大部分。山茶油及其他产品的产值占据林业产业增加值的份额较小。

综上所述，百色市的地理地貌特征是山多地少。以林业产业为核心，发展林业经济不但可以带动旅游、休闲养生、林产品深加工和医药等产业发展，而且可以有效解决百色市扶贫等问题。

五、百色市服务行业生存现状①

从2015年的统计数据看，百色市服务业由道路运输业、航空运输业、装卸搬运和运输代理业、仓储业、邮政业、电信业、物业管理、租赁业、商务服务业、专业技术服务业、公共设施管理业、居民服务业、日常生活修理业、教育和卫生15类服务企业组成。规模以上服务企业共有100家，其中道路运输业26家、航空运输业1家、装卸搬运和运输代理3家、仓储业8家、邮政业1家、电信业3家、物业管理9家、租赁业1家、商务服务25家、专业技术服务25家、公共设施管理业6家、居民服务业1家、日常生活修理业1家、教育4家、卫生3家。在规模以上服务企业中具体企业数量占据多数的依次是道路运输业和通信服务业。这两类服务企业占据规模以上服务企业数量的一半以上。其次是商业服务企业，规模以上企业的数量高达25家。而在世界发达城市和地区特别关注的专业技术服务在百色市只有8家。从这些规模以上服务企业具体从事的业务看，物流企业主要是为百色市规模以上企业运输产品和原材料服务，商业服务企业的主营业务是为大企业服务，专业技术服务企业的主要业务是工程设计、建设监理和汽车检测，技术含量不高，对地方经济拉动没有多大作用。从2015年的数据看，百色市100家规模以上服务企业整体主营业务收入为52.06亿元。不同类型规模以上服务企业主营业务收入份额如图3－8所示。

道路运输业和电信业分别占据百色市规模以上服务企业主营业务收入的39%和36%。尤其是专业技术服务企业主营业务收入份额非常小，说明百色市服务业处于低端水平和刚刚起步阶段。百色市规模以上服务企业的主营业务成本总额为35.40亿元，其中不同类型规模以上服务企业主营业务成本占总主营业务成本的比例如图3－9所示。

① 数据来源于百色市统计局和实地调研。

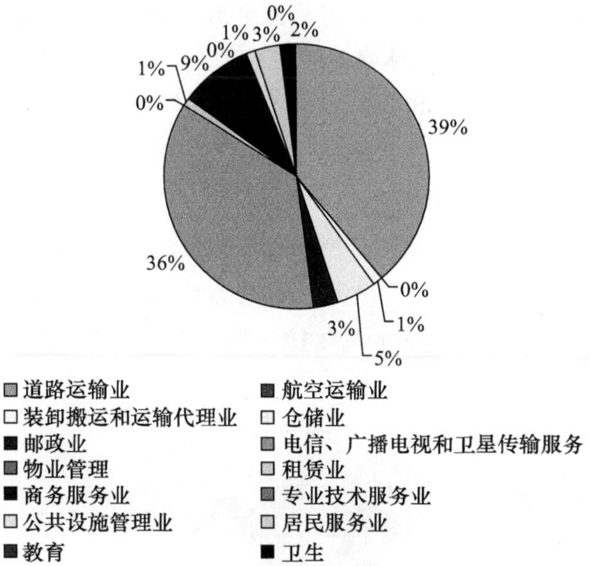

图 3-8　百色市不同类型规模以上服务企业主营业务收入占整体规模以上服务企业主营业务收入的比例（2015 年）

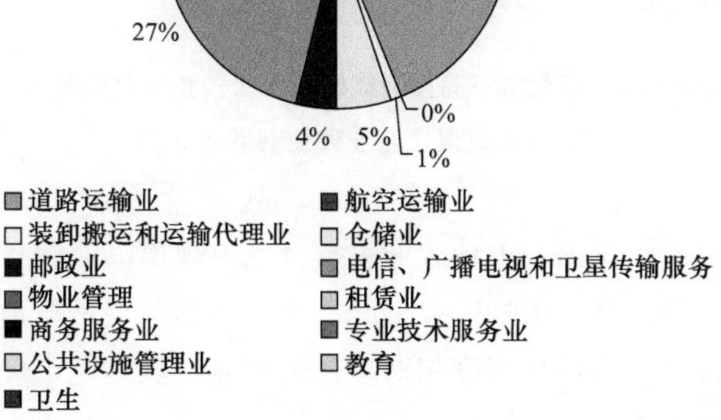

图 3-9　百色市不同类型规模以上服务企业主营业务成本占整体规模以上服务企业主营业务成本的比例（2015 年）

从图3－8、图3－9可以看出，主营业务成本最大的是道路运输业，占据规模以上服务企业主营业务成本的44%。其次是电信，占据规模以上服务企业主营业务成本的27%。将图3－8和3－9放在一起进行比较分析可以看出，道路运输主营业务收入/成本份额比为0.89，电信主营业务收入/成本比为1.33。这说明电信业务对百色市规模以上服务企业整体绩效的拉动作用大，而道路运输业对百色市规模以上服务企业整体绩效的拉动作用小。同时，2015年百色市规模以上服务企业总体营业利润为4.05亿元，不同类型规模以上服务企业营业利润占整体规模以上服务企业营业利润的具体比例如图3－10所示。

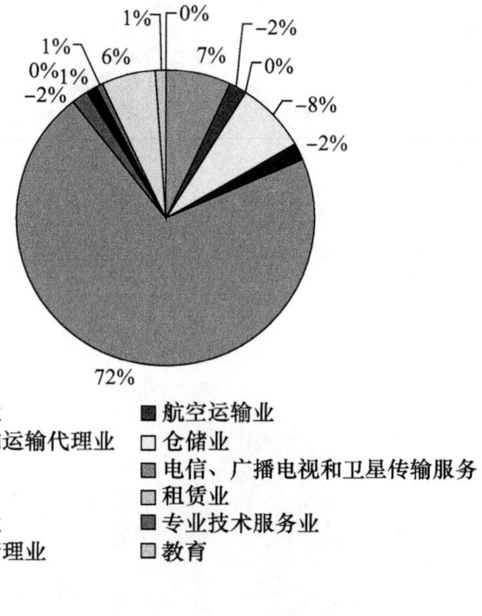

图3－10　百色市不同类型规模以上服务企业营业利润占整体规模以上企业营业利润的比例

从图3－10中可以看出，电信企业占据百色市规模以上服务企业营业利润的72%，可以得出结论：百色市规模以上服务企业整体获利是电信业在支撑。而电信业是垄断程度较高，市场化程度相对较低的产业。从百色市规模以上服务企业的数量分布看，如图3－11所示。

从百色市规模以上服务企业中道路运输企业和上游服务企业的数量是最多的，营业收入和营业成本所占比例较高，市场化程度相对较高，然而营业利润占百色市规模以上服务企业整体营业利润的比例却较少，直接反映出百色市服务产业结构和市场制度方面存在严重问题。

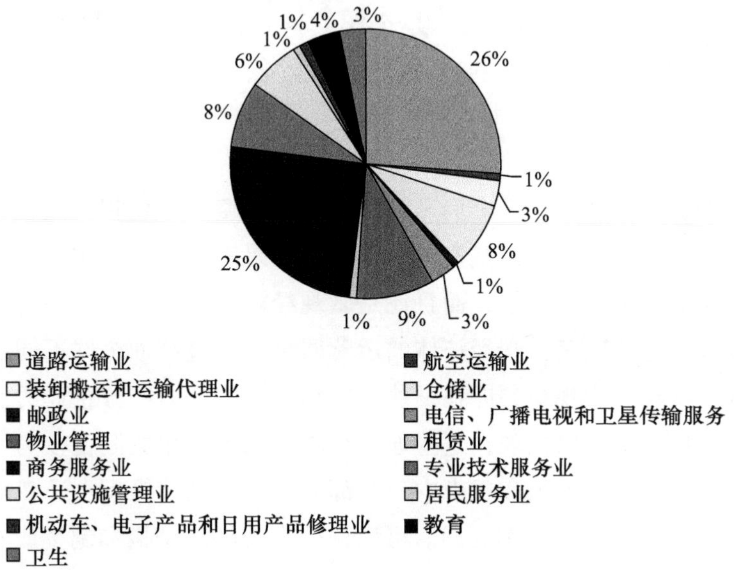

图 3－11　百色市不同类型规模以上服务企业数量占规模以上服务企业总体数量的比例

第四章　百色市实体经济生存现状分析

宏观经济状况反映的是一个地区或城市投资战略和市场相关制度的运行质量及结果，是一个地区或城市微观实体经济运行结果的加总。换句话说，宏观经济不但是微观经济的加总和展示，而且还是微观经济运行的框架和环境，宏观经济结构和发展重点直接决定微观经济体的运营质量。通过梳理全球不同国家的经济发展史，可以发现一个规律，即在发达地区和城市中，大部分企业的经营管理水平较高。进一步分析可以发现，这些地区和城市的市场相关制度较为完善，且运行成本较低。在欠发达地区和城市中，大部分企业的经营管理水平较低，并且市场相关制度不完善，运行成本高昂。可以说，宏观经济结构和制度成本决定微观经济的运行质量，微观经济的运行质量反过来支撑宏观经济的运行指标。因此，对百色市实体经济降低成本的路径和策略的探索必须从宏观、产业和微观三个层面进行，从其中任何一个层面寻求实体经济降低成本的途径和策略都是不科学的。

第一节　宏观视角分析

百色市整体经济目前开始进入下行阶段，但是，这种下行既不是断崖式下行，也不是周期性下行，而是震荡式下行。也就是说，在下行过程中有上行也有下行，并且上下波动幅度较大，但总体趋势是下行趋势。中国财税专家许善达（2016）提出中国经济目前处于波动性下行，笔者非常赞同。本书之所以认为未来百色市经济是震荡下行而不是波动下行的原因，在于预期百色市经济在未来下行过程中震荡幅度会高于许善达等专家预期的幅度。对百色市经济震荡式下行的预期是基于以下四个原因提出的：

第一，百色市是经济后发展地区，整体经济刚刚步入工业化早期阶段。工业化早期阶段最为重要的特征有以下几点：首先，工业文明还没有形成。工业文明没有形成的直接后果是百色市缺乏有素质、有纪律、有技能、有敬业精神的劳动力大军。其次，处于工业化早期阶段的经济体往往缺乏现代工商管理团队。缺乏现代工商管理团队的直接后果是企业市场观念不强，往往注重生产能力扩大，而不注重市场反应、品牌建设和创新。最后，工业化早期阶段的经济往往以工业为发展重点，工业是工业化早期经济体经济增长的主要力量。与此相对应的是第一产业发展往往受到忽视，缺乏第一产业发展的长远规划。同时，第三产业处于萌芽状态，还不能为经济增长提供足够支持。这个结论可以通过图 4－1 清楚地看到。

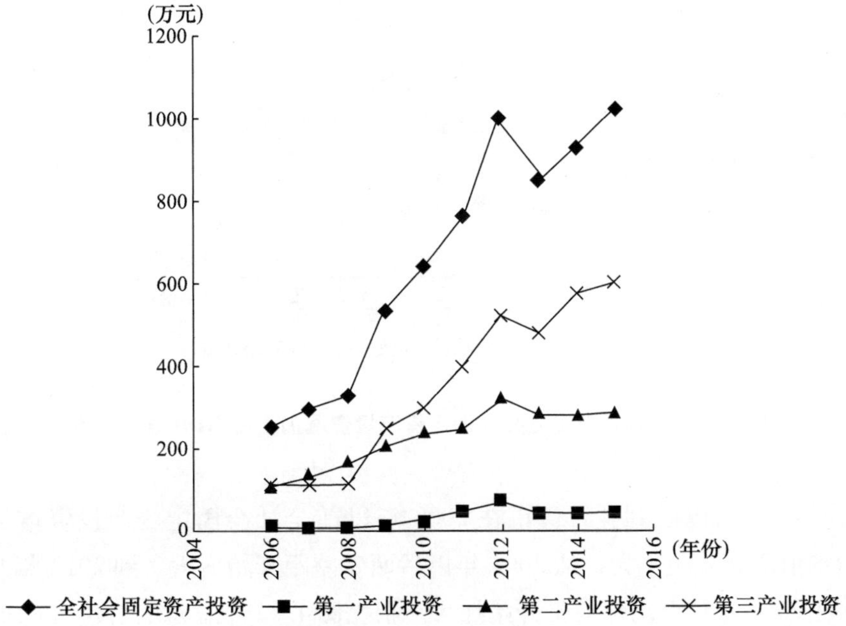

图 4－1　百色市 2004～2016 年全社会固定资产投资额及三个产业固定资产投资额对照

通过图 4－1 可以看出，在 2009 年以前百色市始终将第二产业作为投资重点，2009 年以后开始将第三产业作为投资重点，第一产业始终受到挤压，投资没有太大变化。但是，第三产业并没有带来预期效益，关于这一点从图 3－6 中可以看到。推动百色市经济增长的主体一直是第二产业，但目前第二产业增长乏力。第一产业始终处于增长状态，但贡献份额过小。所有这一切都表明百色市经济刚刚步入工业化早期阶段，在这种情况下遇到宏观经济波动式下行，百色市经济下行的趋势必然是震荡式下行。

第二，百色市经济在近 10 年发展过程中对非可再生性资源投入过多，对可再生性资源投入过少。对老资本中的土地和货币资本重视过多，对新资本中的社会资本、文化资本和知识资本重视不够。这直接引致百色市经济对非可再生性资源投资依赖过多，对可再生性资源投资依赖过少，进而导致固定资产投资效果越来越差，固定资产投资对经济拉动作用越来越小。具体情况如图 4 –2 所示。

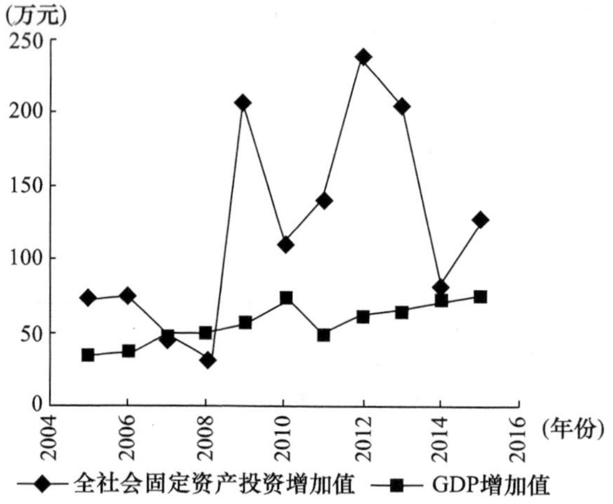

图 4 –2　2004 ~2016 年百色市全社会固定资产投资增加值占 GDP 增加值的比例变化

从图 4 –2 可以看到，百色市在 2008 年以前全社会固定资产投资增加值与 GDP 增加值之间差距不大，从 2008 年以后两者差距开始变大，到 2012 年开始回落，并在 2014 年达到均衡后又开始加大。根据图 4 –2 中显示的百色市 GDP 增加值变化趋势和百色市全社会固定资产投资增加值变化趋势看，两者之间似乎没有太多的关联度。从投资效果看，国际上普遍采用 ICOR① 这个指标描述。根据世界银行发布的数据，西方发达国家在 1981 ~1990 年 ICOR 为 3. 86，同时期中国是 6. 32。2001 ~2010 年西方发达国家 ICOR 为 4. 06，中国为 12. 62。

从图 4 –3 中可以看出，百色市从 2005 年开始总 ICOR 依次是 2. 3、2、1、0. 5、3. 6、1. 5、3、4、3. 5、1. 1 和 1. 7。

---

① ICOR：增量资本产出。指当年投资增量/生产总值增加量，即年度投资和当年增量产出的比。增量资本产出率（ICOR）是反映投资效率的经济指标。一般情况下，一个经济体的 ICOR 越高，其投资效率和生产效率就越低。

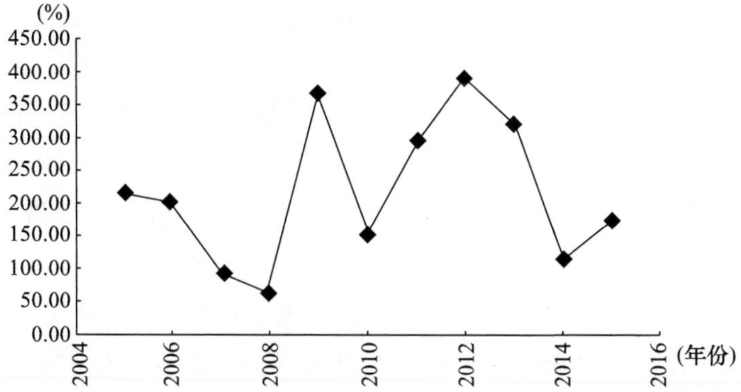

图 4-3 百色市 2004~2016 年 ICOR 的变化趋势

可以说，相比较西方发达国家和中国其他发达地区而言，百色市的 ICOR 是比较低的。换句话说，百色市的投资效率是比较高的。那么，如果是这样，为什么图 2-2 中显示的 GDP 增加值与全社会固定资产投资增加值关系又不大？同时，图 1-1 又显示近 10 年百色市 GDP 变化趋势与全社会固定资产投资趋势相对一致？对这种现象只有一个解释，百色市全社会固定资产投资结构和 GDP 结构不相符合。换句话说，在百色市三个产业中有的产业获得过多投资，但是对 GDP 的贡献不大。而有的产业获得投资过少，但对 GDP 的贡献很大。唯有如此才能出现图 3-1、图 4-2 和图 4-3 所显示的奇怪现象。

总之，从百色市宏观经济角度看，ICOR 的数值的确不大，表明百色市投资效率相对比较高。但是，从全社会固定资产投资增加值和 GDP 增加值的角度看，百色市在投资重点和投资方向上出现了问题，导致百色市宏观经济增长乏力，在未来会出现较大的震荡式下行。

第三，由于百色市撤地建市时间较短，各级政府在保持经济发展连续性方面不熟练。尤其是各级政府在运用各种金融工具管理市场和引导企业方面经验不足，导致政府与企业之间关系混乱和责任不清。这些客观事实导致百色市经济出现以下这些特征：首先，百色市宏观经济发展缺乏持续性和平稳性。从投资角度看，在近 10 年中百色市的全社会固定资产投资缺乏结构合理性，某些产业投资过度，某些产业投资不足，并且投资重点上存在问题，这必然导致百色市未来经济增长出现问题。其次，百色市缺乏区位优势，对投资者缺乏吸引力。因此，近 10 年来百色市投资大多集中在矿产资源开采和初级加工，而精细加工和产业配套投资严重不足。各级政府对于这些外来投资相当重视，给予这些外来投资者相当多的优惠政策。当经济处于高速增长时期，这些企业快速扩张。由于各级政府对这些企业的扩张方式没有给予必要的约束，导致这些企业单纯通过借贷和简单投资进行扩张。当中国经济进入到低速增长阶段，这些企业唯一的选择是通过激烈价格战获取竞争优势和生存空间。这些依赖资源存活的企业在经济进入高速增长时对 GDP 的推动作用大，当经济进入低速增长或下行时这些企业对经济下行趋势会起到加速作用，导致 GDP 快速跌落。因此，未来百色市经济会出现震荡式下行。

第四，虽然百色市属于口岸城市，对外贸易应该成为百色市经济增长的主要动力。然而，百色市的国际贸易起步较晚，国际贸易层面较低，对经济拉动作用不大。然而，有两个重要趋势值得注意。一个是百色市近 10 年对外贸易的走势是由出口主导的，如图 4－4 所示。

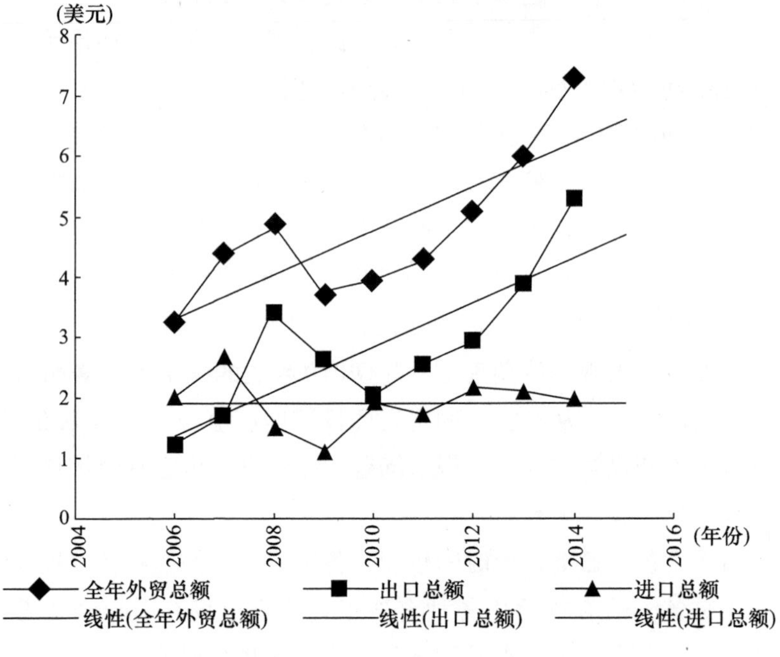

图 4－4　百色市 2004～2016 年对外贸易走势线性图

从图 4－4 中可以明显看出，百色市全年外贸总额增长趋势的斜率与出口总额的斜率几乎完全一致，这充分说明百色市对外贸易走势几乎完全由百色市出口贸易走势决定。这是一个非常难得的局面，如果百色市能够将出口贸易进一步升级和调整，那么，百色市外贸将会成为百色市经济的一个新的增长动力，并推动百色市经济快速增长。因此，百色市经济在未来会出现震荡下行。

第五，从百色市投资角度看，百色市以往投资主要集中在第二产业和第三产业，可见政府希望第二产业和第三产业能够成为百色市未来经济增长的主要动力。然而，由于在具体要素配置和要素培养方面出现失误，百色市第二产业和第三产业并没有如期发挥被期待的作用。同时，第一产业一直处于投资严重不足状态，短期内对百色市未来经济增长不会有太大帮助。具体情况如图4－5、图4－6、图4－7和图4－8所示。

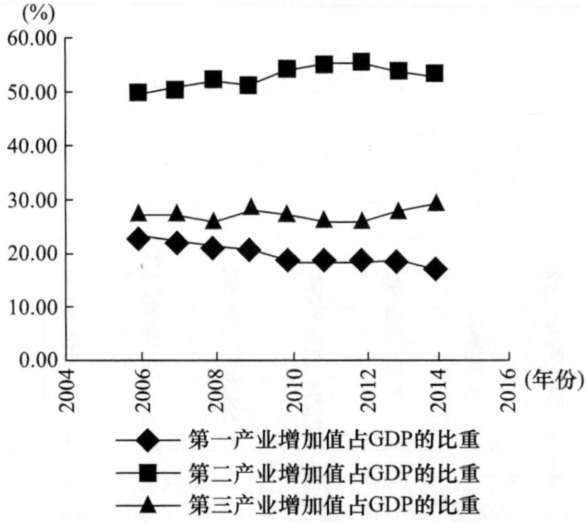

图4－5　百色市2004～2016年三个产业占GDP比重的变化趋势

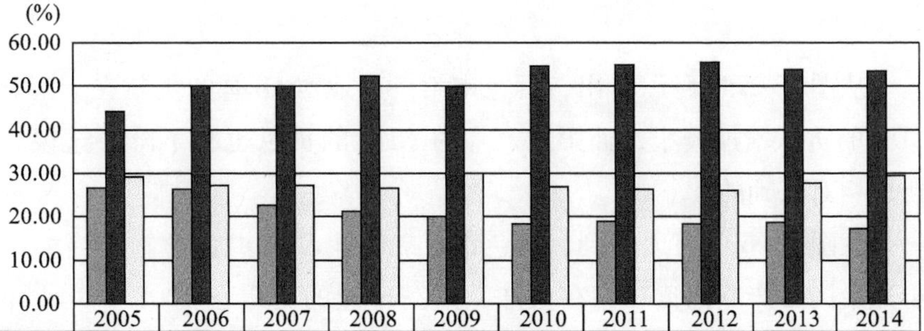

	2005	2006	2007	2008	2009	2010	2011	2012	2013	2014
■百色第一产业比重	26.70	26.45	22.67	21.16	20.04	18.33	18.92	18.40	18.54	17.30
■百色第二产业比重	44.16	50.16	50.04	52.28	49.86	54.70	54.78	55.57	53.81	53.38
□百色第三产业比重	29.14	27.20	27.29	26.56	30.10	26.97	26.30	26.03	27.64	29.32

图4－6　百色市2005～2014年三个产业占GDP比重变化的柱状图

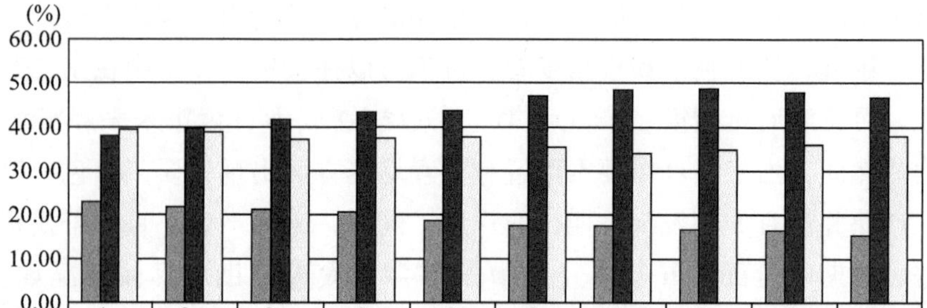

	1	2	3	4	5	6	7	8	9	10
■广西第一产业比重	22.90	21.80	21.30	20.70	18.80	17.50	17.50	16.67	16.30	15.40
■广西第二产业比重	37.90	39.60	41.60	43.30	43.60	47.10	48.40	48.60	47.73	46.80
□广西第三产业比重	39.20	38.70	37.00	37.40	37.60	35.40	34.10	34.93	35.97	37.80

图 4－7　广西区 2005～2014 年三个产业占 GDP 比重变化的柱状图

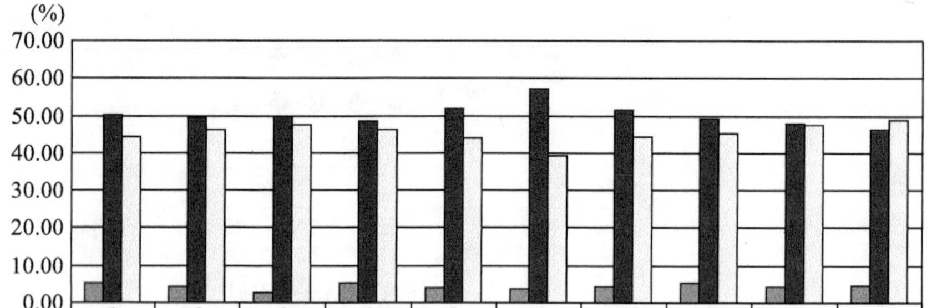

	1	2	3	4	5	6	7	8	9	10
■全国第一产业比重	5.30	4.40	2.70	5.30	4.10	3.60	4.20	5.30	4.40	4.70
■全国第二产业比重	50.30	49.50	49.90	48.40	51.90	57.20	51.50	49.30	48.00	46.30
□全国第三产业比重	44.40	46.10	47.40	46.30	44.00	39.20	44.30	45.30	47.60	48.90

图 4－8　全国 2005～2014 年三个产业占 GDP 比重变化的柱状图

从图 4－5 中可以看出，百色市第一产业对 GDP 的贡献在下降，第三产业对 GDP 的贡献增加较小，而第二产业对 GDP 的贡献也在下降。这说明本研究的判断是相对正确的。

从图 4－6 中可以看到，百色市第二产业占 GDP 的比重相当大，并且从 2005 年开始第二产业比重一直在增加，第三产业的比重在 2005～2014 年没有太多变化。百色市第二产业变化趋势与广西区变化趋势相一致。然而，百色市第三产业变化趋势与广西区相差过大，如图 4－7 所示。过大的原因不在于趋势，而在于广西区第三产业占 GDP 的比重一直处于较高份额。但是，从广西区整体来讲，第二产业占 GDP 的比重一直在加大，而第三产业占 GDP 的比重相对在减小。这与全国的趋势相反，如图4-8所示。这说明百色市整体经济布局和结构受广西区的环境和氛围影响较大，导致三个产业结构不合理的现象出现。

如图4-9所示，从图4-9中可以看出，第一产业增长在放缓，第二产业增加值也在放缓，第三产业增加值有上升趋势，但上扬幅度并不大。结合第一产业、第二产业和第三产业对GDP增长的贡献率看，如图4-10所示。

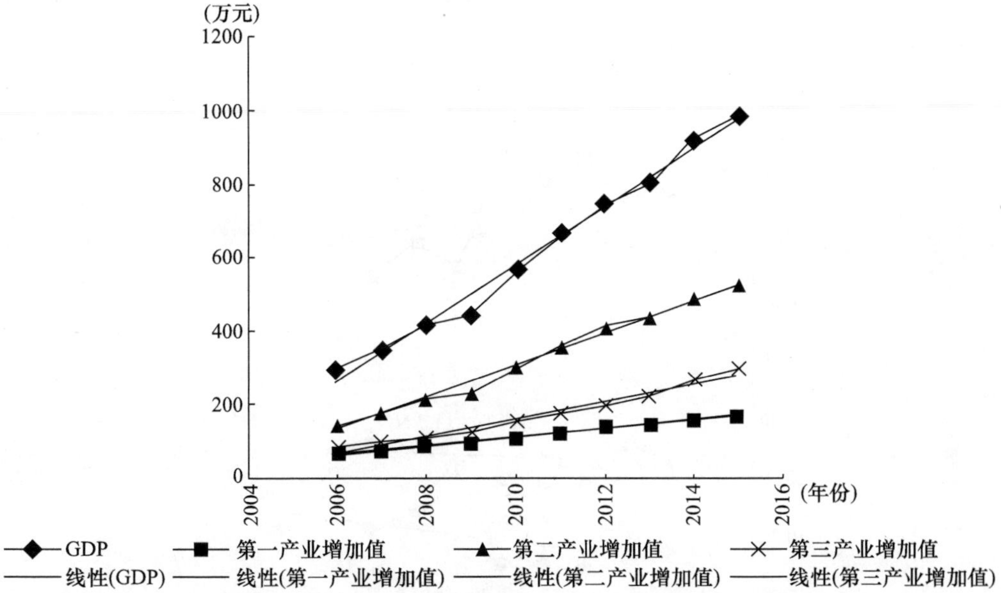

图4-9 百色市2004~2016年GDP增长线性趋势和三个产业增加值变化的线性趋势对照

从图4-10中可以看出，第一产业对GDP的贡献率从2011年后急剧下降，这与百色市对第一产业投资下降有关（可参照图3-6进行对比）。第二产业对GDP的贡献率从2010年后开始急剧下降，这与百色市对第二产业投资不恰当有关（可参照图3-6进行对比）。这说明本书得出“百色市在第二产业投资多以矿产资源和初级加工为主，相应配套投资不足，以及投资大多集中在非可再生性资源上”的结论是正确的。这些投资在经济上行时会快速推动GDP增长，在经济下行时会加速GDP的滑落。

综上所述，百色市经济在未来出现震荡式下行趋势的可能性极大。然而，百色市处于工业化初期阶段，ICOR较低。如果百色市能够在短时间内调整要素配置，在可再生性资源和新资本（文化资本、知识资本和社会资本）上加大投入，百色市经济会有较大幅度增长。如果百色市政府能够将主要精力放在可再生性资源的培养和发展上，并且有效运用财政手段、政策手段和金融手段管理经济，那么百色市经济将会与全国经济变化趋势保持一致。如果百色市政府能够通过超常手段处理和管理企业，引进高端人才和现代工商管理团队，加大技术工人和创业人才培训，并且有效配置土地和其他非可再生资源，那么百色市经济在未来出现逆势而上的局面也不是不可能。[①]

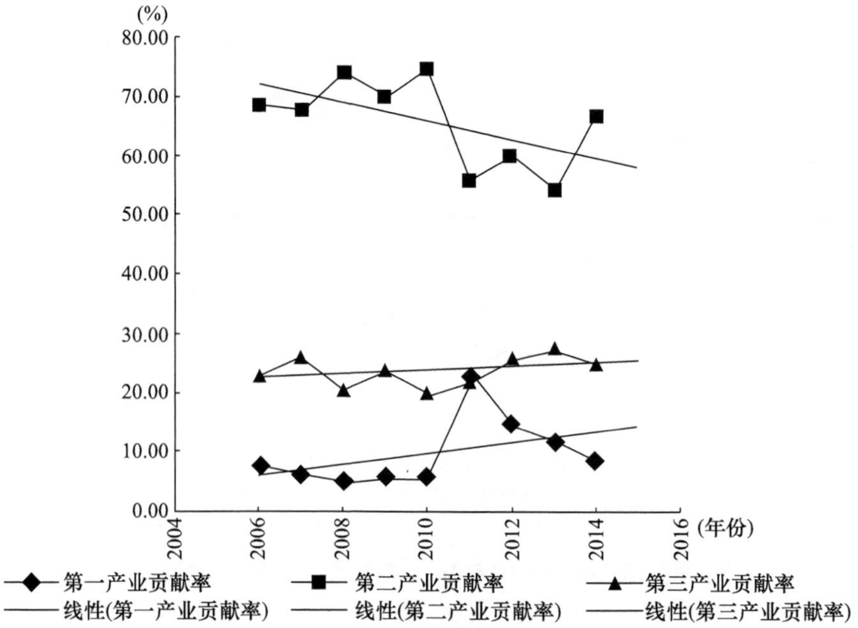

图 4-10　百色市 2006～2015 年第一、第二和第三产业对 GDP 贡献率变化的线性趋势对照

第二节　产业视角分析[②]

从实践角度来说，如果一个地区或城市充分参与到国际产业或地区产业分工

① 以上分析是基于 2004～2015 年《百色市国民经济和社会发展统计公告》。

② 资料来源：百色市发改委、《百色市国民经济和社会发展统计公告》和现场调研。

中，那么，对于该地区或该城市而言就不存在严格的第一、第二和第三产业比例问题，而是功能区问题。如果一个地区或城市没有充分参与到国际产业或地区产业分工中，那么，对于该地区或该城市而言就存在相对严格的第一、第二和第三产业比例问题。如果该地区或该城市有良好的第一、第二和第三产业结构，那么该地区或该城市就会有较大的未来经济发展空间，并且有充分的时间和空间进行调整，使本地区或城市的经济完全按照功能区的要求进行发展，充分发展具有区位优势的经济体，并在市场竞争中掌握主动权。通过对发达国家和欠发达国家的产业研究，会发现两个具有全球普遍性的产业规律：一个是某个地区或城市仅仅发展某个产业链上的一个或若干个环节，而不是整个环节，并将所选择的环节做到世界最优。例如，印度的软件产业和巴基斯坦的宇宙飞船铆钉行业。另一个是某个地区或城市重点系统性发展某个完整的产业链，并且发展路径和策略与其他主流产业链不同，但是却能够被主流市场所接受。例如，意大利的服装产业。因此，对产业分析是降低成本研究必不可少的环节。

一、百色市第一产业分析

从百色市整体经济发展态势看，百色市始终将工业当做发展重点和投资重点，这种发展策略直接导致百色市第一产业投资不足，发展滞后于百色市整体经济发展。从各个国家、地区和城市发展经验看，第一产业，尤其是农业一直是发展的基础。在农业基础夯实之后，才重点发展第二产业和第三产业。然而百色市的情况却不是如此。随着百色市第二产业和第三产业投资的加速，第一产业却出现投资严重不足的现象，导致第一产业对经济增长贡献不足。具体情况如图 4 – 11 所示。

从图 4 – 11 可以看到，百色市第一产业对 GDP 的贡献始终不足。不足的原因有四个：首先，百色市对第一产业投资不足。如果仅考虑第一产业的投入和产出比的话，百色市第一产业处于盈利状态。其次，因为百色市特殊的地理位置，百色市受虹吸现象影响较大，第一产业不但存在资金投入不足的现象，也存在劳动力严重流失的现象，这两种现象叠加是百色市第一产业发展的主要障碍。再次，百色市不但在第一产业上存在有形资源投入不足的问题，在无形资源上也存在投入不足的问题，导致百色市第一产业严重缺乏管理服务和技术服务。这种无形资源的投入不足严重阻碍百色市第一产业的发展。最后，由于百色市山多地少，在管理上存在林业和农业管理的条块分割，直接阻碍百色市林业和农业的协调发展，并且导致与第一产业发展相关的制度成本居高不下。

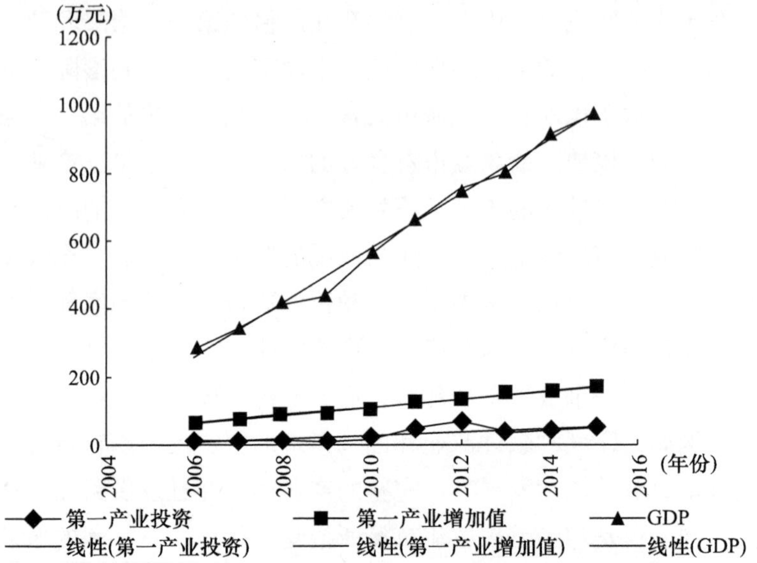

图 4－11　百色市第一产业投资、第一产业增加值和 GDP 的线性变化趋势

从百色市经济发展的历史看，百色市第一产业投资在 2012 年达到近 10 年的峰值，如图 4－1 所示，而百色市第一产业投资效率（ICOR）在 2011 年达到近 10 年来的峰值，如图 4－12 所示。换句话说，百色市第一产业增量资本产出在

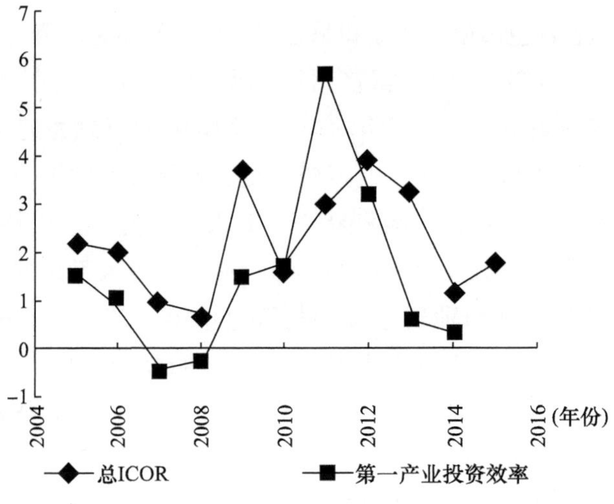

图 4－12　百色市 2004～2016 年第一产业增量资本产出（ICOR）的变化趋势

2011 年效率最低。但是，随着 2012 年百色政府对第一产业投资加大，百色市第一产业的增量资本产出（ICOR）反而开始下降，投资效率开始提高。这一切说明百色市第一产业增加值是随着投资增加而增加，并且说明百色市第一产业不但严重缺乏资金（见图 4－12），而且有着良好的投资空间，如图 4－13 所示。

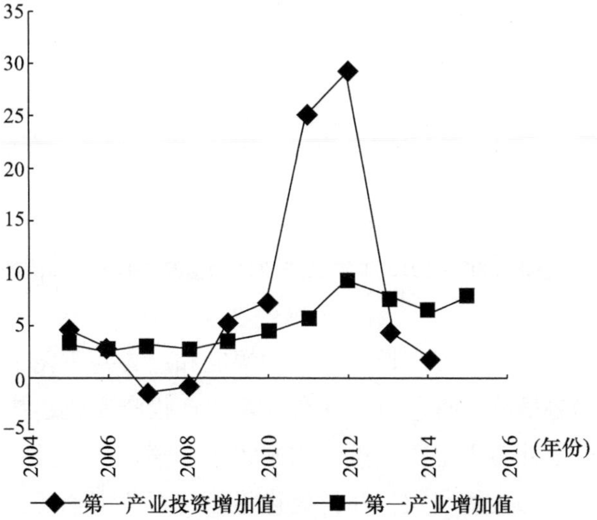

图 4－13　百色市 2004～2016 年第一产业投资增加值和第一产业增加值的变化趋势对照

这一切表明百色市应该调整目前的投资结构，将更多的资本投入到百色市第一产业，并且同时关注在第一产业培养和发展可再生性资源和新资本（文化资本、社会资本和知识资本），以支撑第一产业的有效整合和向高端商品化发展。

二、百色市第二产业分析

百色市作为后发展地区，整体经济刚刚步入工业化初期阶段。无论哪个国家或地区在这个阶段都会将第二产业的发展作为经济发展重点，这是正确的。如图 4－14 所示。

从图 4－14 中可以看出，百色市第二产业增加值在近 11 年中的变化趋势始终与 GDP 的变化趋势保持一致。这充分说明在这近 11 年中百色市第二产业增加值变化趋势几乎完全决定了百色市 GDP 增加值的变化趋势，这是典型工业化早期阶段的特征。同时，通过图 4－1 可以发现，百色市第二产业投资变化的幅度

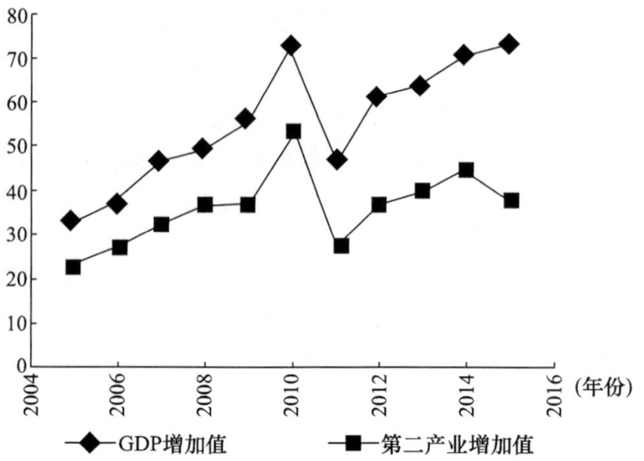

图 4 - 14　百色市 2004 ~ 2016 年第二产业增加值和 GDP 增加值的趋势对比

和趋势与百色市全社会固定资产投资变化的幅度和趋势并不完全一致。百色市第一产业投资变化趋势虽然与百色市全社会固定资产投资变化趋势相一致，但第一产业投资占百色市全社会固定资产投资比例太小。第三产业投资在百色市全社会固定资产投资中占有的比例最大，并且变化趋势与百色市全社会固定资产投资的变化趋势几乎完全一致。将图 4 - 1 和图 4 - 14 放在一起进行比较分析可以发现，百色市第二产业投资在 2012 年以后开始平缓回落，而百色市第二产业增加值在 2010 年达到历史峰值后开始回落，并在 2011 年下降到较低值，几乎回落到近 11 年的最低值。从 2012 年开始，百色市开始在第二产业上加大投资力度。然而，这种投资增加是缓慢的。从图 4 - 14 中可以看到，百色市第二产业增加值的变化趋势从 2014 年开始与百色市 GDP 增加值的变化趋势分道扬镳，百色市第二产业增加值开始成为百色市 GDP 增加值的负担，开始拉动百色市 GDP 往下滑落。导致这种现象出现的原因有两个：一个是百色市对第二产业投资的持续性和稳定性不够，如图 4 - 15 所示。从图 4 - 15 中可以看出，百色市对第二产业投资增加值 2005 ~ 2013 年持续波动，而且投资增加值从 2011 年以后开始迅速攀升，但是第二产业增加值却没有如期增长。这说明百色市对第二产业投资是不稳定的。这种投资不稳定性直接导致百色市第二产业的增长出现不稳定性和非持续性，对百色市第二产业的持续和稳定发展构成伤害。另一个是百色市对第二产业的投资出现结构性失误，这种投资失误主要体现在百色市第二产业上的投资主要集中在非可

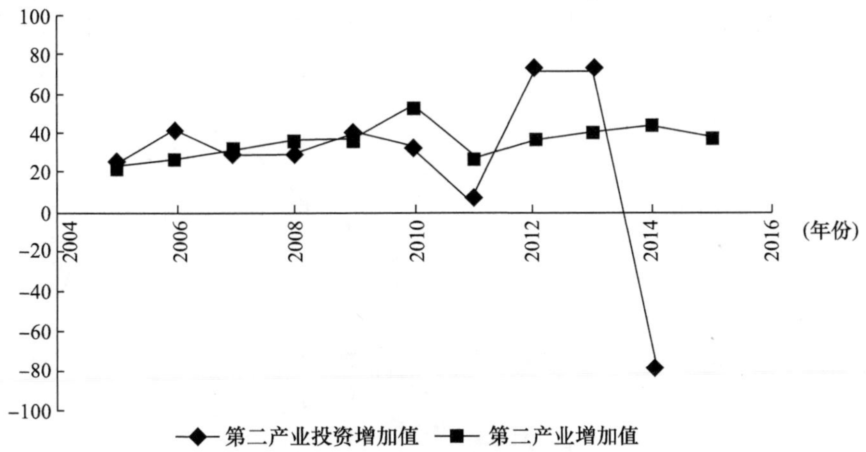

图 4-15　2004～2016 年百色市第二产业投资增加值和第二产业增加值的变化趋势

再生性资源和有形资源上。具体表现为百色市工业投资大多以矿产资源和初级加工为主，并且管理和经营水平低下。企业扩张方式主要是以信贷资金为基础的生产能力扩张，而不是以科技创新和精细化管理为基础的核心竞争力扩张。这种简单的增长方式导致的唯一结果是企业的生存完全由市场价格决定的。

因此，随着投资持续期的延长，企业的 ROE① 越来越低，并进而导致百色市第二产业的增量资本产出（ICOR）出现增高现象。如图 4-16 所示。

从图 4-16 中可以看出，2012 年百色市第二产业投资达到近 10 年的峰值，然而从 2010 年开始百色市第二产业增加值的斜率与百色市 GDP 增长的斜率开始出现分离趋势，并且随着时间推移越来越大，这说明百色市第二产业增加值对百色市 GDP 增长的推动作用在减小，并且开始出现副作用。从图 4-16 中还可以看出，百色市第二产业投资增长趋势的斜率与百色市第二产业投资增长趋势的斜率从 2012 年开始出现较大分离，这种分离表明百色市第二产业投资与第二产业增加值之间的相关性在不断降低。因此，可以得出结论百色市在第二产业上的投资从 2012 年开始对第二产业增加值的拉动作用变得越来越小，换句话说，百色市对第二产业的投资变得越来越无效。然而，从近 10 年的历史统计数据中可以发现一个证据，百色市第二产业的 ICOR 还是比较小的，如图 4-17 所示。

① ROE 是指净资产收益率，是净利润与平均股东权益的百分比，是公司税后利润除以净资产得到的百分比，用以衡量公司运用自有资本的效率。指标越高越好，体现自有资本获得净收益的能力。

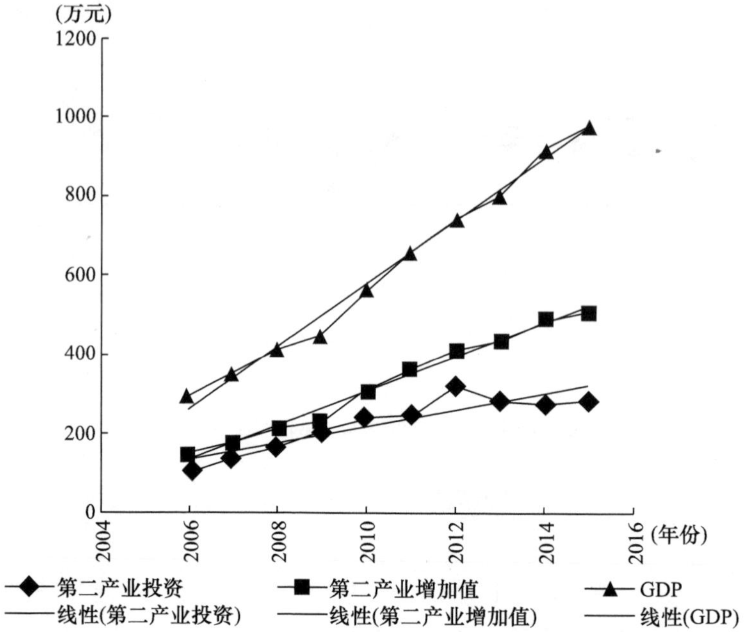

图 4－16　2004～2016 年百色市 GDP 增长、第二产业投资和第二产业增加值增长的线性变化趋势

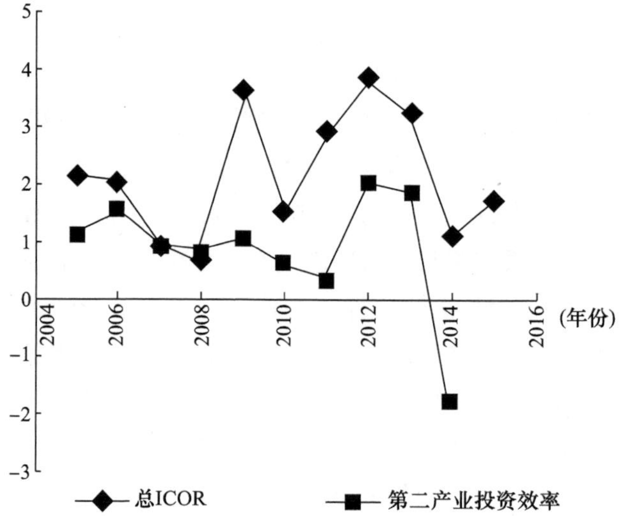

图 4－17　2004～2016 年百色市第二产业增量资本产出（ICOR）的变化趋势

从图 4－17 中可以看出，百色市第二产业的增量资本产出（ICOR）的值是比较低的，尤其是从 2013 年以后还出现负值。从这种现象中可以推断出五个结论。

第一个结论是百色市对第二产业投资主要集中在科技含量较低、非可再生性资源和有形资源消耗较多领域，这些领域受经济大环境影响极大，当经济形势好时这些行业快速增长，当经济环境不好时这些行业快速跌落。

第二个结论是百色市重点投资的这些企业和领域在 2013 年后开始出现价格竞争，并且由于价格竞争开始出现亏损，这些企业从 2013 年以来一直是处于亏本销售状态，否则不会出现增量资本产出（ICOR）为负数的现象①。这种分析同时也能够解释图 4－2、图 4－4 和图 4－5 中所显示的一个疑惑，即随着百色市全社会固定资产投资的增长以及百色市 GDP 的增长，百色市税收和财政的增长趋势始终是平稳而没有太大增长。这也同时证明了这些百色市规模以上企业的扩张是以信贷为基础进行的，资金成本不但耗尽了这些企业的利润，而且也消耗掉相当多百色市财政资金。

第三个结论是百色市第二产业结构不合理，而且投资结构也不合理。百色市第二产业投资主要集中在若干个大企业，而众多中小企业很难获得投资，否则第二产业不会出现这样的变化趋势，如图 4－18 所示。

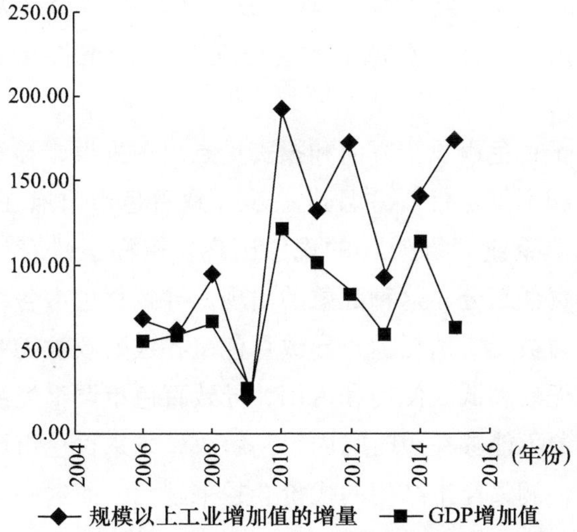

图 4－18　2004～2016 年百色市规模以上工业增加值的增量和 GDP 增加值的变化趋势

① ICOR 只能反映出投入资本增量和产出增量的变化，而不会反映出投资是否亏损，因为如果亏损没有哪个企业会继续生产。

从图 4 – 18 中可以看出，除 2007 年和 2009 年以外，百色市规模以上工业增加值的增量始终高于百色市 GDP 的增量。这充分说明百色市 GDP 的增长几乎完全依赖第二产业中的规模以上工业增加值来支撑，并且从 2014 年开始，除去第二产业中的规模以上工业外，其他行业和产业已经无力支撑百色市 GDP 的增长，百色市规模以上工业增长的压力越来越大。

第四个结论是通过以上分析可以看出，从 2009 年以来，百色市规模以上工业企业利用 GDP 指标为筹码“绑架”了百色市各级政府，否则不会出现图3 – 2、图3 – 4 和图3 – 5 中百色市税收和财税收入与第二产业增加值以及 GDP 增加值相分离的现象，也不会出现图 4 – 17 中增量资本产出（ICOR）为负数的现象。这一切进一步导致百色市政府与百色市规模以上工业企业之间的关系不清和责任的模糊，并最终导致百色市财政从 2013 年开始逐渐枯竭而无力再支持这些规模以上工业企业以低于市场价格从事生产和经营活动。

第五个结论是百色市各级政府对中小企业的发展没有给予相应的关注，因此，百色市缺乏完善的市场相关制度，并且制度运行成本高昂。同时，也没有为这些中小企业的发展创造必要的服务中介和咨询机构，导致这些中小企业不但无法获得必要的老资本（土地、机器和劳动力），而且也无法获得和培养新资本（社会资本、文化资本和社会资本），缺乏核心市场竞争力，无法获得有效资本积累来进行自身发展。因此，百色市才会出现 GDP 的增长几乎完全依赖规模以上工业企业的现状。

综上所述，由于百色市投资方向和投资重点出现失误，导致百色市第二产业出现增长不连续性和不稳定性。并且进一步导致百色市政府在 GDP 的压力下被第二产业中规模以上企业“绑架”的现象出现，模糊了政府与企业的关系，混淆了政府与企业的责任划分。这种乱象的出现，导致百色市各级政府和职能部门主要领导的工作精力被无效消耗掉、导致百色市各级财政被无效消耗掉、导致百色市土地等资源被无效和低效使用和占用、导致百色市调整经济结构的空间越来越小。如果这种现象不能够在短时间内得到解决，未来百色市调整经济结构的空间会变得非常狭窄，调整经济结构的代价会越来越大，而这一切都是百色市政府和社会难以承受的。

三、百色市第三产业分析[①]

从发达国家的经济发展经验以及中国国内发达城市和地区的经济发展经验看，第三产业往往是第一产业和第二产业发展的引擎，对整个国民经济的发展有着极为重要的作用。例如，美国在 1992 年时，第三产业创造的产值占当年 GDP 的 75%，在第三产业工作的劳动力人口数量占全美总就业人口的 78.6%。可见，第三产业的高效发展是整个国民经济健康发展的前提条件。百色市对这一点的认识是清楚和明确的，故始终在进行第三产业的布局和规划，并且在第三产业上投资巨大（如图 4－1 所示）。然而，百色市在第三产业上的投资并没有带来如期的回报和所期望的作用。百色市第三产业没有对百色市 GDP 的增长起到如期的拉动作用，如图 4－19 所示。

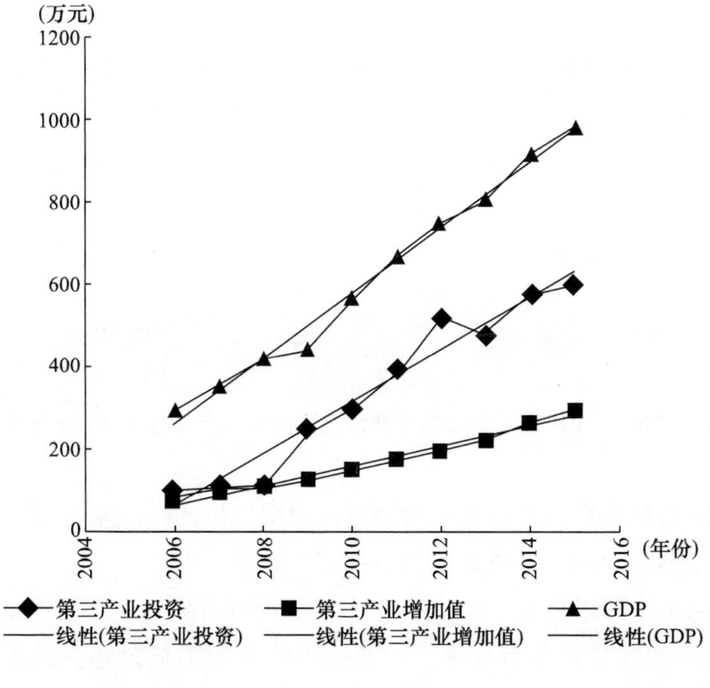

图 4－19　2004～2016 年百色市第三产业投资和第三产业增加值与 GDP 的线性变化趋势

① 数据来源：2005～2016 年《百色市国民经济和社会发展统计公告》，百色市发改委。

从图 4 - 19 中可以看出，百色市第三产业投资增长的斜率与百色市 GDP 增长的斜率是相接近的，而百色市第三产业增加值的斜率与百色市 GDP 变化的斜率相差较大，并且相差的幅度越来越大。同时，百色市第三产业投资变化的斜率与百色市第三产业增加值变化的斜率从 2006 年开始也出现差距逐渐扩大的趋势，并且差距越来越大。由此可以看出，百色市在第三产业上的投资方向和投资重点出现了问题。对这个问题的分析可以从以下几个方面考察。

首先，投入和产出问题。如图 4 - 20 所示，百色市对第三产业的投资从 2008 年以后开始飙升，一直到 2012 年达到近 10 年的峰值，致使百色市第三产业的投入产出比高达 270%，这是极不合理的。

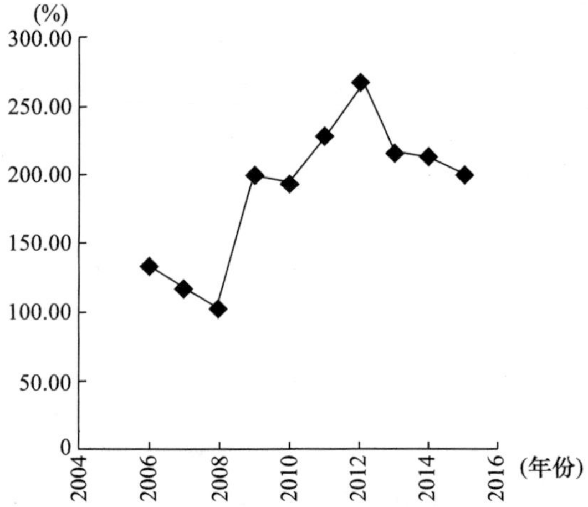

图 4 - 20　2004 ~ 2016 年百色市第三产业投资占第三产业增加值的比重变化趋势

其次，从百色市第三产业投资对第三产业增加值的作用来考察，第三产业的投资效果也是不理想的，具体情况如图 4 - 21 所示。

从图 4 - 21 中可以看到，2005 ~ 2008 年百色市对第三产业投资年增加值是逐年减少的，到 2008 年百色市对第三产业投资的年增加值为零。总体来讲，2008 年以后百色市对第三产业投资的年增加值处于不断提高的状态。然而，百色市第三产业增加值的变化趋势明显与百色市对第三产业投资年增加值的变化趋势不相符合。换句话说，百色市第三产业增加值的变化似乎与第三产业投资增加值没有什么太多关系。

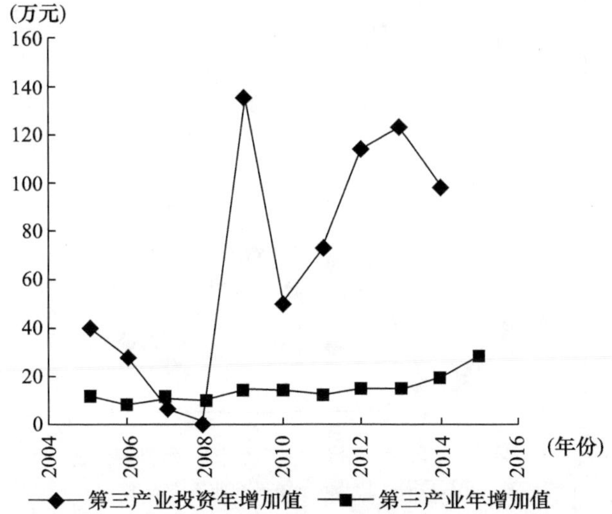

图 4 - 21　2004 ~ 2016 年百色市第三产业投资年增加值和第三产业年增加值的变化趋势

再次，可以通过考察百色市第三产业的增量资本产出（ICOR）分析这些现象。从图 4 - 22 中可以看到，百色市总增量资本产出（ICOR）[①] 一直处于较大的波动状态，2012 年达到近 10 年的峰值，为 4，处于合理区间。然而，百色市第三产业的增量资本产出在 2005 ~ 2008 年在 4 以下，处于合理区间。参照图 4 - 21 分析，百色市第三产业投资年增加值在 2005 ~ 2008 年始终处于下降状态。可以说，2005 ~ 2008 年百色市第三产业投资是合理的，资本增量产出（ICOR）是比较低的，投资效率是比较高的。然而，从图 4 - 22 中可以看到，2008 ~ 2015 年，百色市第三产业的增量资本产出快速上升，2008 ~ 2009 年达到近 10 年的历史峰值，为 9，即使后来出现短暂下降，在 2013 年又达到较高值，为 8。说明百色市第三产业投资效率从 2008 年以后开始急速下降。从图 4 - 22 中还可以看出，百色市第三产业的资本增量产出除去 2007 ~ 2008 年低于百色市总的增量资本产出，其他时间百色市第三产业的增量资本产出均高于百色市总的增量资本产出（总 ICOR）。这说明百色市第三产业投资效率相对百色市全社会固定资产投资效率是低的，从总体上拉低了百色市总体的投资效率。

① 百色市总增量资本产出（ICOR）= 当年百色市全社会固定资产投资增加值/当年百色市 GDP 的增加值。

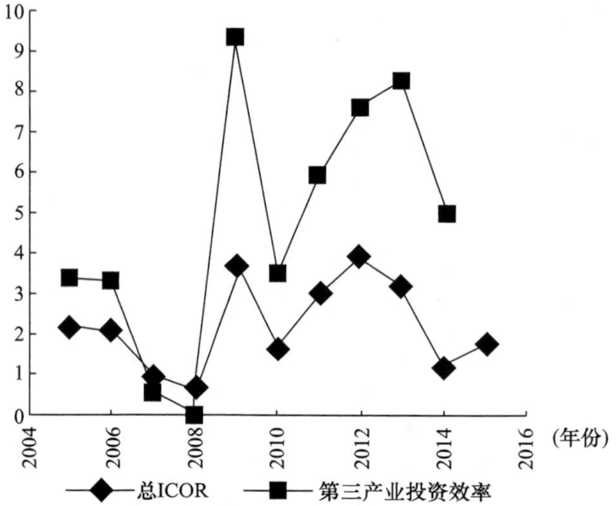

图 4－22　2004～2016 年百色市第三产业的 ICOR 与百色市总 ICOR 的变化趋势

最后，可以通过考察百色市规模以上服务企业的构成来分析这种现象①。从 2015 年的统计数据看，百色市共有 15 类服务行业，其中规模以上的服务企业有 100 家。具体分布如表 4－1 所示。

表 4－1　百色市规模以上服务企业在 15 类服务行业中的数量分布　单位：家

行业	道路运输业	航空运输业	装卸搬运和运输代理业	仓储业	教育
数量	26	1	3	8	4
行业	邮政业	电信业	物业管理	租赁业	卫生
数量	1	3	9	1	3
行业	商务服务业	专业技术服务业	公共设施管理业	日常生活修理业	
数量	25	25	6	1	

资料来源：百色市发改委。

① 本研究之所以通过考察百色市规模以上服务企业来对百色市第三产业分析的主要原因有三个：第一个是目前无法获得百色市房地产业的真实数据。第二个是通过图 4－20 可以发现百色市第三产业投资占第三产业增加值的比重远远高出正常水平，峰值曾经达到 270%。结合图 4－22 中表现出的第三产业投资效率来推断，导致第三产业投资效率大幅下降的只有房地产业有这样大的力量。因为在一般情况下，房地产业会吸纳 41% 的社会融资量，而对经济贡献只有 21%。如果房地产业出现大量库存，那么，第三产业投资效率就会大幅降低。第三个是百色市规模以下服务业的投资往往是自有资金投入，并没有被纳入统计范围。因此，可以通过考察百色市规模以上服务企业的构成来分析这种现象。

从表 4－1 中可以看出，百色市规模以上服务企业主要集中在道路运输业（26 家）、商务服务业（25 家）和专业技术服务业（25 家）。仅从目前的数据看，百色市服务业目前还处于低端水平。进一步查阅这些商务服务企业和专业技术服务业的具体经营范围可以发现，这些服务企业基本上与百色市公共设施建设和房地产建设有关，为第一产业和第二产业进行管理咨询、技术服务和产品研发的企业没有。同时，百色市规模以上服务企业中能够参与到国际发达国家和国内发达地区及城市的服务外包工作中的也没有。这在一定程度上不但说明百色市服务企业的落后，同时也反映出百色市服务企业的闭塞。同时，通过查询后发现，百色市的商务服务企业和专业技术服务企业的管理水平及技术水平相对其他发达城市的同类企业具有相当大的差距。这些差距不但体现在管理水平和技术水平上，同时也体现在经营理念上。可以得出结论，百色市的商务服务企业及专业技术服务企业不但经营种类和结构不理想，而且严重缺乏新资本（社会资本、文化资本和知识资本）的支撑，不但目前服务质量较差，成本较高，而且缺乏未来发展规划和发展基础。这样的服务企业很难对百色市其他产业发展起到支持和协同发展的作用。另外，对此进一步分析可以通过表 4－2 进行。

表 4－2 2015 年百色市规模以上服务企业的经营数据

指标	营业收入增长速度（%）	营业成本增长速度（%）	营业利润增长速度（%）
总计	9.21	8.53	0.75
道路运输业	1.85	0.37	－20.83
航空运输业	33.33	－23.53	7.14
装卸搬运和运输代理业	2.7	－31.11	—
仓储业	8.98	－6.61	－2.44
邮政业	9.86	6.62	33.33
电信和广播电视业	3	2.18	－0.51
租赁业	8.33	20	—
商务服务业	108.94	128.8	－50
专业技术服务业	－12.66	15.63	－70.59

续表

指标	营业收入 增长速度（%）	营业成本 增长速度（%）	营业利润 增长速度（%）
公共设施管理业	36.36	28.77	230
居民服务业	-50	—	—
教育	-5.56	—	—
卫生	23.53	22.5	—

资料来源：百色市发改委。

表4-2中显示出百色市15个行业中100家规模以上服务企业在2015年部分具体经营数据。可以看出，百色市规模以上服务企业在2015年的营业收入较2014年增长9.21%、营业成本较2014年增长8.53%、营业利润较2014年增长0.75%，这些数据表明百色市规模以上服务企业目前是在通过价格战进行微利经营，增量资本产出率（ICOR）是比较高的，投资产出效率低，净资产收益率（ROE）也是比较低的。还可以发现，以百色市规模以上服务企业为样本群统计的百色市15个服务行业中有3个是营业收入相比较2014年是下降的，下降最快的是居民服务业和专业技术服务业，尤其是专业技术服务业的营业利润比2014年下降70.59%。由此可以看出，百色市的劳动分工程度较低，生产效率低下，实际就业率不高，需求量在下降。第一产业以及第二产业企业缺乏自己科研机构①的事实表明百色市以往企业的扩张是以信贷为基础的产能扩张，而不是以管理水平提高和创新为基础的核心能力扩张。营业收入增加最快的是商务服务业，增长高达108.94%，营业利润却下降高达50%，营业成本增加128.8%。这个数据表明，百色市商务服务企业的增长是粗放型的，并且价格竞争是获取营业收入的唯一手段。另外，百色市道路运输企业在营业收入增长高于营业成本增长的情况下营业利润较2014年下降20.83%，反映出百色市道路运输企业之间价格竞争的残酷程度。具体情况如图4-23所示。

综上所述，百色市第三产业的增量资本产出（ICOR）远高于百色市总资本增量产出（总ICOR），表明百色市第三产业投资效率远远低于百色市全社会固定资产投资效率，是百色市全社会固定资产投资效率提高的障碍，是百色市GDP

① 资料来源：企业访谈和调研。

有效增长的障碍，如图 4－24 和图 4－25 所示。这些问题出现的根本原因在于，百色市第三产业投资结构和重点存在的问题，没有将有限投资优先投放在无形资源的培养和发展上，没有投放在百色市急缺的管理咨询、技术服务和商业平台的构建和运营上。过于偏重老资本（土地、劳动力和机器）在第三产业中的作用，忽视新资本（社会资本、文化资本和知识资本）在第三产业中的作用。同时，百色市并没有随着第一产业、第二产业和第三产业的实际发展状况和未来发展趋势对百色市第三产业的结构进行恰当且有效的调整。这一切导致百色市第三产业不但大量占据和消耗百色市有限资源和百色市各级领导的工作精力，而且严重拖累百色市 GDP 的增长。

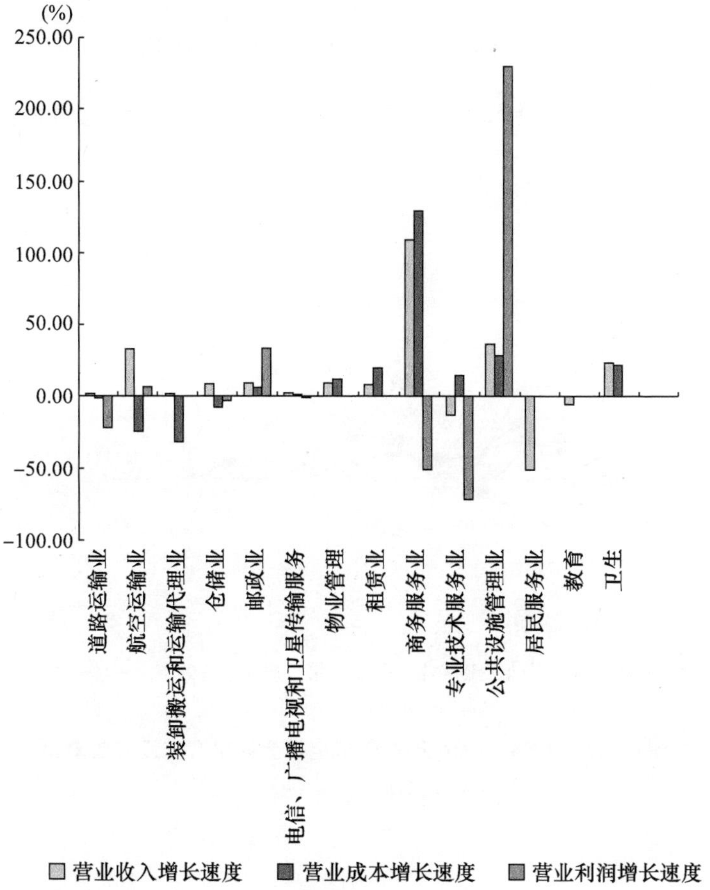

图 4－23　百色市第三产业中规模以上服务企业所在 15 个服务行业 2015 年较 2014 年的经营数据的变化

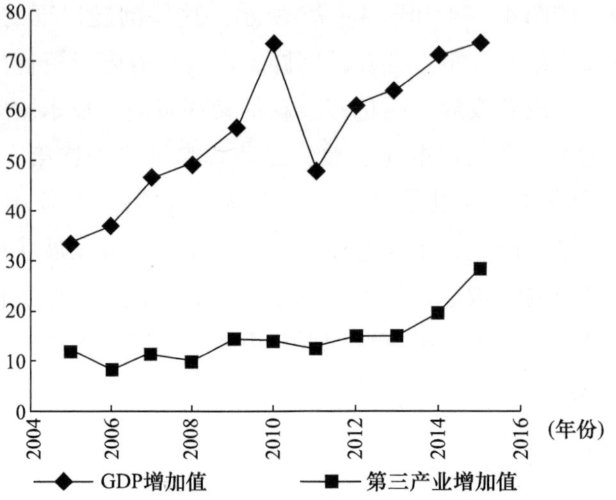

图 4－24　2004～2016 年百色市 GDP 和第三产业增加值的变化趋势

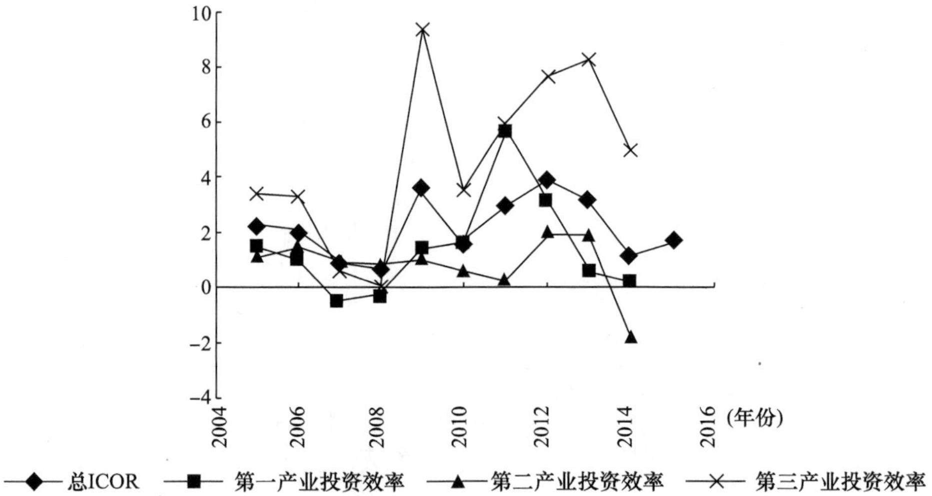

图 4－25　2004～2016 年百色市全社会固定资产投资效率和三个产业投资效率变化趋势

四、产业分析视角小结

从世界各国和中国发达地区及城市的经济发展过程来看，在工业化初期阶段第一产业、第二产业和第三产业之间要保持合适的发展速度。尤其是第一产业要稳步增长，逐步实现规模化、商品化和优势化。第二产业的发展要以精细化、产业环节垄断化和优势化，并且不断依靠企业内部管理的提升和连续的新产品研发拓展市场，而不是简单依靠以信贷为基础的简单的复制式产能扩张，并且不断提升培养社会资本、文化资本和知识资本的能力和存量，以便形成整个行业的有效集聚，获得规模经济和范围经济。第三产业应该能够与第一产业和第二产业形成有效的劳动分工，使第一产业和第二产业的劳动生产率得到提高。同时，第三产业应该以技术、管理、独立市场中介和信息技术为投资重点，着力培养新资本的同时参与发达地区的服务外包工作，以破解目前百色市投资有效性不断下降的困境（三个产业之间发展的不协调也可导致三个产业投资的效率下降），如图 4－25 所示。如果第三产业投资效率始终处于高位，并且缺乏对第一产业和第二产业的支撑和协同发展，那么，百色市未来的经济发展会困难重重。

第三节　微观视角分析[①]

一个产业的全球格局或结构基本上决定了所有国家该产业的普遍性结构和格局。一个国家该产业的格局或结构决定了这个国家该产业在全球相同产业中的地位和竞争优势。同样道理，一个国家内某个区域或城市的产业格局也会受到这个国家该产业的格局或结构的影响，也会带有这个国家该产业的普遍性特征。更进一步，某个区域或城市的该产业格局或结构的具体特征将决定这个区域或城市的该产业在国内产业地位和竞争优势。

一、百色市铝业企业分析

（一）中国电解铝或原铝生产分析

从铝矿产资源储备情况看，中国铝土矿保有储量约 22.7 亿吨，规划可采储量为 5.49 亿吨，基本上可供开采 35 年。百色铝土矿储量为 9.09 亿吨[②]，占全国储量的 31.25%。从原铝生产趋势看，全球都在向能源低洼地和靠近市场地区转

① 资料来源：百色市工信委、百色市发改委、研究者委托调研、研究者购买和研究者付费咨询。
② 资料来源：百色市人民政府。

移。全球原铝生产分布如图 4 –26 所示，可见中国是世界原铝生产第一大国。

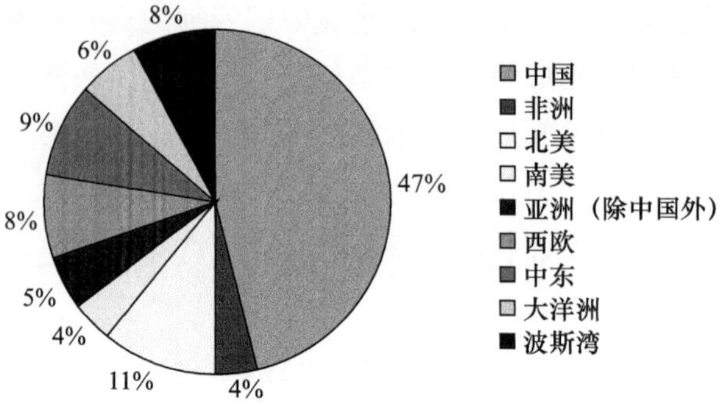

图 4 –26　全球原铝生产能力分布

资料来源：有色金属统计。

2011 ~2015 年世界各地区原铝生产分布的具体情况如表 4 –3 所示。2011 ~2015 年中国大陆原铝生产情况变化如表 4 –4 所示。从图 4 –26、表 4 –3 和表 4 –4中可以看出，中国原铝产能无规划的扩张是世界原铝产能过剩和中国原铝产能过剩的根本原因。从表 4 –3 中可以看出，除中国内地以外世界其他地区原铝产量一直处于相对稳定状态，2015 年 1 ~6 月比 2014 年 1 ~6 月原铝产量仅仅上升 2. 38% 。而同期中国大陆原铝产量相应上涨 15. 20% 。由此可见，中国大陆铝产能无序扩张不但导致全球原铝产能过剩，而且导致中国国内铝产能的严重过剩。因此，中国报告大厅（2016）总结到，产能过剩和行业亏损已经成为中国电解铝行业在所有人心中的两大特征。中国国内原铝产量具体分布如图4 –27所示：2015 年 1 ~11 月中国电解铝价格持续下跌，11 月电解铝价格下跌到 9700 元/吨，创 1994 年以来新低。多数电解铝厂亏损严重，选择停产。然而，2015 年中国电解铝减产产能本应该减产 450 万吨以上，但某些地方政府不同意某些电解铝产关停，并承诺给予电费补贴，所以，2015 年中国电解铝实际减产约为 375 万吨。如表 4 –5 所示，2015 年甘肃省减产 62 万吨，位列第一。河南减产 43 万吨，位列第二。这两个省份 2015 年第一季度至第三季度平均电费分别为 0. 38 元/度和 0. 40 元/度。实际上，截至 2015 年底，中国电解铝运行年产能已达到 3720 万吨。2014 年减产约为 165 万吨，2015 年减产约为 375 万吨。业内权威人士指出，虽然电解铝价格在 2016 年较 2015 年有所回升，但依然有超过半数企业难以实现保本和盈利。目前电解铝产能退出渠道不畅，人员安置、债务化解和对地方 GDP 的影响是地方政府不能够下决心让这些严重过剩的铝产能退出市场的根本原因。

表 4-3　2011~2015 年全球原铝生产量地区分布　　单位：千吨

日期	世界 2015 年 6 月原铝产量报告									
	非洲	北美	拉丁美洲	亚洲	西欧	中东	大洋洲	波斯湾	总计	日均
2011 年	1803	4969	2184	2533	4027	4319	2306	3473	25614	70.2
2012 年	1639	4851	2052	2535	3605	4323	2186	3662	24853	67.9
2013 年	1810	4909	1921	2436	3525	3995	2105	3883	24584	67.4
2014 年	1746	4585	1530	2430	3514	3765	2035	4832	24437	67
2014 年 1~6 月	887	2306	840	1176	1737	1861	1037	2298	12142	67.1
2015 年 1~6 月	834	2253	677	1423	1852	1887	978	2539	12443	68.7
2014 年 6 月	143	372	117	193	297	309	174	412	2017	67.2
2014 年 7 月	144	386	117	203	306	319	175	427	2077	67
2014 年 8 月	148	386	116	198	306	319	166	426	2065	66.6
2014 年 9 月	142	372	111	194	298	310	160	413	2000	66.7
2014 年 10 月	144	379	120	204	307	321	165	426	2066	66.6
2014 年 11 月	139	370	116	222	302	312	165	414	2040	68
2014 年 12 月	142	386	123	233	313	323	167	428	2115	68.2
2015 年 1 月	143	387	120	238	315	321	166	431	2121	68.4
2015 年 2 月	130	350	106	218	287	293	151	393	1928	68.9
2015 年 3 月	141	388	120	242	316	324	168	438	2137	68.9
2015 年 4 月	137	375	114	237	307	313	162	421	2066	68.9
2015 年 5 月	144	385	114	248	318	323	168	435	2135	68.9
2015 年 6 月	139	368	103	240	309	313	163	421	2056	68.5

资料来源：智研数据中心。

表 4-4　2011～2015 年中国大陆原铝生产量　　单位：千吨

日期	中国原铝产量	
	中国	日均
2011 年	17786	48.7
2012 年	19754	54
2013 年	21936	60.1
2014 年	23940	65.6
2014 年 1～6 月	13221	73
2015 年 1～6 月	15216	84.1
2014 年 6 月	2246	74.9
2014 年 7 月	2272	73.3
2014 年 8 月	2330	75.2
2014 年 9 月	2346	78.2
2014 年 10 月	2395	77.3
2014 年 11 月	2446	81.5
2014 年 12 月	2507	80.9
2015 年 1 月	2596	83.7
2015 年 2 月	2360	84.3
2015 年 3 月	2600	83.9
2015 年 4 月	2594	86.5
2015 年 5 月	2703	87.2
2015 年 6 月	2756	91.9

资料来源：智研数据中心。

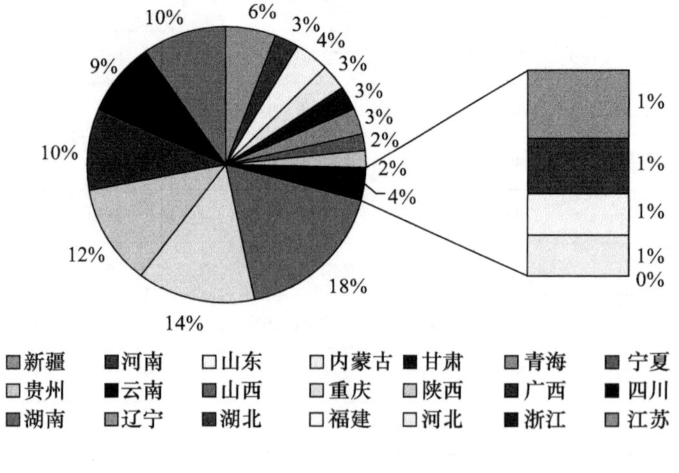

图 4-27　2014 年中国原铝产量地区分布

资料来源：中国有色金属。

表 4-5 2015 年中国电解铝减产情况 单位：万吨

省份	关停产能	建成产能	2015 年产量	产量同比变化（%）
河南	43	393	286	-12
山西	11	107	73	-17
青海	26	288	218	-8
四川	39	92	49	-26
宁夏	32	255	120	-12
云南	23	158	130	-6
贵州	20	126	68	-20
重庆	23	76	54	-3
内蒙古	12	354	318	-25
甘肃	62	300	260	-11
山东	34	744	711	-22
湖南	16	33	27	-17
辽宁	25	70	45	-73
湖北	9	30	10	-37
合计	375	3026	2368	-291

资料来源：2016 年国际电解铝及原料峰会。

随着中国经济步入下行趋势，中国工业出现严重产能过剩的局面，中共中央提出“去产能、去杠杆、去库存、降成本和补短板”的改革方针来应对中国经济下行的趋势和中国工业产能严重过剩的局面。但是，问题是这些产能是在经济高涨时形成的，如果在经济步入下行阶段盲目撤出这些产能，那么，当经济步入上行阶段时怎么办？本研究认为，去产能的前提条件是补短板，因为产能过剩的原因在于这些产能过剩企业存在“短板”问题，这些“短板”问题导致产能过剩企业和行业生产出的产品没有被市场完全接受和消化。因此，中共中央才会提出供给侧改革。另外，产能过剩永远是一个相对概念。这个相对产生的基础有两个：一个是产品的功能强于同类其他企业，那么，生产这种产品的企业的产能就不是过剩的，其他同类企业的产能就是过剩的；另一个是产品的生产成本低，市场售价相对其他同类企业便宜，那么，生产该产品的企业的产能就不是过剩的，生产同类产品的其他企业的产能就是过剩的。这就是产能过剩是相对过剩的基础。因此，本研究认为，对于过剩铝产能退出问题不能一概而论，应该详细分析这些过剩铝产能过剩的原因和未来前景，并以此为基础综合考虑。

目前，电解铝市场售价大约为 11000 元/吨，虽然比 2015 年有所回升，并出现趋稳的态势。然而，在 11000 元/吨的价位上，还是有超过 50% 的企业亏损。随着电解铝价的下跌，铝企业开始实行大范围弹性生产制度。在弹性生产制度的影响下，2015 年电解铝产量增速相比较 2014 年电解铝产量增速有所下降。根据安泰科统计，2015 年中国国内电解铝产量估计为 3100 万吨，比 2014 年上涨 9.9%，产量增长幅度下降 2.5%，已经连续 4 年处于产量增长放缓态势。分析师①指出，中国电解铝三大生产基地是山东、新疆和内蒙古。2015 年中国电解铝减产覆盖 17 个省、市和区，主要集中在甘肃、青海和河南等地。2016 年中国在建和拟建的电解铝产能约为 340 万吨/年，主要集中在山东、内蒙古、新疆和辽宁 4 个省（区）。考虑到宏观经济等因素，当时预计 2016 年电解铝产量达到 3320 万吨/年，比 2015 年增长 7.1%，增速会进一步回落。工信部原材料工业司指出，中国铝冶炼行业 2015 年亏损 66 亿元。根据中孚实业统计，归属于上市公司股东的净利润在 2015 年亏损 4.3 亿元。神火股份统计 2015 年因铝产品平均售价较 2014 年下降 1320.03 元/吨，铝业务亏损由 2014 年亏损 5.65 亿元增加到 2015 年亏损 9.47 亿元。然而，云铝统计 2015 年实现扭亏为盈，盈利在 2000 万～4000 万元。云铝股份称，2015 年广东南储铝锭现货价位是 12068 元/吨和 12135 元/吨，但公司通过改革创新、挖潜降成本和产业优化升级，通过实施市场化用电机制降低用电成本，主导产品成本明显下降，氧化铝和铝加工产量明显增加。中国铝业则通过盘活资产等手段也在 2015 年实现扭亏增盈，实现净利润 2 亿元。氧化铝和电解铝生产成本分别下降 13% 和 9%。②

通过上述中孚实业、神火股份和云铝对 2015 年铝产品盈利状况的统计可以看出，在目前中国经济步入下行阶段时，中国铝业实际上并非全面亏损，而是处于洗牌阶段，此时中国铝企业正处于冰火两重天的境地。这种阶段持续 2～5 年后，优势企业会更加发展壮大，而弱势企业将被淘汰出局。回顾这段历史，中国经济步入下行阶段，俄罗斯铝产品和中东铝产品进入中国市场只是铝产品市场价格下降的诱因，并非根本原因。因为俄罗斯和中东电解铝在中国市场售价仅为

① 资料来源：《2016～2021 年中国原铝（电解铝）行业发展分析及投资潜力研究报告》。

② 资料来源：中金在线网和委托调研。

2000 美元/吨，对技术先进和管理良好的中国铝企业不具备真正杀伤力，但对管理一般和技术落后的铝企业却是致命的，可以从以下几个方面来验证这个结论。

首先，从图 4-28 中可以看出，中国自 2006 年至今就是铝产品净出口国。在 2016 年国际电解铝原料会议上，土耳其、马来西亚和几内亚等国家还向中国铝业企业推荐本国的铝土矿。这些事实可以说明两个问题；一个是中国铝产品价格在世界上并不是不具有价格优势；另一个是中国国内市场对价格较低的铝产品还是有大量需求，并不存在真正意义上的铝产能过剩，过剩的只是价格较高的铝产品和那些使用价值不被市场认可的铝产品。那些铝产品价格和功能具有优势的企业不但在国内具有市场需求，在国外也具有市场需求。

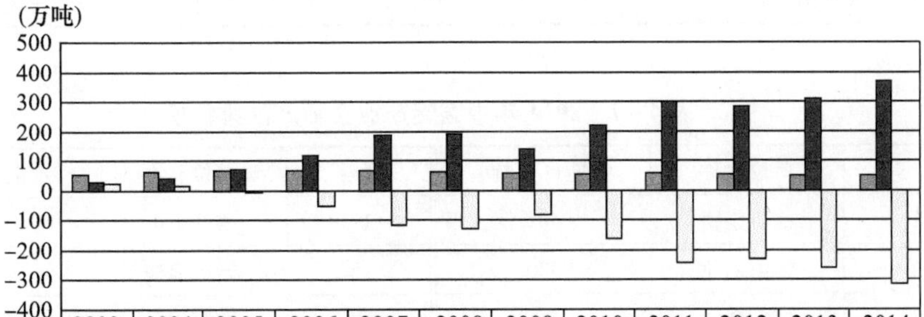

	2003	2004	2005	2006	2007	2008	2009	2010	2011	2012	2013	2014
■进口量	53	61	65	69	69	62	58	56	58	53	48	50
■出口量	27	43	71	120	185	190	139	218	300	283	307	367
□净进口量	26	18	-6	-52	-116	-128	-81	-162	-242	-230	-259	-317

图 4-28　2003~2014 年中国国内铝材进出口量的变化

其次，可以通过中国大型铝业企业在铝产品市场价格下降中产量的变化情况来验证上面的推论。

可以看到魏桥集团、信发集团和希望集团在 2012~2015 年的变化，这三家企业不断扩张产能，产量和产能不断扩大，并且产能利用率在大幅上升。

可以说，魏桥集团、信发集团和希望集团是逆势而上，并没有出现亏损情况。这说明中国铝产业正处于洗牌阶段，铝企业处于冰火两重天的境地。技术先进且管理良好的企业在利用铝产品价格低的机会迅速扩张，而技术落后且管理水平低下的铝企业在不断亏损和退出。同时，通过中国国内具体的铝企业的排名变化，也可以证明本研究这个推论。

表 4－6　2012 年中国铝业企业产能排行榜

序号	公司名称	2012 年产量（万吨）	2012 年产能（万吨）	氧化铝自给率（%）	自备电占比（%）
1	中国铝业	464	484	100	20.64
2	中电投集团	267	293	50	83.84
3	信发集团	184	229	100	100
4	魏桥集团	165	260	100	100
5	希望集团	91	128	100	100
6	伊川电力	84	84	0	71.43
7	南山集团	71	75	100	100
8	豫联集团	66	84	0	41
9	酒钢集团	65	82	0	54.8
10	神火集团	61	103	42	50.49

表 4－7　2014 年中国铝产业企业产能排行榜

序号	单位名称	产能（万吨）	序号	单位名称	产能（万吨）
1	魏桥集团	402	17	西部水电	45
2	中国铝业	380	18	新疆嘉润	40
3	信发集团	348	19	曲靖铝业	38
4	中电投	323	20	创元铝业	31
5	东兴铝业	170	21	桥头铝业	30
6	东方希望	166	22	浙江铝业	20
7	神火集团	150	23	天龙矿业	15
8	天山铝业	140	24	南平铝业	15
9	云铝股份	120	25	邹平铝业	14
10	伊电控股	84	26	郑州发祥	10
11	新疆其亚	80	27	曲寨铝业	10
12	河南豫联	75	28	百合铝业	10
13	青海鑫恒	70	29	青海金源	10
14	山东怡力	68	30	青海物产	10
15	河南万基	58	31	河南永登	8
16	银海铝业	45	合计		2985

表 4－8 2015 年中国前十大电解铝厂产量情况 单位：万吨

	公司名称	2015 年产量
1	山东魏桥铝电有限公司	470
2	中国铝业公司	350
3	信发集团有限公司	290
4	中国电力投资集团公司	240
5	东方希望集团有限公司	190
6	甘肃东兴铝业有限公司	140
7	神火集团有限公司	120
8	新疆天山铝业有限公司	120
9	云南铝业有限公司	110
10	其亚集团有限公司	90
	总计	2120

表 4－9 2012～2015 年魏桥集团、信发集团和希望集团铝产能和产量变化

单位：万吨

企业名称	2012 年产量	2012 年产能	2014 年产能	2015 年产量
魏桥集团	184	229	402	470
信发集团	165	260	348	290
希望集团	91	128	166	190

最后，可以通过电解铝生产成本构成及相应技术验证本研究前面的结论。一般来说，电解铝的成本构成包括电力成本、氧化铝价格、生产消耗指标和运输成本四个大项。其中，电力成本直接由铝厂生产技术和管理水平、煤炭价格、电厂和电网的运行效率来决定（由于中国电力体制原因，在此暂不讨论电厂和电网运行效率问题）。一般来说，电解铝耗电量为 13200～13850 度/吨，各个地区电价不一样，这个差距十分明显。同时，加上各个铝厂的生产技术和管理技术，则差距就更大。氧化铝的消耗一般在 1.93～1.98 吨/吨，平均在 1.95 吨/吨，相差并不悬殊。碳素消耗量由于生产技术和设备问题，在消耗量上有一定差距。氟化盐价格不高，占比不大，可以忽略。然而，不同铝厂在人员工资、管理费用、财务费用、销售费用、折旧和资金成本方面相差巨大，这个比重不容忽视。不同地区厂家的物流成本相差巨大，相差区间为 0～1800 元/吨。具体数据如表 4－10 所

示。从影响电解铝成本的角度对这些要素进行排名，依次是综合电耗、其他成本、氧化铝消耗、碳素消耗和氟化盐消耗，综合电耗受当地煤炭价格、电价政策、企业生产技术和管理水平影响。电价影响如表 4－11、表 4－12 和表 4－13 所示。

表 4－10　2015 年影响电解铝生产消耗指标和主要成本差距

	综合电耗	氧化铝消耗	碳素消耗	氟化盐消耗	其他成本
	13200～13850 度/吨	1.93～1.98 吨/吨	自焙槽阳极消耗阳极块 0.54 吨/吨；预焙槽消耗碳块 0.6 吨/吨	17～21 吨	包括人员工资、管理费用、财务费和销售费、机器厂房折旧、银行贷款利息和税金等
折合电解铝成本/吨	5100 元（按电价 0.37 元/度计算）	4100 元（按照氧化铝 2100 元/吨计算）	1280 元（阳极糊按 1400 元/吨计算；阳极碳块按 300 元/吨计算）	250 元	2680 元/吨

注：（1）不同地区煤炭价格和电价相差较大；

（2）电解铝成本生产成本：有形成本（10730 元/吨）＋无形成本（2680 元/吨）＝13410 元/吨（全国平均）；

（3）由于技术和管理不同，中国国内各厂成本相差在 0～590 元/吨（全国平均）；

（4）电解铝运费差距较大，目前差距折合为电解铝生产成本一般在 0～1800 元/吨（全国平均）。

表 4－11　2013 年不同类型电力平均上网电价　　单位：元/千瓦时

火电	0.258～0.44
水电	0.148～0.395
核电	0.39～0.49
风电	0.46～1.2
光伏发电	1.09～4
中国生产每吨铝平均耗电 13200～13850 千瓦时；能源成本占铝锭生产成本的 40%～50%	

表 4－12　2013 年平均每度电（火电）生产成本

折标煤	燃油	水	环保	固定成本
320 克/千瓦时	0.2 克/千瓦时	0.001 元/千瓦时	0.031 元/千瓦时	0.11 元/千瓦时

表 4-13 2013 年中国主要能源大省的火电发电成本

	内蒙古	新疆	甘肃	宁夏	河南	山东
折标煤（元/吨）	293	220	250	357	621	680
发电成本（元/千瓦时）	0.2368	0.2138	0.2234	0.2578	0.3423	0.3610

依据前面对中国电解铝厂生产成本构成的分析，在经济全球化的今天，中国电解铝或原铝生产企业出现较大面积亏损的原因主要有三个方面。

（1）电力制度问题。根据中国有色工业协会统计，目前除青海和新疆外，其他地区电解铝用网电价实际都超过每千瓦时 0.45 元，新疆电解铝企业拥有自备电厂的每千瓦时发电成本不超过 0.2 元，远远低于内地每千瓦时 0.5～0.6 元的用电成本。西北地区电解铝生产用电价格低于每千瓦时 0.45 元。内蒙古霍林郭勒工业园区电力企业发电成本为 0.18～0.21 元/度。河南、四川、云南、贵州和广西等地电解铝生产用电价格最高可达 0.6 元/度。山东的特点是产能高度集中，企业规模大，产业链条完整，并且拥有自备电厂和独立小电网。电解铝用电成本为 0.35～0.45 元/度。因此，要想破解中国铝企业用电问题，除去实施煤电铝一体化经营策略外，中共中央政府必须采取措施，对电网企业进行彻底改革，打破电网垄断、消除电网企业的冗员，并对发电企业实施真正意义上的竞价上网发电。

（2）物流问题。应该对中国物流管理体制和物流企业进行改革。目前，中国物流体系和物流企业存在较大问题，总体来说有三点：①在路程上，不能集中送货；②在人员上，不能有效安装设备和装卸货物；③在设备上，较落后，与发达国家物流业相比，中国物流成本要高得多，有关资料显示，美国物流业成本仅占整个运营成本的 9% 左右，而中国物流业成本则占 20%。从库存情况来看，中国企业产品的周转期为 35～45 天，而国外一些企业的产品库存时间不超过 10 天。另外，中国企业更愿意用自己的车队，但货物空载率达 37% 以上，同时因包装问题而造成的货物损失每年达 150 亿元，货物运输每年损失 500 亿元。导致这些问题的根源在于企业规模小、管理分散、员工素质低。据了解，这样的公司全国已注册的有 1500 家左右，没有形成网络，缺乏竞争力，没有形成规模效益，企业之间缺乏了解和相互沟通，不利于物流企业的发展。

简单地说，现代物流就是要最省时、最有效地将货物从一个地方运送到另一个地方。中国物流业要取得成功，必须运用现代物流管理，有效地把物流成本降低下来。为什么物流成本如此之高？这里既有技术原因，也有体制因素的双重制约。专家分析说，从硬件上看，我国物流赖以存在的基础设施还很不够。拿铁路来说，我国铁路的人均里程不足5.5厘米，却以世界6%的营业里程，完成世界23%的运量。即便这样，铁路货运目前大体只能满足60%的能力需求，全国各地每天向铁路申请车皮数量达十五六万辆，铁路只能满足9万多辆。因此，要“货畅其流”，必须突破基础设施的“瓶颈”制约，加大投资，加快交通路网的建设。从长远来看，根据我国经济的增长速度和发展势头，这个问题不难解决，并且正在逐步解决之中。目前更需要我们高度重视和亟待解决的是，现有的物流资源如何整合利用，如何高效运转。这里面最难解决的是体制问题。我国是分部门管理，这既与计划经济有关，也与国民经济分工有关。因而物流基础平台比如铁路、民航、公路、水运都是分割的，而物流的特点是不能单独依托于任何一种方式，必须依靠系统之间的有机联结。这种分部门管理的体制，在不同方式转换时，就显得比较费劲了。如果一辆汽车只在一条路上跑，它的成本与国外比，肯定是便宜的，而在复杂的现代生产中，它必须经过多种方式的转换，比如通过铁路把集装箱运到某地火车站，然后用汽车运到港口，再通过水运送到异地。这个过程中，如果不能有效转换衔接，每转换一次，就增加一次成本。现代物流是让物流资源全部进入市场，通过市场优化资源配置，而我国目前不是按市场规律组织管理物流资源，物流环节衔接差，运转效率因此大为降低。其实，铁路、公路、集装箱、机场、港口等都是物流市场的载体，这些资源应全部进入市场，在市场上能自由买卖，通过市场对物流资源优化配置，而现在，行政管理体制把这些基础资源分割了，横向的经济联系常常被纵向切断。比如，现有的铁路网与公路网连接点不同，各自规划，甚至完全分离，相互之间转换起来很困难，需要不断地重新装卸、运输和组织，由此带来一系列问题。不能从物流的合理化、经济化、科学化角度设计物流流程，物流依托的基础资源未能有效地整合和系统化，而原先的系统化能力早已不能适应现代经济发展，这正是我国付出高昂物流成本的重要原因。对企业来说，这种基础资源分割最直接的后果就是他们往往选择单一途径以避免衔接中产生新的成本。比如只用公路运输，这也是公路超载超限屡禁不止的重要原因。其实，从我国能源政策来说，长距离甚至几千公里的公路运输是很不经济的，然而由于几个系统的衔接困难，彼此不能形成有效网络，企业不得不选择单一方式。在某种意义上，屡禁不止的超载超限正是中国物流基础平台没有系统化、彼此处于分割状态付出的昂贵代价。在现代物流的发展中，体制障碍表现得越来越突出。

另外，随着中国加入世贸组织，国际化程度越来越高，国内企业要更多地与国际物流有效接轨，比如国际海运到中国港口把货物放下，应该是“宜铁（路）—进铁（路），宜公（路）—进公（路）”，而中国到港货物现在基本依靠公路，铁路集装箱是独立系统，与国际海运集装箱基本分割，而且手续非常烦琐。在这种分割的状态中，我国物流大规模、低成本的运输优势不得不流失和消耗。很多人并没有意识到，解决体制障碍，比建设一条新铁路、新公路、开辟一条新航线重要而且迫切得多。当前，应尽快从体制上打破分割，为物流企业创造一个系统化的平台。只有从体制上解决这个问题，现代物流的建设和发展才能从目前的低层次、高成本状态中获得突破。例如，中国内地运输距离超过300～400千米的货运模式应该是铁路或者水运，但运力不足的中国铁路运输目前拥堵严重，中国水路运输也存在运力不足，管理没有到位和缺乏信息现代化系统。中国运输部门至今没有重视驳船运输，甚至把驳船运输看成是中国经济“落后”的象征之一。殊不知，西欧地区、美国和加拿大等发达国家的驳船运输在过去几百年间从来没有停止过发展，在这些国家实现其繁荣发达的过程中，运价低廉的通常以大宗散杂货和液化货物为主，兼顾集装箱货物的内河驳船运输至今一直在发挥其重大的贡献。而闻名于世的长江航道由于种种原因而没有得到充分的开发，其中包括横跨长江的10多座大桥严重限制大吨位货轮上溯到南京、武汉和重庆等城市，自我阻碍中国内河航道，在一定程度上又是中国物流成本居高不下的重要原因，因此，必须要彻底进行物流体制改革，从系统性和经济性角度重新规划。

（3）生产技术和运营问题。中国电解铝厂的生产实际运行指标比较差。由于开发时间短，对中国大型铝电解槽在生产领域的深层次开发明显不足，致使实际运行的生产指标与国际先进水平还有较大差距。多数中国铝企业的电解槽在大负荷、小电网环境下运行，不但成本高，而且安全隐患多。铝电联营是中国电解铝企业发展的趋势之一，但同时在技术上也存在相应的问题。

第一，由于大容量电解槽一般系列规模较大（一个系列产能可达20万吨以上），巨大的用电负荷集中在一个生产系列上（一般达40万千瓦以上），电解系列生产过程中的任何波动都会对电网或自备电厂造成较大影响，甚至威胁供电安全。

第二，对电解槽的运行机理掌握不好。由于缺乏建立在对阴极破损机理与规律透彻掌握基础上的“精细设计”技术和提高电解槽寿命的综合技术措施，电解槽难以达到设计寿命，早期破损率比较高。影响中国大型电解槽寿命的问题除了中国普遍认为的阴极碳素材料质量方面的原因外，电解槽的设计、筑炉材料、筑炉质量、焙烧启动、正常生产操作及生产管理等方面均存在一些问题。导致这些问题的深层次原因是，中国尚缺乏对铝电解槽破损（常称为阴极破损）机理与规律的深入理解和掌握，以及在此基础上的"精细设计"技术和提高电解槽寿命的综合技术措施。随着电解槽容量的不断扩大，电解槽寿命问题会更加突出。

第三，缺乏先进的生产操作技术，作业成本高。中国300千安级的特大型预焙铝电解槽投入工业应用的时间比较短，又不能完全照搬以前在大型预焙槽上所掌握的成熟的相关经验（这些经验也有很大局限性）。焙烧启动过程中电流分布不均的问题更突出且焙烧启动过程中的电能耗较大。投入运行后电解槽的物理场（电场、磁场、流场）比较容易波动，热平衡的维持较困难，槽电阻极易受外界的干扰而波动，阳极效应发生后熄灭困难，并且由于电解槽的惯性大，一旦出现电解槽况波动或电解槽况异常现象，很难快速恢复正常。

第四，电解铝厂电解槽的阳极效应系数较高，吨铝电耗比欧洲领先水平企业高，电解槽平均槽寿命普遍较短。国外领先水平的电流效率已达96%，而中国75%以上的企业的电流效率只有92.5%～93.5%，并且还有相当多的工厂的整流效率计算偏低。在同等电耗条件下，中国电解槽的阳极电流密度设计仅为0.7～0.735安/平方厘米，这就意味着等同单位面积电解槽的产量低。因此，今后一段时间内，中国电解铝厂的一项主要任务就是最大限度地提高电解槽单位面积产量。

第五，电解槽寿命短。就中国铝企业的电解铝整体生产状态而言，能源综合利用效率要比国际先进水平低15%左右，主要表现是电流效率与国际先进水平相差2～3个百分点，吨铝电耗与国际先进水平相差300～800千瓦时。与国际先进铝厂相比，中国铝厂阳极能耗多出3吉焦/吨左右，电解铝阳极消耗多出30～60千克（折合标准煤75～150千克）。中国铝厂电解槽寿命比国际先进铝厂少1000天左右，阳极效应系数国际先进为0.1次/天·槽以下，中国最好水平在0.3次/天·槽左右。

第六，企业管理问题。中国铝工业在生产能力、产量、装机水平等方面都居于世界前列。然而，中国铝企业在新产品研究开发、生产环保和节能、企业管理以及自动化等方面与发达国家相比还有很大差距。因此，如何提高技术水平和管理水平是目前亟待解决的问题。如果这些问题能够得以解决，中国铝企业就不会存在成本倒挂问题。目前，世界上电解铝生产能耗比较低的是迪拜铝业和力拓—加铝公司，电解铝产能耗本小于12500千瓦时/吨。中国电解铝企业正在通过提高科研能力和管理水平来减少电解铝生产的能耗。例如，中国魏桥铝电公司通过新技术研发和管理水平的提高使生产电解铝的电耗达到12500千瓦时/吨。2015年，中南大学与亚铝业公司在400千安的型槽上取得电解铝生产能耗12200千瓦时/吨以下的研究成果，使电解铝生产能耗可以达到直流电耗11500～11700千瓦时/吨的水平。中孚实业研发的“低温低电压铝电解新技术”使电解铝生产的直流电耗由原来的13235度/吨下降到11819度/吨，降幅达10.7%，达到国际先进水平。

综上所述，从严格意义上讲，中国铝产业不存在产能过剩问题，存在的问题是效率低下、生产成本过高、没有产品创新能力的企业普遍存在。在中共中央提出的“去产能、去库存、去杠杆、补短板和降成本”的方针中，“补短板”是解决问题的根本。因为“短板”的存在是产能过剩出现的根本原因，“短板”的存在是库存过高的根本原因，“短板”的存在是铝企业杠杆过高的根本原因，“短板”和“杠杆”的共同存在是铝产品成本高的根本原因所在，“短板”的存在是中共中央提出“供给侧改革”的根本原因。中国目前电解铝工业也具有很多优势，例如电解铝厂单位产品投资低，大约为西方发达国家的1/3。劳动力成本相对低，是西方发达国家铝工业的1/4～1/5。中国铝工业的“短板”在于铝矿品质比较差、物流成本高、电力垄断且运营水平低导致的用电成本高、铝企业的生产技术、运营水平低，以及铝企业管理水平较差等。因此，这些“短板”如果能够补齐，那么，中国电解铝或原铝产能过剩问题自然会得到顺利解决。

（二）中国铝深加工分析

从全球角度来看，铝材生产能力主要分布在亚洲、欧洲和北美地区，生产大国主要有美国、中国、德国、日本和意大利等。在这些铝加工国家中，中国是相对落后的。落后的根本原因在于中国铝深加工企业的市场扩张是以信贷为基础的简单复制型扩张，而发达国家铝深加工企业的市场扩张是以管理、新产品研发和产权制度为基础的精细型扩张。例如，美国的Alcoa公司、Novelis公司和Hydro公司，日本的KOBE公司，俄罗斯的Rusal公司、Aapa公司和Aleris公司等，已经完成跨国铝产业链的改造和布局，产业链覆盖了从采矿、冶炼、铸造、轧制、挤压和下游应用全过程。这些企业既拥有铝矿，又拥有最终用户。公司内部分工协作极为明确，厂与厂以及车间与车间之间采用专业化生产方式，产业链完善且每一个环节均实现专业化，因此生产效率高且质量稳定。这些集团公司不但在内部拥有研发中心，而且与世界各地相关的研究机构建立了协同创新研究机制，使产品成本始终保持最低水平，对市场价格波动适应性强。

目前，全世界进行铝延压材生产的国家和地区共有 69 个，生产铝板、铝带和铝箔的企业大约有 750 个，生产铝挤压材的国家和地区大约有 90 个。在这些铝材产品中，铝板、铝带、铝型材和铝箔材的产量占据整个铝材产量的 85%。在这些国家和地区中，发达国家的产量基本保持不变，中国的铝材加工产量始终处于快速膨胀状态。由于中国铝企业的管理水平和技术水平的相对落后，这些实力强大的外国企业正在中国市场进行布局。例如，Aleris 公司已经在镇江投资生产中厚铝板，Novelis 在常州投资生产汽车专用铝材生产线。截至目前，国外铝消费主体是西欧、北美和日本。从铝的消费结构来看，交通运输、包装及容器以及建筑及结构领域是主流，约占整个铝材消费的 60%。从日本 2014 年铝材消费结构来看，如图 4－29 所示，在不久的将来，发展中国家将是铝型材消费主体。

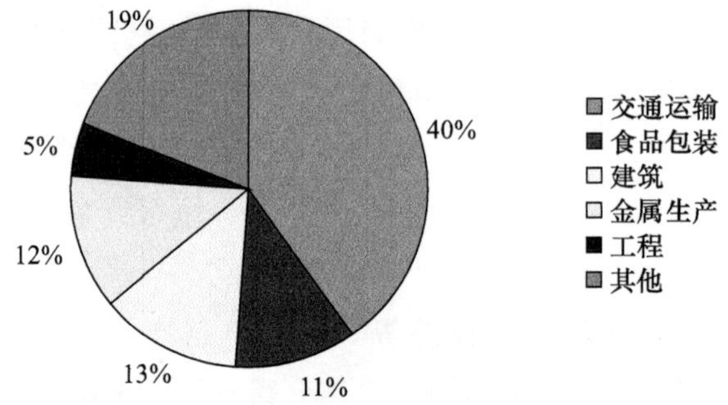

图 4－29　2014 年日本铝型材消费机构

从中国国内情况看，铝深加工主要存在以下问题：

（1）消费问题。全球铝消费总量从 2002 年的 2531 万吨上升到 2014 年的 5585 万吨，增长率为 120%，大约年均增长率为 6.5%。其中，中国铝消费总量从 2002 年的 420 万吨上升到 2014 年的 2912 万吨，增长率为 593%，大约年均增长率为 16.5%。虽然中国的人均铝产品消费量在不断地接近发达国家水平，但距离仍然较大。世界人均铝消费为 7.7 千克/人，中国人均铝消费为 21 千克/人，西欧、美国和日本人均铝消费为 40 千克/人。

（2）目前铝产品结构问题。据估计，全世界铝制品品种高达800000种以上。在中国有113个部门使用铝，其中装备制造业对铝的耗用量占总用量的58.3%。目前，中国铝加工企业有1300多家，铝加工材约300种合金、1500多个品种。企业平均规模为0.17万吨，加工能力在1万吨以上的不足30家。而国外铝加工企业的生产规模大多在30万吨以上。同时，中国普通铝加工产品过剩，而高精度铝板带、箔材和军品材生产严重不足。从具体情况来看，据统计，中国2004~2014年铝箔产能年均增长率为18.1%，铝箔产量年均增长率为20.6%，铝箔消费年均增长率为17.31%，铝箔出口量年均增长率为27.74%。2014年，中国铝箔总产能362万吨，实际产量320万吨，消费量236.4万吨，同比增长12.03%，处于严重过剩状态。2014年，中国铝挤压材产能达1780万吨，当年实际产量1470万吨。相对2010年来说，铝板带（冷轧）增长119.5%，铝挤压增长46%，增长十分迅速。2014年，中国铝挤压材消费量是1345万吨，增长7.6%，出口量为85.4万吨，增长39.5%。2004~2014年，中国铝挤压材消费量年均增长率为17%。2014年，中国铝产品出口达到创纪录的617.6万吨，其中铝加工材为367万吨、铝及铝合金为66.7万吨、铝制品为184万吨、铝合金轮毂出口量为79万吨，还有诸如车辆、工具、灯具、家电、3C产品、电机设备中所间接出口的铝合金，2014年，中国用于出口的铝应在800万吨以上，或有可能甚至更高。

在出口的刺激下，2015年中国铝加工产能在迅速增加，并且通过大量进口先进设备使铝加工企业装备水平得到较大提高。2015年，广东增加了一条亚洲产能最大的全自动立式氧化电泳生产线，该生产线年产能达6万吨。此外，热连轧、冷链轧、双零箔、大截面型材能也集中投产，熔铸、热处理、挤压、表面处理和精加工设备全面升级。据不完全统计，目前在产及在建的45兆牛顿以上大型挤压机以及80兆牛顿以上重型挤压机，已分别超过90台和44台。2000毫米级宽幅铝箔轧机80台，其中进口设备超过50台。6辊不可逆式冷轧机22台，仅CVC－6plus就有17台。此外还有（1+5）式热连轧生产线1条、（1+4）式热连轧生产线10条、（1+3）式热连轧生产线4条、（1+1）式热粗—精轧生产线10条，连铸连轧生产线1条。目前在产、在建的45兆牛顿以上大型积压机以及80兆牛顿以上重型挤压机，已分别超过90台和44台，生产能力近50万吨/年，主要面对轨道车辆市场，但轨道列车（包括高铁、地铁和轻轨列车）铝材年需求量不过10万吨。据不完全统计，2014年中国在建的铝合金板带冷轧项目有16个，其中仅生产能力达300万吨/年的就有2个，总生产能力在1200万吨/年以上。此外，2014 年中国铝罐料的生产能力已近 90 万吨，在建的生产能力约 35 万吨，而当年市场需求量仅为 58 万吨，即便加上出口所需也只有 66 万吨。到 2016 年，中国汽车车身铝板产能将达到 55 万吨，而乐观地预计，到 2020 年的汽车车身铝板需求量最多只有 15 万吨。

由于铝产业链一体化程度不断提高，铝液直供短流程生产铝挤压圆锭（铝棒）、轧制板坯比例正在不断加大，目前电解铝生产企业延伸到铝加工业务的大中型企业已有 36 家。2015 年，新疆地区新增的延伸铝加工企业最多。在当地政府积极支持和引导下，当地铝产业链向下游不断延伸，几个大铝厂周边涌现出一大批拟建和在建的铝棒厂。新疆希望铝业周边目前已有两家铝棒生产厂家，产能已经 12 万吨左右，而尚在建设中的铝棒厂家高达 6 家。新疆希望铝业预计至 2016 年将会有 90 万吨电解铝转化为铝水销售，且绝大部分被生产成铝棒。与之毗邻的新疆神火铝业 80 万吨铝水全部签约成功，销售对象是依其而建的三家铝棒厂，预计 2016 年底即将部分投产。而新疆其亚铝业目前铝棒产能为 10 万吨，预计后期将会扩大至 40 万吨。此外，新疆信发铝业也表示，目前该厂铝棒产能为 60 万吨，计划 2016 年将铝棒产能扩大至 150 万吨，目前该厂已经开始举行招标工作。除新疆地区以外，内蒙古东方希望也拟在 2016 年底将该厂的铝棒产能扩大至 15 万吨，而重庆旗能铝业周边也有一家产能为 15 万吨的铝棒厂在建。

（3）未来产品研发方向问题。目前，世界发达国家的铝工业研发都将目光放在铝合金材料和铝的高精尖加工技术，以及再生铝加工新技术上。在这三个方面，中国铝材加工企业都存在失误。中国铝加工企业对再生铝的生产和技术关心不够。从经济发展模式讲，原生铝工业属于传统经济发展模式，再生铝属于循环经济发展模式，是可持续发展理念在铝工业生产中的具体应用和体现（J. Atherton，2006）。发达国家重视再生铝的生产和使用，铝回收是一个朝阳产业。德国等发达国家废铝回收率达 70% 以上。其中，交通运输和建筑行业铝的回收率为 90% ~95%。有研究预测，日本、中国、美国和欧盟到 2050 年将会把原生铝产量降低到现在的 60%、85%、65% 和 30%（苏鸿英，2005）。2010 年，中国再生铝产量与原铝产量的比仅为 7.3%，而全球平均比例为 19.4%。中国目前有关再生铝的回收和生产的立法不够，也没有从全社会角度对此给予足够重视。同时，中共高层及各个部委也没有作出具有高度可操作性的规划，拿出真金白银支持铝企业进行这方面的研究，更没有相关完善的社会体系和制度体系支持中国铝企业进行再生铝的生产技术研发、废旧铝的回收、运输和销售体系的建设。以至于中国再生铝的生产占原生铝生产比例过低，如图 4 – 30 所示。另外，中国铝企业对铝合金铸件的研发和生产给予了不恰当的忽视。目前，各铸件生产大国的铝镁合金铸件所占比例为 13% ~19%，有些国家更高，如意大利占到 30% ~40%。而中国的铝镁合金铸件占比不到 10%。在汽车轻型化发展趋势下，铝镁合金铸件是未来发展方向，尤其是在汽车等运输工具轻型化发展趋势引领下，这类需求会越来越大，如图 4 – 31 和图 4 – 32 所示。所有铝轮毂供应企业中，中国铝企业的研发能力和生产技术相对较弱，因此铝加工企业应该将重点放在铝合金和铝精深加工。而这一切的提高，不但需要铝加工企业建立自己的研发中心，还应该与世界各国企业、高校和研究机构建立联系，建立和实施铝合金产品的协同创新战略。

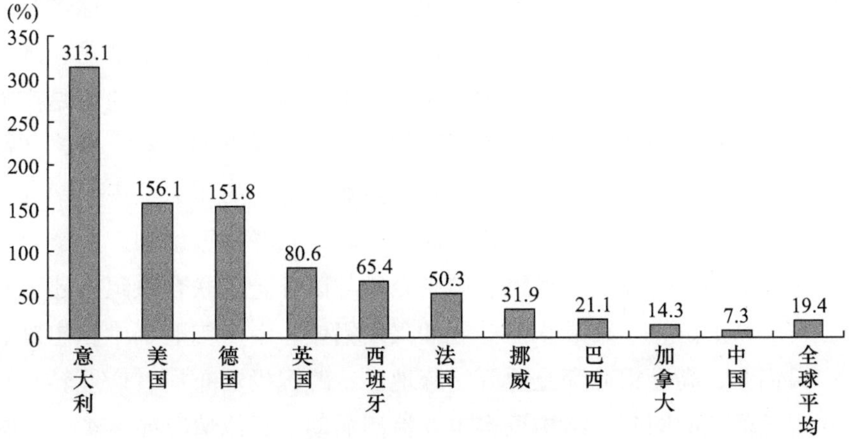

图 4 – 30　2010 年世界主要国家再生铝生产占原铝生产的比例

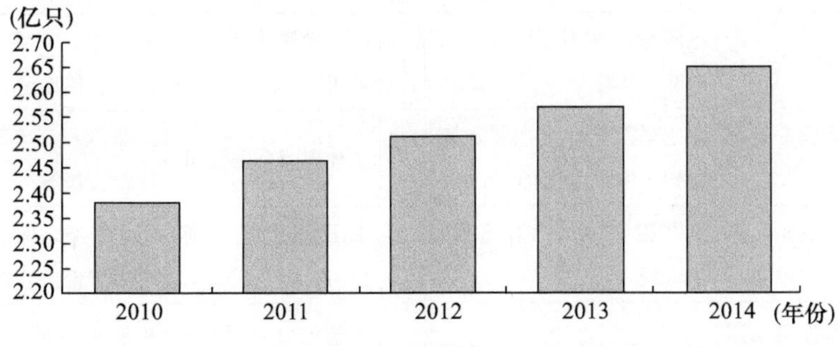

图 4 – 31　2010 ~2014 年全球汽车铝轮毂需求量

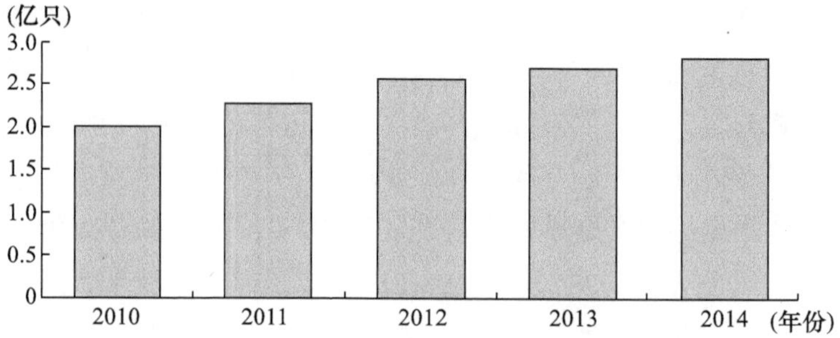

图 4-32　2010~2014 年全球汽车铝轮毂供应量

（4）中国铝企业资源重新整合和产业链重新布局的问题。根据许国栋等（2012）的研究，在铝加工方面，以美国、德国和日本为代表的发达国家，在 20 世纪末就已经完成产业结构优化工作，建立了跨国集团公司，在全球进行生产和经营。这些公司的特点是几乎囊括全部铝材加工品种，例如美铝公司、加铝公司和海德鲁公司等。铝加工向着高精尖发展。未来世界铝工业发展趋势是产能和产量不会有太大增长，而产品品种会不断增加，产品质量更加精益求精，产品附加值会更高，更加节能环保。针对这些来自国际竞争对手的压力，中国铝加工企业不但在努力实现产业链的向上一体化与向下一体化，并购重组和产业整合进程也在加快，包括铝加工企业之间重组、国内企业与国外企业联合重组，还要直接走出国门、与国外下游企业结成联盟等。如兴发铝业、南山铝业、中国忠旺、亚洲铝业、广银铝业、高登铝业等企业开始跨地区、跨国投资布局、产业转移、战略合作，在规模增长的同时，结构调整也在浪潮涌动。具体情况如表 4-14 所示。

表 4-14　2015 年度第八届中国铝工业百强排行榜

1	信发集团有限公司	电解铝；氧化铝；电力；PVC；电石	5	广西投资集团（铝板块）	氧化铝、铝水、铝棒、铝板带、铝型材、铝用碳素
2	中国铝业股份有限公司	铝土矿及其他金属矿；氧化铝；原铝；铝加工	6	丛林集团有限公司	工业型材；车体型材；铝建筑模板等
3	中国宏桥集团有限公司	液态铝合金；铝合金锭；铝母线	7	中国忠旺控股有限公司	用于交通运输、机械设备、电力工程工业铝型材
4	国家电力投资集团公司（铝板块）	铝土矿，氧化铝，电解铝	8	万基控股集团有限公司	铝锭；铸轧卷；合金棒；铝箔；煤炭；水泥

续表

9	西南铝业（集团）有限责任公司	铝板带箔；铝锭；型材；铝铸锻件等	23	云南铝业股份有限公司	氧化铝、预焙阳极、重熔用铝锭、铸造铝合金、电工圆铝杆、铝板带材等
10	鑫恒集团	外铝土矿开发、大型水电开发、氧化铝—铝—铝深加工全产业链	24	河北立中有色金属集团有限公司	铝合金锭；铝合金液；铝合金杆
11	伊电控股集团有限公司	电解铝；煤炭；电力	25	甘肃东兴铝业有限公司	铝锭；铝型材；铝板；铝门窗
12	杭州锦江集团有限公司（铝板块）	节能环保；电解铝；氧化铝；化工；商贸	26	河南神火煤电股份有限公司	电解铝；铝合金；铝型材及延伸产品；废铝加工；
13	鑫仁铝业投资控股有限公司	铝板带箔	27	镇江鼎胜铝业股份有限公司	铝合金板、带、箔材及深加工产品
14	新疆生产建设兵团农八师天山铝业有限公司	电解铝；铝加工	28	中色（天津）有色金属有限公司	散热器、电机壳、工业铝型材、铜加工产品、电解铝
15	东方希望集团有限公司（铝板块）	饲料；电解铝；氧化铝；化工；养殖产品	29	齐星集团有限公司	高精度铝板带箔
16	山东创新金属科技股份有限公司	铝合金棒；铝合金板材；铝合金；高端铝产品	30	浙江栋梁新材股份有限公司	铝合金型材；铝单板幕墙专用板材；铝及铝合金板材；铝及铝合金带材
17	中信戴卡股份有限公司	铝合金轮毂	31	兖矿集团有限公司电铝分公司	氧化铝；电解铝；铝合金
18	山东南山铝业股份有限公司	氧化铝；电解铝；铝型材；工业型材	32	江苏海达科技集团有限公司	铝板；铝型材；马口铁
19	登封电厂集团有限公司（铝板块）	铝；铝合金；氧化铝；煤炭；水泥	33	河南鑫泰铝业有限公司	铝板、预辊涂铝板（卷）、铝单板、铝蜂窝板、保温一体板等有色金属材料
20	河南省淅川铝业（集团）有限公司	铝；铝合金	34	新格集团	二次铝合金锭；锌合金锭
21	重庆市博赛矿业（集团）有限公司	氧化铝；电解铝；铝矾土	35	河南万达铝业有限公司	铝板；铝带；铝箔；罐盖料；汽车用铝板
22	江河创建集团股份有限公司	幕墙、门窗、钢结构产品	36	甘肃宏达铝型材有限公司	建筑型材；工业型材；交通运输；航空航天；军工用铝型材

续表

37	河南中孚实业股份有限公司	铝锭；铝棒；铝板；铝箔；铝带；铝杆	52	四川其亚铝业集团有限公司	铝锭；铝合金；铝板带箔；原煤；铝土矿；氧化铝
38	青海省投资集团有限公司（铝板块）	铝锭；铝棒；铝板	53	香港力同国际控股（集团）有限公司	铝板带箔、阳极氧化；铝机械；铝装饰品等
39	福建省南平铝业有限公司	铝型材；铝板带；电解铝	54	广西平铝集团有限公司	氧化铝
40	浙江万丰奥威汽轮股份有限公司	汽车铝合金车轮及其他零部件的生产与销售	58	焦作万方铝业股份有限公司	电解铝、铝丝材、铝盘条、铝箔材
41	广铝集团有限公司	铝土矿；氧化铝；电解铝；铝板、箔、带、型材	59	开曼铝业（三门峡）有限公司	氧化铝，氢氧化铝
42	铭帝铝业有限公司	筑铝型材、工业铝型材、高铁及型材专用铝型材、军工专用铝型材	60	青海桥头铝电股份有限公司	铝锭；铝板带；铝扁锭；铝合金铸轧卷
43	河南明泰铝业股份有限公司	CTP 版基；PS 版基；铝箔；深冲料；中厚板	61	浙江华东铝业股份有限公司	铝锭；铝杆；铝合金；阳极炭块
44	山东华建铝业集团有限公司	建筑铝型材	62	广东鸿图科技股份有限公司	汽车类压铸件；通信类压铸件；机电类压铸件
45	沈阳远大铝业工程有限公司	一站式幕墙解决方案；集成门窗产品	63	吉林利源精制股份有限公司	铝型材；铝合金散热器；铝塑管；铝板带；铝门窗
46	林州市林丰铝电有限责任公司	铝棒、铝锭、铝卷	64	贵州其亚铝业有限公司	铝粉
47	广西华银铝业有限公司	氧化铝	65	中宁县锦宁铝镁新材料有限公司	铝镁合金
48	河南永登铝业有限公司	电解铝；铝合金；碳素制品；铝板带箔	66	怡球金属资源再生（中国）股份有限公司	铝合金锭
49	长沙新振升集团有限公司	建筑铝型材	67	百色百矿集团有限公司	煤电铝一体化
50	方希望（三门峡）铝业有限公司	铝土矿、氧化铝	68	山西华兴铝业有限公司	氧化铝
51	新疆众和股份有限公司	高纯铝；电子铝箔；电极箔	69	新疆农六师铝业有限公司	电解原铝液、铝锭、铝棒

续表

70	南京云海特种金属股份有限公司	铝合金；压铸件；铝中间合金	86	湖北省大冶市骏辉铝业有限责任公司	建筑铝型材、幕墙、工业铝型材
71	江苏亚太轻合金科技股份有限公司	汽车用精密铝管；专用型材；高精度棒材；汽车铝挤压材；其他工业铝挤压材	87	苏州罗普斯金铝业股份有限公司	铝合金门窗幕墙；铝锭；铝棒；特种大型铝合金型材；废铝
72	贵州省六盘水双元铝业有限责任公司	铝锭；铝加工	88	内蒙古新长江矿业投资集团公司	铝锭；铝板带箔；高纯铝
73	江苏常铝铝业股份有限公司	铝箔；空调器用涂层铝材；铝板；铝带	89	青海平安高精铝业有限公司	铝板带
74	山东信通铝业有限公司	带、铝箔	90	山东丽鹏股份有限公司	铝防伪瓶盖；复合型防伪印刷铝板
78	东北轻合金有限责任公司	铝锭；铝棒；铝板；铝箔；铝带；铝杆	91	福建省闽发铝业股份有限公司	门窗；幕墙；建筑铝型材
79	南南铝业股份有限公司	铝板带；铝箔；铝型材	92	山东鲁丰铝箔股份有限公司	药用、家用铝箔；包装铝箔；装饰带材
80	云南文山铝业有限公司	氧化铝	93	银邦金属复合材料股份有限公司	铝合金复合板带箔；铝钢复合带材；钎焊用铝合金板带箔等
81	浙江巨东股份有限公司	废旧金属、废旧电器设备拆解深加工和废旧金属的批发及进口；有色金属复合材料、新型合金材料	94	青海西部矿业百河铝业有限责任公司	电解铝、铝加工、阳极碳块
82	力尔铝业股份有限公司	工业铝型材；建筑铝型材；铝模板系列；木塑系列；PVC 塑料异型材	95	浙江跃岭股份有限公司	铝合金轮毂、汽车配件、摩托车配件制造、销售；货物进出口、技术进出口
83	茌平县方正铝业有限公司	铝棒、铝合金、建筑型材	96	宁波富邦精业集团股份有限公司	铝；铝合金板、带、箔及制品；铝型材
84	江西保太有色金属集团有限公司	铝材、铜材	97	浙江巨科铝业股份有限公司	空调铝箔、电子箔、包装箔、电缆箔带、防盗瓶盖带材等
85	麦达斯控股有限公司	铁路铝型材	98	浙江中金铝业有限公司	铝箔；家用箔；容器箔；热封箔；保温箔

续表

99	安徽光华铝业集团公司	环保铝锭、铝制铸件、铁铸件、汽车活塞环等	100	广西强强碳素股份有限公司	铝电解用预焙阳极、石墨化阴极、石墨电极、铝电解用钢爪和各种铸件

通过表 4 – 14 可以看出，在 2015 年第八届中国铝工业百强中的企业，排序越靠前的企业在以下特征上表现越明显。

第一，在全球配置资源。

第二，努力完善产业链，使自己的产业链尽可能地覆盖从铝土矿开采到最终用户的所有生产和服务环节。

第三，以煤电铝一体化为核心，努力提高自备电厂化程度。

第四，积极构建自己的新技术和新产品研发中心，一方面努力采用新的技术，降低铝矿开采、原铝或电解铝生产，以及氧化铝生产中电耗问题；另一方面不断研发铝镁合金新材料和新产品，使铝加工向高精尖的方向发展。

第五，不断提高企业管理水平，使人员工资、管理费用、财务费用、销售费用和资金成本得到下降。

第六，不断引进新的生产技术和新的装备，提高生产效率同时大幅度降低生产成本。

（三）百色铝企业分析①

1. 百色电解铝生产企业分析

百色规模以上生产电解铝的生产厂家有 2 家，分别是广西银海铝业（20 万吨产能）和广西信发铝业（32 万吨产能）。根据百色市工信委提供的数据，广西银海铝业的电解铝产量比 2014 年下降 49.12%，而广西信发铝业的电解铝产量比上年上升 45.57%。从表 4 – 15 可以看出，信发铝业在 2015 年销售的电解铝价格高于银海铝业，说明银海铝业的电解铝生产线实际上已经处于停产状态，目前销售的电解铝只是银海铝业以往生产的库存。2015 年百色市电解铝销量是 36.64 万吨左右，根据表 4 – 15 中的数据，百色市电解铝产能应该是 65.5 万吨。如果按照 2015 年当年实际产量计算，百色市电解铝生产能力利用率为 70.46%（36.64 万吨/52 万吨）。从全国平均数据来看，百色市电解铝产能利用率高达 70.46% 是

① 资料来源：百色工信委。

不准确的，应该是在统计口径或统计对象上出现问题。同时，根据百色市工信委统计2015年1~12月的《百色市各县（区）规模以上工业企业统计月报》中的数据看，该统计中根本没有包括各电解铝生产厂的2015年实际生产数据，这是不科学的。因此，无法探查电解铝生产企业的实际经营状况。不过从百色市工信委统计报表中显示2015年广西百色银海铝业有限责任公司销售电解铝的价格为12700元/吨，广西信发铝电有限公司同年销售的电解铝价格为13000元/吨。同时，根据百色市工信委统计2015年1~12月的《百色市各县（区）规模以上工业企业统计月报》中标明2015年度百色市铝材生产量约为46.76万吨的数据来看，百色市电解铝除去广西信发铝电1家在生产外，其他生产厂家应该已经停产。结合2015年百色市铝材生产量看，这些停产的电解铝生产厂的实际生产成本应该远远高于全国平均电解铝生产成本，这也包括广西信发铝电企业在内。因此，这些电解铝生产厂短时间内复产的可能性几乎没有。

表4-15　2015年百色市电解铝生产情况统计　　单位：吨

单位名称	产品产量				
	年生产能力	产品平均价格（元）	本月止累计	上年同期累计	与上年同期±%
广西百色银海铝业有限责任公司	200000	12700	47100	92567	-49.12
广西信发铝电有限公司	320000	13000	202827	139334	45.57

2. 百色氧化铝生产企业分析

2015年百色市氧化铝生产情况较好，4家生产企业只有1家的产量相比2014年出现轻微下降，其他3家都是较大幅度增长（见表4-16）。根据百色市工信委统计2015年1~12月的《百色市各县（区）规模以上工业企业统计月报》的数据来看，百色市氧化铝的产能有878万吨，2015年百色市电解铝实际生产约846万吨，实际产能利用率为96.36%。但是，如果百色市2015年实际生产氧化铝846万吨的话，那么，按照中国国内生产1吨电解铝要消耗1.95吨氧化铝的标准计算，百色市在2015年可以生产电解铝约为433.85万吨。而根据百色市工信委统计的2015年1~12月的《百色市各县（区）规模以上工业企业统计月报》中的数据看，2015年，百色市电解铝销售量约为36.64万吨。同时，统计数据表明百色市电解铝唯一生产厂家广西信发铝电有限公司电解铝的产能为32万吨。由此可以推断，假设广西信发铝电满负荷生产，那么，其他397.21万~401.85万吨的本该属于百色市的电解铝产量哪里去了？答案只有一个，那就是销往外省。考虑到百色市特殊地理位置所导致的较高物流成本，外省企业依然从百色市购买氧化铝的事实推断，百色市电解铝实际生产成本要远远高于其他地区企业。同时，百色市实际氧化铝的生产量和外销量较大，也表明百色市氧化铝生产成本具有一定优势。但是，无论如何，百色市氧化铝生产成本优势无法抵消百色市高昂的电解铝生产成本。

表4-16　2015年度百色市氧化铝产出情况统计　　单位：吨

单位名称	产品产量			
	年生产能力	产品平均价格（元）	本月止累计	与上年同期±%
中国铝业广西分公司	2480000	1881	2523693	-0.13
广西田东锦鑫化工有限公司	700000	2300	871539	18.04
广西华银铝业有限公司	2000000	2328	2306994	6.29
广西信发铝电有限公司	3600000	2700	2757860	8.91

3. 百色铝深加工企业分析

表4-17显示百色市生产铝材和铝合金的企业共有22家，除去广西信发铝电有限公司和广西翔吉有色金属有限公司是铝生产综合性企业外，其他20家都是铝材和铝合金专门生产厂。这20家企业的具体经营状况如表4-18所示。可以看出，这22家铝加工企业中亏损的企业有11家（包括广西翔吉有色金属有限公司），亏损面高达50%。实现税金总额较2014年下降的有13家（包括广西信发铝电有限公司和广西翔吉有色金属有限公司），另外没有实现税金总额的有4家。可以说，实现税金减少和没有税收贡献的铝加工企业及铝合金企业共有17家，税金贡献下降和没有税金贡献的企业面高达77.27%。从表4-17中可以看出，百色市铝材和铝合金加工行业中，铝合金加工数量较少，大部分铝加工企业都是生产普通铝型材和铝杆。

表 4-17　2015 年百色市铝材与铝合金企业生产情况统计　　单位：吨

序号	单位名称	主要产品产量				
		产品名称	年生产能力	产品平均价格（元）	本月止累计	与上年同期±%
1	广西信发铝电有限公司	铝合金棒	300000	14300	275711	8.12
		铝杆	200000	18000	253242	13.55
		铝线	100000	18000	134892	1.66
2	广西翔吉有色金属有限公司	铝线杆	19000	16600	21451	18.85
3	广西百色市兴和铝业有限公司	铝材	50000	13600	100663	195.91
4	广西百色广银铝业有限公司	铝材	500000	18500	525027	87.14
5	广西广盈铝业有限公司	铝材	3000	20000	1161	-31.38
6	广西扬力铝业有限公司	铝材	3000	20000	7725	333.50
7	广西南桂铝业有限公司	铝材	8000	20000	3470	#DIV/0!
8	广西宏锐科技有限公司	铝杆	50000	13390	44335	8.50
9	广西田东冠誉实业有限公司	铝塑板	50000	63000		#DIV/0!
10	广西平铝集团有限公司	铝型材	200000	20300	220325	3.97
11	广西平果亚洲铝业有限公司	铝型材	100000	18438	150987	-20.93
12	平果铝线材有限公司	铝线	50000	11080	44955	19.89
13	广西平果博导铝镁线缆有限公司	铝镁合金线	20000	24750	31063	-0.80
14	广西华美铝业有限公司	铝卷	85000	12500	23610	-28.72
15	广西友合铝材有限公司	铝杆	7000	12112	13957	-16.48
16	广西百合铸造股份有限公司	铝材	30000	20000	0	-100.00
17	广西平果铝合金精密铸件有限公司	特种铝型材	30000	14724	29343	111.36
18	广西方洲铝业有限公司	特种铝型材	30000	38500	23619	38.27
		铝材	50000	13700	48427	57.90
19	平果超能电子科技有限公司	医疗器械	3100	33000	15316	239.68
20	广西上合铝业有限公司	铝棒	100000	14200	8907	-79.07
21	靖西恒信铝业有限公司	铝合金棒	200000	13500	152668	51.12
22	广西中才铝业有限公司	铝棒	10000	12887	11702	51.86

表 4－18　2015 年百色市铝材与铝合金企业经营状况统计　　单位：万元

序号	单位名称	工业增加值	主营业务收入	实现利润总额		实现税金总额	
		与上年同期 ±%	与上年同期 ±%	本月止累计	与上年同期 ±%	本月止累计	与上年同期 ±%
1	广西信发铝电有限公司	0	0	0	0	0	0
2	广西翔吉有色金属有限公司	0	0	0	0	0	0
3	广西百色市兴和铝业有限公司	170.68	－24.14	－5594	58.93	0	0
4	广西百色广银铝业有限公司	69.08	－72.65	24838	288.31	1800	－12.06
5	广西广盈铝业有限公司	－27.05	－33.34	－146	－74.44	25	－39.81
6	广西扬力铝业有限公司	386.55	447.93	－73	211.16	27	370.69
7	广西南桂铝业有限公司	0	0	－33	0	70	0
8	广西宏锐科技有限公司	3.80	－46.53	－75	－166.93	12	－65.99
9	广西田东冠誉实业有限公司	－8.58	－9.75	35	－41.67	7	0.00
10	广西平铝集团有限公司	18.24	6.65	20478	－10.24	370	－16.85
11	广西平果亚洲铝业有限公司	8.48	－9.11	13265	15.69	0	－100.00
12	平果铝线材有限公司	2.40	73.95	－518	－44.30	92	2.22
13	广西平果博导铝镁线缆有限公司	10.97	－1.04	8990	－8.21	618	9.57
14	广西华美铝业有限公司	－23.24	7.85	4169	－308.97	－679	－5758.33
15	广西友合铝材有限公司	1.13	5.63	－462	110.00	12	－75.51
16	广西百合铸造股份有限公司	－100.00	－100.00	－177	－52.29	0	－100.00
17	广西平果铝合金精密铸件有限公司	5.84	－6.92	－306	－158.17	63	350.00
18	广西方洲铝业有限公司	87.74	924.34	1952	－194.53	35	0
19	平果超能电子科技有限公司	369.39	323.57	488	－51.30	30	－117.44
20	广西上合铝业有限公司	－83.81	－85.30	576	－76.59	1	－99.91
21	靖西恒信铝业有限公司	53.04	14.50	1487	349.80	95	－85.51
22	广西中才铝业有限公司	26.02	38.12	－46	－40.26	48	33.33
	小计	970.67	1453.76	68848	－194.00	2626	－5705.60

从表 4－18 可以看到，17 家实现税金额下降和没有税金额贡献的铝材加工企业中，11 家是生产铝材和铝杆，2 家生产型材，1 家生产铝卷，2 家生产铝棒，1

家生产医疗器械。由此可见，百色市铝材和铝合金加工企业基本上生产的都是低端的和产能过剩的产品。同时，这些铝材和铝合金加工企业的生产规模普遍偏小，50 万吨/年的企业有 1 家、20 万吨/年的企业有 2 家、10 万吨/年的有 2 家。一般而言，在国内和国际有竞争力的铝材和铝合金加工厂的最小规模要求在 30 万吨/年以上。同时，还要求这些铝材和铝合金加工企业要有自己的新产品研发中心和比较广泛的专业营销渠道。根据研究这些特征在百色市铝材和铝合金加工企业中几乎不存在。所以，这些铝材和铝合金加工企业在整体经济下行导致的产能过剩出现时，出现亏损在所难免。而这一切，从这些企业开始投资并开始生产时就已经注定了，因为最初的投资规模、投资重点、资源组合方式、企业管理模式、企业获利模式以及企业领导人关注的重点等共同决定了这些企业今天所要面对的一切。

4. 小结

在中国，铝消费大户仍然是建筑业，国内基础设施和房地产业的持续发展是拉动铝消费的主要因素，建筑用铝占国内铝消费的 1/3。铝加工企业过度投资、跨界投资和短贷长用以及承兑汇票比例过大等所导致的高融资成本，导致这些铝企业负债率居高不下，偿债压力大增；而且客户占压货款现象严重，铝企业的资金链普遍紧张，运行风险正在不断增大。国内就有好几家中大型的铝加工企业因为银行收贷，导致资金链断裂而倒闭。事实上，供应增加压力下的内外销铝材加工费不断在下降，出口的低价恶性竞争更是直接引发了国外政府对中国铝企业发起一系列的反倾销调查案，怀疑中国铝企业享受政府的电价补贴。

目前，世界经济持续表现低迷，复苏进程缓慢，全球金属需求不足，生产及加工企业经营环境不断恶化。特别值得一提的是，随着中国经济发展步入“新常态”，国内铝消费也已开始进入中低速增长阶段。其中，被称为“全球经济中最重要产业”的中国房地产库存高企，投资下降，工业用电量和货物运输增幅的下降都直接映射出了中国经济疲软。不仅如此，由于市场法治体系的不完善与监管的不到位，逃税骗税、骗贷、融资套利、灰色交易、负利竞销等恶性竞争手段和现象层出不穷，在某种程度上铝产品成为投机套利的工具，铝及铝加工项目成为融资套利的平台。不健康的虚拟经济、权贵经济、诸侯经济透支了中国经济和实体企业的现在和未来，侵害了社会、经济、资源、环境和经济的可持续性发展。

在经济“新常态”下，经济保持中高速增长的背景下，铝消费还将保持增长态势，不会出现消费下降和负增长的局面。尽管增幅会有所下降，但应用范围将会进一步扩大，应用的质量和功能要求将会更高，这都将为扩大铝市场的需求提供新机遇。比如，在传统市场的存量调整方面，节能型铝门窗更新换代、绿色施工技术，加快老旧汽车淘汰、城市基础设施改造、制造业自动化改造等方面都将是扩大铝应用的新机会及新范围。另外，铝应用范围的不断扩张要求更多的科技创新、先进的材料、技术及产品，如发展迅猛的3D打印，以及最新推出的续航能力达到1600千米的铝空气电池，还有节能和新能源汽车、光伏一体化建筑等。但是，从全世界范围看，未来铝行业可能会有以下几个发展方向：

首先，中国有色金属工业协会受国务院参事室委托课题《扩大铝的应用范围，促进循环发展的战略研究》显示，未来扩大铝应用的领域将重点集中在交通运输、包装容器及电力电子、耐用消费等方面。具体如交通运输领域的全铝挂车、全铝运煤车、铝车身板。建筑结构如铝模板、围护板、铝芯复合板。电力领域如铝合金电缆、铜铝复合导体。包装领域如铝罐、铝箔、餐盒、铝瓶盖。其他领域如铝托盘、铝桥梁、防洪墙等。铝在交通工具方面的扩大应用是必然趋势，将为提高燃油效率、减少燃油消耗和环境污染提供优化的解决方案，带来明显的实效。汽车未来发展是轻型化，国内汽车用铝为105千克/辆，欧美为140~150千克/辆。中国国内正在逐步推行全铝货车和封闭式卡车，在政策补贴下很可能快速发展。综合乘用车、全铝挂车、铝制油罐车、C80运煤敞车、高铁、地铁、城铁等交通运输用车，以及飞机和舰船游艇用铝（杨晓霞，2016）。同时，国外的铝挂车占比约70%，而中国当前所保有的约350万辆载重挂车则几乎全部为钢制，全铝挂车占比不到2‰。铝在绿色建筑中的扩大应用也有利于减少建筑能耗，铝合金建筑模板于1962年诞生于美国，随后欧美、日本、韩国、巴西、中东、东南亚等几十个国家已普遍采用，但目前在中国应用的比例不到1%。铝模板节能减排效果显著，国内铝模板可周转200~300次并可回收再生，而木模板仅为3~5次，木模或钢模报废后基本没有再利用价值。2011年以前，中国主要出口铝合金模板用材，目前已有注册生产企业60~80家，但真正形成规模且拥有工程的企业数量仅为20家左右。经过测算，如交通运输领域的全铝挂车及建筑领域的铝合金模板、围护板的应用如果能够得以实现，则可增加2000万吨铝的消费，还有各种铝制轻体交通工具应用、海陆空领域及军用领域应用将全方位得到拓展。

其次，电力领域的铝合金电缆、铜铝复合材料也是新型材料发展方向，其他方面如铝合金防洪墙，2013年7月发布的《中国城市内涝报告》显示，目前中国仍有占总数53%的340座城市没有达到国家规定的防洪标准，按每米铝合金防洪墙40千克计算，则1千米长、2米高的防洪墙用铝量约400吨。

再次，铝在包装领域的扩大应用可以提高包装比，提高包装和运输效率，减少食品浪费带来的能源浪费和对环境的影响。比如，铝箔快餐盒就非常适合中国国情，完全可以进入餐饮外卖、配送业、预包装食品业，可以替代塑料、木质和纸质餐盒。更重要的是，随着铝价降低，铝餐盒成本已经与塑料餐盒基本接近，大规模应用推广的时机已经到来。据估算，如果只用30%的餐盒替代，就会产生数十万吨的铝箔市场。还有，近3年中国易拉罐市场和相关行业厚积薄发、呈现爆发式增长，2014年两片罐产量318亿只、三片罐230亿只，增长高达34.3%，还有巨大的增长潜力和空间。

最后，铝及铝合金在航空航天中的应用。中国铝企业应该注意铝平轧项目中薄板以及铝锂合金板的研究开发。

总之，对于未来中国铝工业的发展可分为三步走：第一步要解决铝加工结构问题，中国铝加工企业应该提高精深加工比例。如果铝厂的初级深加工（平轧用扁锭、挤压用圆锭）的比例能由目前的50%提高到60%以上，中级深加工产品（板、带、箔、棒、线和锻件等）的比例能由目前的10%左右提高到20%以上，高级深加工（车轮、电子产品零件、汽车的其他配件、轨道车辆等）的比例能由目前的5%提高到10%以上，结构则是合理的。第二步要对铝工艺进行重构和流程再造，这个工艺流程的重构和再造要覆盖所有铝的加工环节。例如，南山铝业自主研发的"大尺寸、高强度高速轨道交通用车体型材开发"获得成功，采用合金铸锭的熔炼铸造技术、铸锭的梯度加热技术、铝型材的在线淬火技术，找出每种型材"铸锭温度—挤压速度—冷却强度"三者匹配的最佳工艺制度。南山铝业的"高精度宽幅超薄铝合金易拉罐体板压力加工"也已成功。注意，氧化铝、电解铝和铝材联合是企业未来的发展方向。第三步要从全球角度考虑铝生产资源的配置问题。根据贵阳铝镁设计研究院的席灿明（2008）的研究，目前探明的铝矿资源只能够维持20年左右的生产期限，与国外铝厂一般要求50年的保障期相差较大。总体上看，中国铝厂在规模经济方面存在严重不足。同时，中国铝土矿大部分属于一水硬铝矿石，制取冶金级氧化铝的工艺复杂，物耗能耗比较高。但中国这些铝土矿是低铁、高铝型矿石，适合于生产优质耐火材料和各种磨料。因此，应该以"进口替代理论"为指导而考虑生产铝矿砂和精矿出口，利用资源互换的贸易方式改善铝资源结构。据考察，1吨铝矿砂及精矿可换优质铝土矿 3 ~4 吨。

二、百色市硅锰业企业分析[①]

（一）中国锰业分析

中国电解锰产能和产量占全世界的98%以上（李维健，2014），但随着中国经济增长的放缓，中国锰业也同时步入到洗牌阶段。

实际上，2010 年中国电解锰就已经达到高成本、高售价和低利润时代。中国电解锰产量在 2011 年达到高峰，产能 240 万吨/年、产量 148 万吨/年、产能利用率仅为 61.67%。2013 ~2014 年，宁夏和新疆等地有 60 万 ~70 万吨产能释放，中国南方也有近 30 万吨产能释放，电解锰行业进入洗牌阶段。从 2012 年下半年起，电解锰价格长期在 1.35 万元/吨以下波动，2013 年甚至降到 1.2 万元/吨，而大多数电解锰企业的成本在 1.30 万元/吨（含税）之上。按大多数电解锰企业的技术经济指标，直流电耗为 6200 ~6500 千瓦时/吨，综合电耗为 6800 ~7200 千瓦时/吨，金属回收率为 80% ~82%。如果锰矿石价格按市场价格计算，90%以上电解锰企业的成本在 1.3 万元/吨，可以说基本亏损。按照《中国锰业》的研究数据，中国电解锰企业的分布比较集中，具体情况如表 4 –19 所示。

表 4 –19　2010 ~2013 年中国电解锰产量和分布　　单位：万吨

年份	重庆	湖南	贵州	广西	宁夏	湖北	云南	其他	合计
2010	23.60	51.23	19.88	24.47	6.10	7.85	2.58	2.59	138.20
2011	12.76	66.21	21.20	22.00	13.10	7.50	3.70	1.71	148.00
2012	13.55	32.87	21.38	18.74	17.00	7.80	3.30	1.36	116.00
2013	21.27	20.87	19.63	18.28	16.80	6.12	4.80	2.23	110.00

从这些企业的产品销售方向来看，基本上电解锰的流出方向是大型钢厂、200 系列不锈钢厂、出口电解锰重溶锰铁、锰桃、锰合金、锰粉、催化剂及其他等。具体情况如表 4 –20 所示。

① 资料来源：《中国锰业》、专家咨询和资料购买。

表 4-20 2013 年中国锰业产能和部分产品生产厂家数量

产品名称	生产厂家数量（家）	年产能（万吨）
富锰渣	300	400
电解二氧化锰	12	46.59
锰酸锂级电解二氧化锰	未统计	2.5
天然二氧化锰	未统计	120
四氧化三锰	10	11.5
锰酸锂及镍钴锰酸锂	45	3
硫酸锰	未统计	50
高锰酸钾	10	6.2
锰球	6	20
锰桃	未统计	10
锰枕	未统计	10

从表 4-20 可以看到，中国锰业产品的技术含量比较低，高新技术和高附加值产品不多。虽然中国不断从国外进口优质锰矿石，并且不断出口中国电解锰产品，然而，仍然不能使这些企业扭亏为盈。目前，这些中国锰企业生存艰难，未来发展前景暗淡。具体情况如表 4-21 所示。

表 4-21 2010~2013 年中国电解锰：出口统计 单位：万吨

年份	锰片	锰桃	合计
2010	10.29	12.07	22.36
2011	5.64	10.56	16.20
2012	4.27	8.77	13.04
2013	22.25	3.98	26.23

从表 4-21 可以看出，从 2010 年开始，中国政府不断向世界其他国家出口中国锰业生产的锰球、锰桃和锰枕，并且在不断努力提高出口量。然而，这些努力还是不能够消化中国国内锰产业已经形成和正在形成的锰业产能。从 2004 年开始，中国锰业的产能利用率就非常低，到 2013 年时中国锰业企业产能利用率降低到历史最低点。具体情况如表 4-22 和表 4-23 所示。

表 4-22　2001～2013 年中国国内电解锰产量与消耗量　　单位：万吨

年份	国内产量	国内用量
2001	15.2	3.52
2002	21.2	8.52
2003	32.5	16
2004	49.4	23.92
2005	56.61	28.2
2006	73.01	40.69
2007	102.41	71.2
2008	113.85	93.3
2009	131.7	112.96
2010	137	112.23
2011	148	131.68
2012	116	95
2013	110	90

表 4-23　2004～2013 年中国国内电解锰产能、产量和开工利用率

单位：万吨，%

年份	产能	产量	开工率
2004	92.55	49.4	53
2005	104.5	56.61	54
2006	125.04	73.01	58
2007	157.04	102.41	65
2008	187.86	113.85	60
2009	210.0	131.7	63
2010	213.2	137	61
2011	240	148	60
2012	240	116	48.3
2013	240	110	45.8

可以看出，中国锰业企业的生存现状是极不乐观的。大量的固定投资无法通过折旧的方式收回。通过生产和销售电解锰产品能够勉强保证变动成本的回收就已经很不错了，否则，大量投资将会损失。目前的困难是，这些中国锰业企业生

产的产品都是科技含量低和附加值少的产品，在国际市场上缺乏竞争优势。因此，这些企业未来的生存方式为不得不通过价格战来获得订单。中国锰企业普遍生产规模偏小、技术创新能力比较弱、管理水平低下，当这些企业遇到经济增速放缓，锰业产能出现相对过剩时，普遍亏损是必然现象。根据世界锰业的竞争规则，在今后，拥有矿石资源、电力成本优势、技术优势和管理优势的企业将胜出。总之，对中国锰业未来走向及锰业企业自身战略选择的判断必须要从以下几个方面进行：

1. 从锰矿石的角度研判

目前，世界陆地锰矿床主要分布在南非、乌克兰、澳大利亚、加蓬、印度、巴西、墨西哥等国。这些国家锰矿资源的总和占到全球储量的94%。2013年数据显示，锰矿石储量前三位的国家是乌克兰、墨西哥和印度。品位大于35%的高品位锰矿主要在南非、澳大利亚、巴西和加蓬。中等品位的锰矿主要分布在印度、哈萨克斯坦和墨西哥。低品位锰矿则分布在乌克兰、加纳和中国。中国锰矿主要分布在云南、贵州、重庆、湖南、广西等省份，具体情况如表4－24所示。

表4－24 2013年中国锰矿资源储量分布 单位：万吨

地区	基础储量	资源量	查明资源储量
全国	22443.72	56849.74	79293.46
广西	7954.63	20171.25	28125.88
湖南	5907.79	9937.24	15845.03
云南	897.74	8317.97	9215.71
贵州	2502.72	5478.77	7981.49
辽宁	1216.04	2974.10	4190.14
重庆	1876.14	2251.42	4127.56
四川	29.55	2858.43	2887.98
湖北	874.70	610.10	1484.80
陕西	313.42	904.94	1218.36
广东	214.48	780.93	995.41
新疆	467.8	554.06	1021.86
福建	84.28	366.69	450.97
其他省区	104.43	1643.84	1748.27

2012年中国锰矿石资源储量约为15535万吨，但消费需求还不能得到满足，主要原因是中国锰矿几乎都是贫矿，富矿仅为6%，平均品位为21%。且锰矿杂质高，加工性差，具有高磷、高铁、高硅的特征，可用锰矿资源只占保有资源总量的40%左右。截至目前，南非、澳大利亚和中国占据全球锰矿产品的前三位，占全球产量的60%。中国锰矿矿石类型以碳酸锰矿石为主，约占中国锰矿总储量的73%，次为铁锰矿石和氧化锰矿石。优质锰矿少，以贫矿为主，贫锰矿储量占全国总量的94.6%，符合国际商品级的富锰矿石很少。全国锰矿石平均品位在19%左右，不到国际商品锰矿石品位的50%。此前，中国正不断从国外进口高品位的锰矿石，以解决国内因富矿缺乏而导致的高品位锰矿石供应不足的问题，具体情况如表4－25所示。

表4－25　2007～2013年中国锰矿石进口统计　　单位：万吨

年份	2007	2008	2009	2010	2011	2012	2013
进口总量	663.45	757.12	961.76	114.5	1296	1238	1300

近几年，中国国内锰矿勘探的主要成果有新疆的阿克陶锰矿，品位富，碳素锰矿含锰平均品位达35.8%，矿层厚度达4～8米，容易开采，储量大。广西的德保足荣锰矿，储量达1亿吨，既有氧化锰矿，也有碳酸锰矿，非常容易开采。贵州的松桃县深部碳素锰矿，品位富，储量前景极为乐观。这三处锰矿的发现对中国锰业及世界锰业的发展具有深远的影响。

2. 从锰矿的开采和使用研判

中国锰矿主要用于钢铁行业，占到用锰总量的90%。其中，耗用锰矿石最多的产品是锰系铁合金和电解金属锰。中国是锰资源消耗大国，锰矿石对外依存度高达50%以上。中国锰矿的特征是共生伴生矿较多，有色金属矿伴生金和银的储量分别占到全国金和银储量的50%和90%以上。大部分伴生元素和稀散元素可以综合回收利用。目前，可综合回收的共生伴生元素有40多种，综合利用获得的金属量占同期金属产量的15%以上。通过掌握共生伴生组分的赋存特征、分布规律、储量规模和综合回收，可以使一矿变为多矿，可明显提高矿山的经济效益。

3. 从电解锰目前深加工的角度来研判

在钢铁工业中，锰的用量仅次于铁，90%的锰产品消耗在钢铁行业。目前中国电解锰的出口关税为20%，而锰桃暂时没有实施出口关税政策，锰桃的出口价格比电解锰普遍低250美元左右。由于价格优势，锰桃已经部分代替电解锰成为钢铁、锰合金冶炼的添加剂，因此锰桃在国际市场的需求量在不断增加。如果关税调整，那么电解锰将重新成为中国锰业出口的主导产品。日本、韩国、俄罗斯、荷兰和美国是对锰制品需求大国。随着冶金工业的技术进步和新材料及新产品的问世，对电解金属锰产品的精细化和多样化提出了特殊要求，有代表性的包括喷射冶炼对粉状产品的要求及多组分合金钢中，有色冶金工业对特殊金属锰的需求量在不断增多。在锰合金生产中，采取金属锰粉替代锰球团，直接喷射到熔炉铝中，可大幅度降低生产成本和改善产品性能。一些特种合金，如超级铁合金和致密金属部件业需要采用喷射冶金工艺添加金属锰。金属锰粉，主要用于铝、钢、特种钢和优质钢的冶炼，作为铝、钢合金，特种钢中锰元素添加剂的主要原料。金属锰锭，火法生产的金属锰还达不到一些特种钢的需求，决定用电解金属锰制取金属锰锭。氮化锰主要用于特殊合金钢、高强度钢、不锈钢和耐热钢等产品的生产，国外生产氮化锰多采用金属锰粉固态氮化生产工艺。电子级四氧化三锰是一种用于磁性材料业的原材料，它与氧化锌、氧化铁按比例混合，用于制造各种锰锌铁氧体磁芯和高压器用磁芯。锰锌铁氧体在通信、广播、电视、无线电、录音、录像、计算技术、自动控制、雷达导航、宇宙飞行、卫星通信、仪表测量、印刷显示、医学生物、高速运输等领域得到应用。锂锰复合氧化物可以用于锂离子电池正极材料。

4. 从电解锰深加工的未来发展趋势角度研判

中国锰矿主要用于钢铁行业，占到用锰总量的90%。其中，耗用锰矿石最多的产品是锰系铁合金和电解金属锰。中国是锰资源消耗大国，锰矿石对外依存度高达50%以上。目前，锰系列合金由于电力、焦炭、劳动力和环保等问题，西方发达国家的锰系列铁合金产量在逐步减少。正由发达国家转向矿产资源国和新兴国家。电解锰目前的趋势是电解锰生产和精深加工及综合利用产业群。特征是大型自动智能、清洁生产。电解二氧化锰：由于锌锰电池小型化发展趋势，电解二氧化锰的使用量会有所减少。尽管锂离子电池和动力锂离子电池未来会有强劲增长，但是用于生产锂离子电池正极材料的锰酸锂级电解二氧化锰市场规模有限。因此，在今后相当长的时间内，电解二氧化锰主要还是应用在一次锌锰电池。未来应该研发新型电解二氧化锰，以适应未来碱锰电池大电流和高压放电的要求。研发符合实用锰酸锂级电解二氧化锰及一次锂电池用锂锰级二氧化锰，巩固并扩展高端产品在国内和国际上的市场份额。四氧化三锰：由于电子产品向小型化、贴片化和低功耗化发展，这就要求磁性材料功耗越来越低，工作频率越来越高并且体积越来越小。因此，软磁铁氧体材料对四氧化三锰的需求会越来越少。锰系正极材料，从动力电池的正极材料选择来看，未来5~10年，锂离子电池正极材料可能会沿着钴酸锂（小型锂离子电池）和改性锰酸锂（动力型锂离子电池）—镍钴锰酸锂等三元材料—层状富锂锰基固溶体正极材料方向发展。硫酸锰是重要的基础无机盐化工产品，是工农业生产的一种母体材料，用途广泛且需求量大。西方国家硫酸锰生产一直以8%的速度在增长。中国目前和未来都会是硫酸锰的主要出口国。但中国国内的产能规模一般都在0.5万~1万吨/年的规模，生产规模偏小。总投资在上百亿元的贵州西南锰业集团有限公司的“煤电锰一体化”项目在贵州铜仁破土动工，预计2018年投产。高锰酸钾的未来需求量会逐步上升。

5. 从电解锰的生产专利技术角度研判

通过对中国电解锰行业的专利技术研究可以发现，中国电解锰行业对本身技术研发关注较多，但对上下游相关技术研究不够。随着国内电控技术不断完善和发展，电控技术在许多行业得到应用，而在电解锰行业中应用不足，目前没见到电控技术在电解锰行业中的相关专利。从新的电解锰应用专利技术角度来看，以装饰为主的高锰低镍不锈钢［w(Mn) =85%~10%；w(Ni) =0.8%~1.2%］，增加了对金属锰的需求。在国外，不锈钢占钢产量的3%以上，高锰低镍不锈钢占15%，高锰低镍不锈钢在印度占70%。电子工业：以锰锌铁氧体为代表的软磁铁氧体市场不断扩大。电池领域：锂锰复合物做电池正极材料，碱锰电池。精细锰盐和特殊锰制品，利用电解锰为材料生产锰盐越来越受到重视，利用电解锰生产高纯度$MnCL_2$、$MnCO_3$、$Mn_9(NO_3)_2$。随着包头系统研究院研制成功Ni-Mn-Ca新型功能材料的成功，Ti-Mn基多元合金的研究取得突破，锰在记忆合金、变形永磁合金、膨胀合金和阻尼材料中的应用会日趋广泛。

6. 从中国电解锰企业生产成本角度研判

从2012年下半年起，电解锰价格长期在1.35万元/吨以下波动，2013年甚至降到1.2万元/吨，而大多数企业成本在1.30万元/吨（含税）之上。按照对大多数企业的技术经济指标的统计，直流电耗为6200~6500千瓦时/吨，综合电耗为6800~7200千瓦时/吨，金属回收率为80%~82%。如果锰矿石价格按市场价计算，90%以上企业的成本在1.3万元/吨左右，可以说基本上是亏损。从地区角度来统计，锰企业用电目前是这样，重庆、贵州、广西和湖南地区的大部分电解锰企业目前执行的电价在0.5～0.7元/度，电力成本较高。宁夏地区大工业用电的基准价为0.45元/度，有些企业还能够享受到优惠电价。新疆喀什和克州等地区大工业用电的基准电价为0.422元/度，如果变压器的负荷能力达到315千伏安以上时，企业用电会达到0.363元/度。目前，重庆、云南和四川不但有自己的矿山，而且拥有自己的水电。贵州在锰矿和电力方面都有优势。广西虽然拥有自己的矿山，但自备电厂的问题需要迅速解决。锰企业用二氧化硒：每生产1吨电解锰用0.8～1.5千克二氧化硒，二氧化硒在电解锰生产中占成本为5%～8%。二氧化硒的价格从2013年以来跌到252元/千克左右。锰企业用工业硫酸：生产1吨电解锰需要使用2吨硫酸。硫酸成本占电解锰总成本的5%～10%。硫酸出厂价格各地差异较大，一般为100～500元/吨。由于运输成本问题，硫酸价格地区差异明显。庆秀山地区、湖南华垣地区、贵州松桃和广西地区，到厂价为350～500元/吨，到厂价最低的是宁夏地区。同时，由于各地锰矿石品位不同，在生产中对硫酸的消耗也不一样。具体成本构成如表4－26所示。目前西北、新疆、“锰三角”及南方部分地区，由于拥有矿、电价和技术上的优势，电解锰含税成本控制在10000元/吨，而大部分企业的含税成本在12000元/吨。中国电解金属锰企业目前理想的经济技术指标是：5万吨/年以上，主要设备全部大型化，主要工序实现机械化，自动化并达到清洁生产要求。直流电耗指标为（5600±100）千瓦时/吨，综合电耗指标为（6000±100）千瓦时/吨，锰回收率（85±1)%（渣含锰<2%）。

表4－26 电解锰的生产成本构成 单位:%

锰矿	电力	硫酸	二氧化硒	辅料	固定成本	税费
34	29	9	7	8	12	1

注：宁夏天元锰业有限公司和新疆阿克陶科邦锰业制造有限公司除外。

7. 从中国锰业目前的领跑者的角度来研判

2011年，中国电解锰产能达到240万吨/年，有生产企业200多家，产能占世界总产能的98.8%。目前因总体经济形势问题，将会有1/3的产能和近50%的企业进行产业升级、资产重组和兼并。中国锰业中较为优秀的是宁夏天元锰业有限公司。2011年底产能达到20万吨/年，是世界最大的电解锰企业。虽然天元锰业没有自己的锰矿资源，但是在全国平均开工率不足60%的情况下，自身开工率几乎达到100%。探究其因，主要是攻克了MnO_2还原焙烧用于电解锰生产，还原率达95%以上，进口加纳碳酸锰矿石浸取率低等技术难关，浸取率达92%以上。产品直流电耗<5800千瓦时/吨，单板产量（500毫米×666毫米）3.8千克/片，金属综合回收率达83%~84%。天元锰业中国第一家全部利用进口锰矿石，而且各项经济技术指标领先的厂家，2015年生产能力达到80万吨/年。在环保和资源节约方面，宁夏天元锰业采用高品位进口MnO_2矿石（MnO_2≧40），高品位碳酸锰矿（Mn 28%~30%），生产1吨电解锰产渣10吨，产渣量明显减少。同时，天元锰业在管理创新方面做到了管理科学化、数据化、制度化和程序化。现有20万吨的电解锰生产线上，管理人员仅3人。秀山县嘉源矿业有限公司在2011年7月动工建设的新型电解金属锰的企业，是以采、选、冶、科、工、贸于一体的综合型民营科技企业，设计产能4万吨/年，技术水平和管理水平都比较高。在没有采用最新的阴极和阳极板的情况下，单板产量（4.0±0.1）千克时，直流电耗（5700±100）千瓦时/吨，金属回收率（85±1）%，废水产生量减少80%，人员减少50%。

8. 从锰业的未来发展趋势的角度来研判

在电解锰生产技术方面，中南大学冶金研究所的“电解锰离子膜电解”的生产技术已经研制成功，并工艺化投入生产。在生产中，阳极区没有锰离子，阳极板没有MnO_2生成，电解工序锰金属回收率提高3%~5%，SeO_2的用量减少50%，清槽时间延长1倍以上。为了提高电流效率，将恒流电解改变为脉冲电流电解，电流效率提高3%以上。同时，宁夏天元锰业正在进行一项重大创新，将现有的$MnSO_4$－（NH_4）$2SO_2$－H_2O系统的电解改变为$MnCL_2$－NH_4CL－H_2O系统的电解，如果研发能够获得成功，现有电解锰的直流电耗将由目前的6000千瓦时降到4000千瓦时。

在电解锰生产装备方面，生产装备大型化和自动化是未来发展趋势。单一电解车间的产能由原来的几千吨要发展到1万~2万吨，甚至3万吨。最新设计的化合槽容积达1000立方米，由计算机控制自动进料，固液分离设备最大的达到800平方米，阴阳极板的尺寸比原来扩大1倍。同时，机械出槽、超声波洗板、机械剥离等设备的成功研发，能够使目前的劳动生产率得到大幅度的提高。

在生产设备和工艺整合方面，未来需要氧化矿还原工艺及设备、大型磨粉机、全自动大型压滤机、成套新型电解槽、自动化洗板、烘干、脱板一体机等。企业必须在选矿、还原、制粉和电解等工艺上取得突破。中信大锰矿业利用全干式磁选技术使选矿金属回收率从原来的88%提高到目前的95%，尾矿含锰量由原来的8%降低到目前的3%。同时工艺设备采用全自动控制技术，减少人工1/3。宁夏天元锰业在高品位二氧化锰干法焙烧技术方面开发了卧式焙烧窑还原和立式焙烧窑还原技术，将二氧化锰还原率大幅度提高。中信大锰应用大型立式负压磨机使矿粉的单机产量从2吨/小时调高到90吨/小时，在实现全自动控制磨粉的同时，还有效节约人力和电力成本。环保节能型RPP电解槽和节能型阴极板的使用，可以使电解锰的直流电耗从7000千瓦/小时降低到6000千瓦/小时。

在未来竞争规则方面，电解锰的竞争将是矿、电及生产技术的综合实力竞争。矿石和电力的成本基本占电解锰生产成本的60%。如果电解锰企业要降低成本，除去矿石和电力成本外，还要通过技术改造，应用成熟的新工艺、新设备，包括绿色直流电站、氧化矿还原工艺及设备、大型磨粉机、全自动大型压滤机、成套新型电解槽、自动化洗板、烘干、脱板一体机等。例如，选矿工艺不一样，金属回收率在88%～95%，尾矿含锰量在3%～8%，操作工人数量差在1/3，水平高的选矿废水可以达到“零排放”。还原工艺可以使还原率大幅提高。制粉工序主要经历雷蒙制粉、球磨制粉和立磨制粉三个阶段，效率差距在2～90吨/小时。电解工艺的差距是生产1吨电解锰的直流电能耗差距达6000～7000千瓦时。因此，未来电解锰业必定是往规模化、网络化、集团化方向发展。

（二）百色锰业分析①

百色市锰业企业的产品主要分为电解锰、硅锰合金、锰及锰制品三个部分。百色市锰企业对百色市的经济发展和就业至关重要，这些锰业企业共安置员工6933人，对百色市GDP的增长和未来经济发展具有重要作用。这些锰业企业的具体经营状况如表4－27所示。

① 资料来源：百色市工信委统计年度报表和发改委。

表 4－27　2015 年百色市锰行业统计　　单位：家，人

企业数量	职工人数	工业增加值下降的企业数量	主营业务收入下降的企业数量	实现利润下降的企业数量	实现税金下降的企业数量
电解锰					
8	2752	4	7	4	5
硅锰合金					
31	3808	14	18	23	23
锰及锰制品					
3	373	3	2	3	3

从表 4－27 中可以看出，生产电解锰的企业共有 8 家。在这 8 家企业中，属于经营困难和亏损的有 6 家，从企业数量角度计算，亏损面高达 75%。从对百色市 GDP 的贡献角度看，有 5 家企业实现的税金总额是下降的，这直接影响到百色市 GDP 的质量和 GDP[①] 的完成情况。同时，有 7 家电解锰企业的主营业务收入在下降，业务下降面高达 87.50%，这直接影响到百色市电解锰产业的未来发展。百色市硅锰合金企业共有 31 家，属于经营困难和亏损的有 23 家，从企业数量角度计算，亏损面高达 74.19%。主营业务收入下降的有 18 家，面积达 58.06%。百色市锰及锰制品企业中有 2 家亏损，从企业数量角度计算，亏损面高达 66.67%。主营业务下降的有 2 家，高达 66.67%。百色市锰及锰制品的 3 家企业实现的税金总额全部出现下降现象，分别下降 39.03%、75.43% 和 20.26%，这说明这 3 家对百色市 GDP 的贡献在急剧下降。

从亏损的原因来看，百色市电解锰企业的生产规模普遍偏小，最大的靖西县鑫源锰业有限公司的设计生产能力仅为 3 万吨/年。在这 8 家电解锰生产企业中，最小的是德保德柳锰业有限公司，设计生产能力仅为 1 万吨/年。百色市硅锰合金企业共有 31 家，根据百色市工信委提供的统计报告来看，这些企业中有 8 家生产铁合金，18 家生产硅锰合金，2 家生产工业硅，1 家生产化学硅，1 家生产金属硅，1 家生产生铁。其中生产铁合金的企业中仅 1 家盈利，7 家亏损。生产硅锰合金的 18 家企业中，仅有 2 家盈利，3 家保本，剩余 13 家都是严重亏损。生产金属硅的 1 家企业盈利，且 2014 年与 2015 年在盈利额上持平。生产工业硅

① GDP：学过经济学的人都知道 GDP＝政府税收＋企业收入＋居民收入。

的2家企业严重亏损。生产生铁和化学硅的2家企业都处于盈利状态。从这些企业的生产规模、产品科技含量和具体亏损额角度看，生产硅锰合金企业亏损的主要原因是生产成本高和价格竞争。在锰及锰制品企业中，1家生产锰粉、1家生产碳酸锰粉、1家生产中碳锰粉，都是科技含量不高和附加值低的产品。

综上所述，百色市锰业企业亏损面和亏损额都比较大。亏损主要原因除了百色市特殊地理位置导致的物流成本高以外，这些企业的规模普遍偏小，难以拥有规模经济。同时，这些企业的生产技术水平和管理水平也普遍偏低。在所有这些锰业企业中，除了靖西湘潭锰业拥有自己的研发中心和严密的管理体系及管理制度外，其他锰业企业几乎都没有自己的研发中心，没有建立起现代工商管理制度，也没有投入资金进行生产技术和生产设备改进，以达到降低生产成本的目的。

三、百色市农业企业分析

（一）分析原则和问题确认原则

在国民经济的三个产业中，对资源依赖程度最高的是第一产业，而第一产业又是第二产业和第三产业发展的基础。中国是一个农业大国（但不是农业强国），农业在中国国民经济中占有相当高的比重。百色市是后发展地区，目前刚刚步入工业化发展的早期阶段。因此，在前几年，百色市委市政府提出“工业立市”的口号在经济高速发展时期是正确的，在投资拉动经济发展的主流趋势下大力发展工业是明智的。但是，随着中国经济增速放缓，工业增长速度开始快速回落时期，百色市工业的表现必然被社会所诟病。目前，百色市经济总体面临的问题主要有两个方面：一个是如何在中共中央提出的“去库存、去产能、去杠杆、降成本、补短板”的战略指导下，进行经济结构的调整；另一个是如何有效地化解“三期叠加”[①] 所带来的压力和痛苦。从本质上讲，“短板的存在”是库存高和杠杆高的原因，“库存高”和“杠杆高”是成本高的原因，因果关系如图4－33所示。

① 三期叠加：经济增长速度换挡期、结构调整阵痛期和前期经济刺激的消化期。

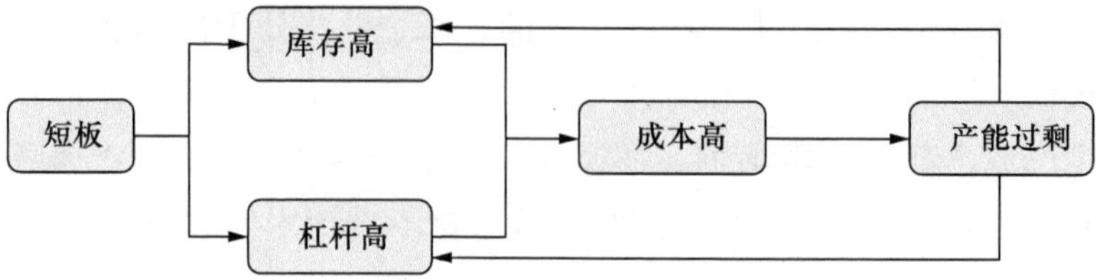

图 4 - 33　短板、库存高、杠杆高、成本高和产能过剩之间的逻辑关系

从图 4 - 33 中可以看出，库存高、杠杆高、成本高和产能过剩的根本原因在于“短板”。因此，解决这些问题的关键是首先要解决“短板”问题，“短板”解决了“库存”和“杠杆”自然就会下来，“库存”和“杠杆”下来，资金成本和流动资金的占用自然也下来了。“成本”必然会随之下来，“成本”下来后，产品的售价一定会下降，价格下降有效需求自然会上来，“产能过剩”一定会不存在。从经济发展规律角度来看，“三期叠加”中的根本是“前期经济刺激的消化期”，其次才是“经济增长速度换挡期”，最后是“结构调整带来的阵痛期”，具体关系如图 4 - 34 所示。

图 4 - 34　三期之间的因果关系

从图 4 - 34 中可以看出，“前期经济刺激的消化期”和“经济增长速度换挡期”两者之间是互为因果关系。因为无论是当经济增长速度出现问题，政府和社会对经济体注入大量的信贷资金和财政资金，以及政策促进，还是其他原因导致政府和社会向经济体注入大量要素，都必然出现两个结果：一个是经济增长速度出现变化；另一个是对现有的经济结构造成冲击。从图 4 - 34 中还可以看到，“前期经济刺激的消化期”和“结构调整带来的阵痛期”之间也是互为因果关系。因为经济刺激（无论是政策的还是货币的）会导致经济结构发生改变，而经济结构的改变必然会对经济政策产生影响，所以两者之间是互为因果关系。从图4 - 34中还可以看出，“结构调整带来的阵痛期”是“经济增长速度换挡期”

的因，而“经济增长速度换挡期”是“结构调整带来的阵痛期”的果。

有学者也许不同意本研究在此的观点。本书再详细阐述一下这其中的关系。试想一下，如果一个经济体结构良好，那么，这个经济体的增长速度一定不会差。那么，在这个“增长速度不会差”的状态下就不存在“经济增长速度换挡期”的问题。如果这个经济体的领导人认为该经济体的“增长速度差”，那么，必然会向这个经济体注入财政资金、信贷资金和政策促进，这些行为必然导致这个经济体的经济增长速度出现变化，远离原来经济结构支撑下的增长轨迹。当然，如果这些要素注入导致经济体的结构更加符合未来增长需要，可以另当别论。但是，如果财政资金、信贷资金和政策促进注入的领域、关注的重点以及注入的时间和地点出现问题，那么，改变后的结构就是有问题结构，就会对经济增长速度造成影响。因为产生影响，所有现有结构需要重新注入财政资金、信贷资金和政策促进来进行调整，以保证经济增长速度不被损伤。因此，在所有的关系中，“经济结构调整带来的阵痛期”才是所有因果关系中最为重要的一环。而“经济增长速度换挡期”只是“前期经济刺激的消化期”和“结构调整带来的阵痛期”的伴生物。如果经济刺激正确，或者经济结构正确，那么，经济增长速度就是良好的。

经济结构存在宏观和微观两个层面。从宏观层面讲，经济结构指的是第一产业、第二产业和第三产业之间的比例，以及三个产业的质量。从微观层面讲，经济结构是指第一产业、第二产业和第三产业各自的内部结构，涉及每一个产业内的具体行业比例和质量。而这一切涉及经济体的资源、制度、技术和管理，以及随着发展而不断地调整的投资重点，以保证经济刺激与现有的经济结构相互契合，从而保证经济体拥有一个良好的增长率。

综观世界各国的经济发展历程，会发现无论哪一个发达国家都会拥有一个发达的农业。世界上还没有哪一个欠发达国家拥有一个高效的农业生产体系。从宏观层面来看，农业是第二产业和第三产业发展的前提条件和基础，农业弱，则国家经济结构脆弱，国民经济就会存在致命的缺陷。从微观层面来看，现代化农业是一个国家的资源、制度、技术和管理有机整合的标志，是财富合理分配和生产要素有效配置的体现，更是一个国家社会稳定和生态环境良好的反映。因此，限制中国经济高速增长的“短板”是中国农业，限制百色市经济健康发展和快速脱贫的“短板”是百色市农业。因此，对百色市农业经济的分析要从百色市农业资源、百色市农业投资、百色市农业制度和百色市农业生产管理四个方面入手。

（二）百色市农业资源分析

一般来讲，农业资源分为有形资源和无形资源两种。有形资源包括气候，土地、水文、劳动力和初级物产。无形资源包括文化资本、社会资本和知识资本。

从气候角度看，百色市气候属于亚热带季风气候，光热充沛，雨热同季，夏长冬短，作物生长周期长，越冬条件非常好。年均气温在19.0～22.1℃，全年无霜期有330～363天，年平均日照为1405～1889小时，非常适合热带和亚热带作物的生长。

从土地角度看，百色市土壤主要以水稻土、红壤、黄壤、石灰岩土和冲积土为主，多属于微酸性土，土层比较深厚，肥力较高。同时，森林覆盖率为66.7%。但是，百色市境内土地最大的特点是平地少，并且多为小块平地。山区占百色市土地总面积的95.4%，丘陵和平原仅占总面积的4.6%。百色市境内土地总面积为36203.85平方千米，其中，农用地面积为2612373.19公顷，占土地总面积的72.16%。其中，耕地面积为402801.96公顷，占土地总面积的11.13%，占农用地的比重为15.42%；园地面积为34170.18公顷，占农用地的比重为1.31%；林地面积为1889771.63公顷，占农用地的比重为72.34%；牧草地面积为182742.11公顷，占农用地的比重为6.99%，其他农用地面积为102887.31公顷，占农用地的比重为3.94%。未利用地面积为941723.35公顷，占土地总面积的26.01%，其中水域为21466.59公顷，占未利用地面积的2.28%；滩涂沼泽为2248.45公顷，占未利用地面积的0.24%；自然保留地为918008.31公顷，占未利用地面积的97.48%。从土地具体利用情况看，百色市农业用地占比较高，并且在农业用地里林地面积最大，从农作物角度看，这是有利的。然而，从水利工作统筹和农业统一管理角度看，这又是不利的，因为这里存在农业与林业行政管理权划分的问题。

从水资源角度看，百色市河流总长度为5045.6千米，河网密度为0.14千米/平方千米。集雨面积在50平方千米的中、小河流共102条，总集雨面积36316平方千米。已发现岩溶地下河64条，总长约1000平方千米，地下泉眼5000多处。分属三个水系：一是右江水系，是百色市的主要水系，自西北向东南，西北起自西林、田林、凌云，纵贯市域中部的右江盆地，至平果流入崇左市，在境内流域面积30243平方千米。二是左江水系，起自南部靖西、德保、那坡三县的部分地区，在百色市控制流域面积1561平方千米。三是红水河水系，涉及隆林、乐业、田林大部分地区，百色境内流域面积12615平方千米。百色市水资源丰富，多年平均水资源总量约为182.5亿立方米，人均水资源量4650立方米，居广西壮族自治区第5位，目前水资源开发利用程度为20%左右，属中低水资源压力。百色市水资源主要富集在北部和右江盆地。由于降雨时空分布不均，以及受地形、地质、植被等方面因素的影响，河川径流量的地区分布差异较大。地表径流在空间分布上表现为南部左江源、百都河、鉴河、城厢河径流量大，北部山区南盘江流域、驮娘江、澄碧河径流量小，而右江盆地及红水河中游径流量中等的特征。百色市境内水库总库容216亿立方米，水域面积达120万亩。百色市境内共有大中小型水库196座，其中大型水库8座、中型水库16座、地方小型水库172座。大型水库主要分布在隆林县、西林县、乐业县、田林县、西林县、田阳县和右江区北部地区，中部和南部地区以中小型水库为主。大型水库主要有百色水利枢纽（库容56.6亿立方米）、龙滩水库（库容272.1亿立方米）、天生桥水库（库容102.6亿立方米）、澄碧河水库（库容11.3亿立方米）、平班电站水库（库容2.78亿立方米），以及右江金鸡滩到百色水利枢纽段、洞巴电站水库、瓦村电站水库等。总体来看，百色市江河水库水质较好，但季节性变化明显。丰水期较好，优良率为67%左右，部分水库总氮指标超标，呈富营养化。枯水期水库水质相对较差，超标项目主要有总氮、总锌和总磷。

从劳动力角度来看，据统计百色市人口截至2013年末共有411.66万人，其中城镇人口有110.26万人，农村人口有301.30万人，农村人口占总人口比例为73.22%，属于城市化程度极低地区。虽然从人口统计数据来看，百色市不缺乏农村劳动力。然而，经过实际调查发现，百色市大部分青壮年劳动力都离开农村并进入城市工作。这种现象直接导致农村劳动力出现短缺问题，并带来有关于什么是“农民”① 问题的争论。从实际情况来看，百色市农业发展面临农业劳动力文化程度低，劳动力老龄化和劳动力短缺问题。实际上，百色市农村劳动力的现状已经导致百色市农村出现土地荒芜现象。

从初级物产②角度看，百色市是广西乃至全国的优质水稻、水果和蔬菜的生产基地，是全国重要的“南菜北运”基地。百色主要的农业初级产物有茶叶、

① 农民：长期居住在农村，并以直接从事农业生产活动及相关辅助活动为主要生活来源的人。而不是以户籍制度来界定。唯有如此，才能够真正认识农民、农民工和城市产业工人。

② 初级物产：经过农民种植的直接产出，并没有经过工业化深加工和商业化包装的农产品和林产品。

中草药、油茶、甘蔗、核桃、桑蚕、笋、蔬菜、水果、林下鸡等。

总之，百色市有形农业资源丰富且有特色。从百色市第一产业发展的具体情况来看，百色市第一产业这些年是稳步增长的，具体情况如图 4－35 所示。

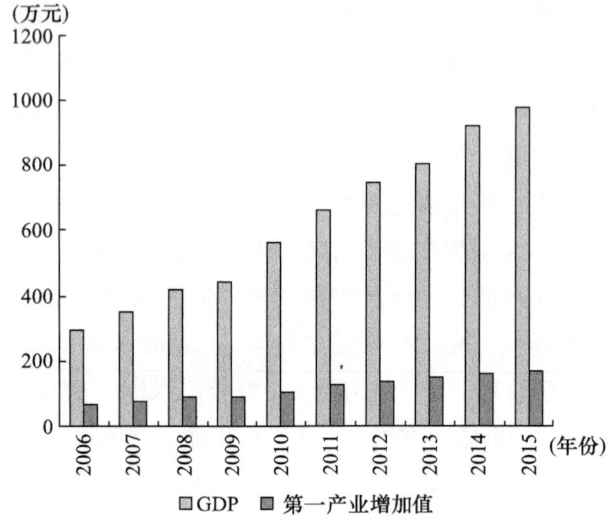

图 4－35　百色市 2006～2015 年第一产业增加值和 GDP 变化趋势

但是如果参照第一产业对 GDP 增长的贡献来看，百色市第一产业并没有对百色市 GDP 的增长提供更多贡献。这就带来一个问题，百色市总人口中有 73.22% 是农业人口，如果第一产业发展缓慢，那么百色市农业人口增收问题如何解决？同时，由于特殊地理位置和历史原因，百色市的经济发展始终处于较低水平，是全国 18 个集中连片贫困地区之一。其中 12 个县（区）全部是滇桂黔石漠化片区县，百色市的田东县、靖西市、那坡县、乐业县、田林县、西林县、隆林县、德保县和凌云县是国家级贫困县。右江区和田阳县是广西壮族自治区的区级贫困县。百色市共有贫困村 506 个，占全区贫困村总数的 16.9%。2013 年全市农民纯收入在 2300 元以下的有 102.44 万人，占百色市总人口的 24.88%，占百色市农业人口的 33.99%，几乎相当于百色市城镇人口的总量（110.26 万人）。如果百色市第一产业继续按照以往的规模和速度发展，百色市农业人口收入改善问题以及扶贫问题是难以在百色市第一产业内得以解决的。可以说，百色市农业有形资源没有得到有效利用和开发。对农业有形资源的利用和开发既是百色市发展经济的“短板”，也是解决百色市社会问题和民生问题的“短板”。

对于农业无形资源而言，目前理论界对文化资本、社会资本和知识资本在经济中的作用是公认的。前一段时间，中共中央总书记习近平提出“构建中国特色的哲学社会科学体系”和“弘扬中国传统文化和美德”倡导，这充分说明中国执政者也充分认识到文化资本、社会资本和知识资本在中国经济发展和社会发展中的巨大作为。由于本研究的重点不在“具体的文化资本、社会资本和知识资本”的讨论和测量上，因此，在此不会进行深入讨论这个问题，只会在《3.1 处理成本原则》这部分进行阐述。①

（三）百色市农业投资分析

通过 2004 ~ 2016 年《百色市国民经济和社会发展统计公告》可以看出，百色市在近 10 年当中对第一产业的投资相对第二产业和第三产业来说比较少，并且投资额度始终不稳定，并且投资质量没有受到足够重视。具体情况如图 4 – 36 所示。

从图 4 – 36 中可以看到，百色市第一产业投资增加值从 2006 ~ 2009 年低于百色市第一产业的增加值。2009 ~ 2012 年，百色市对第一产业的投资有一个集中增长。2012 年以后，对第一产业投资的增加值开始快速下降，2013 年以后，百色市对第一产业投资的增加值又开始低于百色市第一产业的增加值。可以得出的结论是，百色市对第一产业的投资没有长期规划性，并且百色市第一产业投资始终受到第二产业和第三产业的挤压。此外，还有一个推论可以得出那就是百色市在第一产业投资中过于偏重农业基础设施等硬件方面的投资，而忽略了农业技术等软件方面的投资。当农业基础硬件投资与软件投资比例失调以后，农业投资效果会出现下降，导致 ICOR 上升。可是，对于百色市第一产业而言，这些投资却带来了不少的回报，并且百色市第一产业增加值始终保持一种令人高兴的增长态势。具体情况如图 4 – 37 所示。

① 无形资源：无形资源的主要存在形式是新资本（文化资本、社会资本和知识资本），对新资本的存量和质量的判断有两种方法：一种是通过经济增长率和投资效率来进行判断；另一种是通过实地调研，采用 Likert 量表来进行统计和计算。前一种方法的优点是将新资本与经济完全结合起来，后一种方法是可以直接测量新资本存量，而不去考虑对经济和社会的作用。由于本研究讨论的是经济问题，因此采用前一种方法。

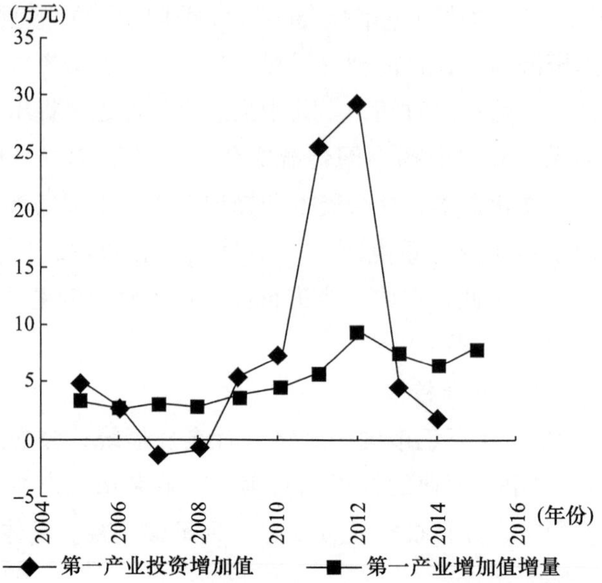

图 4-36　2004~2016 年百色市第一产业投资增加值和第一产业增加值增量的变化趋势

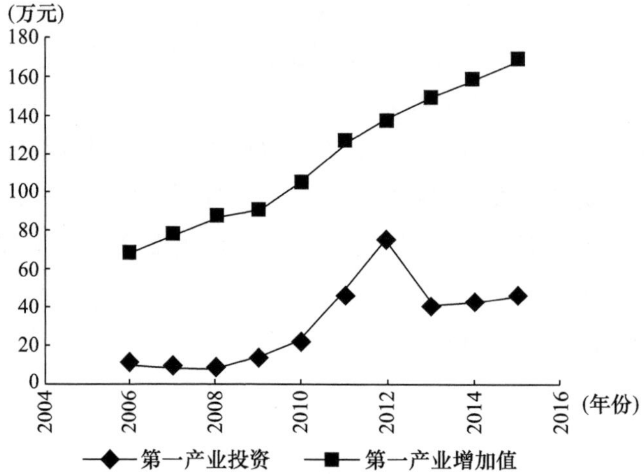

图 4-37　2004~2016 年百色市第一产业投资和第一产业增加值的变化趋势

从图 4-37 中可以明显看出，百色市第一产业增加值在 2009 年出现下降，这与图 4-36 中显示的百色市第一产业投资增加值在 2006~2007 年始终处于较低状态相吻合。另外，百色市在近10年中第一产业投资占第一产业产出的比例也处于剧烈变化状态，如图4－38所示。

从图4－38中可以看出，百色市第一产业在2006～2010年，第一产业的投资和产出的比相对来说是合理的。2010～2012年，第一产业的投资和产出的比例也处于剧烈变化状态。百色市第一产业在2006～2010年，第一产业的投资和产出的比相对来说是合理的。2010～2012年，第一产业的投资和产出的比例是不合理的。参照图4－36和图4－37可以断定，这种投入与产出的比例过高是由于百色市在2010～2012年大幅度提高对第一产业的投资所导致的。从投资效果来看，百色市近10年的第一产业的投资效率有高有低，如图4－39所示。

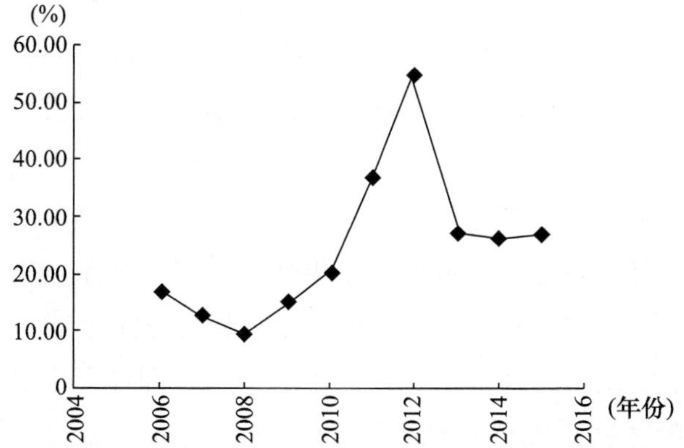

图4－38　2004～2016年百色市第一产业投资产出比的变化趋势

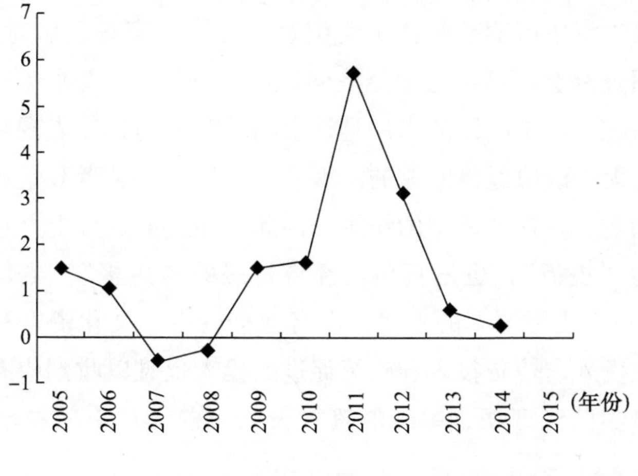

图4－39　2005～2015年百色市第一产业投资效率变化趋势

从图 4 - 39 中可以看出，2009 ~ 2010 年，百色市第一产业的增量资本产出值（ICOR）是比较低的，这说明百色市第一产业投资的效率是比较高的。然而，从图 4 - 39 中还可以看到，2010 ~ 2012 年，百色市第一产业的增量资本产出（ICOR）相对较高，这说明这段时间百色市第一产业投资的效率是比较高的。从 2012 年以后，百色市第一产业的增量资本产出（ICOR）开始下降，这可能与百色市第一产业投资额出现巨大波动有关。但是，从图 4 - 36 和图 4 - 1，以及图 4 - 11 中所反映的情况综合来看，百色市第一产业对 GDP 增长的贡献不大。并且从图 4 - 25 中可以看出，百色市第一产业的投资效率相对百色市第二产业投资效率来说是低的，但相对百色市第三产业投资效率来说则是高的①。但是，整体而言，百色市第一产业的投资效率相对其他同类城市而言是相当高的。

综上所述，中国整体经济步入下行趋势的根本原因在于有形资源投入过多，而无形资源投入过少，百色市整体经济投资以及第一产业投资的具体过程和结果是这方面的典型代表。这种现象被国际和国内的专家和学者称为“投资拉动”的经济增长模式，对这种经济增长模式的批评不绝于耳。然而，本研究认为这种批评有两个问题存在：一是这些批评者早干什么去了？如果没有上一届中央政府的两个 4 万亿元投资，中国从 2008 年开始，很难抵御住全球金融危机对中国经济造成的冲击，不要说市场经济历程如此短的中国，即使是老牌资本主义国家的英国和美国也没有逃过“黑色星期五”的打击，也没有恰当地把握住宏观经济结构。二是很多专家和学者对中国经济问题的指责、批评和赞美完全是从经济角度考虑，中国很多官员也是单纯从经济角度考评经济问题。殊不知这是大错特错！本研究在第二章中就明确阐述了美国著名经济学家马歇尔对经济学的定义，即“经济学是研究社会生活事务中经济问题的学问”，这说明经济问题是社会系统下的一个子系统。经济问题的出现是社会问题存在的具体表现和反映，单纯从经济问题入手是无法解决经济问题的。因此，有远见的学者和企业家提出新资本的概念，以区别老资本在经济中的作用。因此，在无形资源上严重投入不足既是中国经济发展的“短板”，也是百色市经济发展的“短板”，更是百色市农业发展的“短板”。没有无形要素的支撑，没有社会资本、文化资本和知识资本的支撑，再多的财政投入、信贷投入和政策促进的投入也难以收到应有的投资效率和相应的增长。事实已经证明，单纯的资本投入目前无法有效拉动中国经济的增

① 实际上，百色市第三产业处于一种极为不健康的状态。

长，以往大规模对基础设施和企业的投资虽然有作用，但这种作用正在逐渐消失。保持新资本和老资本之间合适的投入比例、使有形资源和无形资源进行合理配置是保证经济获得良好结构的前提条件，是正确回答中央就经济结构调整提出的三个问题“为什么调？调什么？如何调？”的关键所在。

总之，新资本与老资本的合适比例、有形资源与无形资源的合理配置是保证经济结构合理性的前提条件，经济结构的合理性是经济健康发展的前提条件和保证。因此，在投入中缺乏新资本投入，且没有能够合理配置有形资源和无形资源是百色市农业发展的“短板”。

（四）百色市农业制度分析①

百色市农业制度问题涉及百色市农民土地没有被高效利用以及百色市农业和林业相互不恰当分离的两个方面。

百色市农业制度的框架和内容绝大部分是由中共中央制定的。对于目前农业制度的理解可以从两个角度进行：一个是中国是社会主义制度下的农业大国，中国目前的农村土地制度和基本经营制度是中国立国的根本，是中国进行市场经济发展和构建中国特色社会主义市场经济体系的基础。农村和农业发展的最大政策必须要坚持和完善农村基本经营制度，坚持农村土地集体所有的原则，坚持家庭经营基础性地位，坚持稳定土地承包关系，以家庭经营为基础。同时，要坚守耕地红线不动摇。虽然目前存在产量、进口量和库存量“三量齐增”导致的价格“天花板”和成本“地板”双重挤压，资源和环境双重约束趋紧，但是必须把粮食安全的主动权攥在中国人自己手里。另一个是中国农村和农业生产必须要符合市场经济规律的要求，要全面盘活农村土地资产，不能够让农村土地出现闲置和荒芜现象发生，要有效利用好土地这个重要的生产要素。在坚持农村土地集体所有原则和家庭承包经济制度的大前提下，可以在农民自愿的基础上实施统分结合的双层经营体制。换句话说，在坚持中共中央制定的原则下，在农民自愿的基础上，可以实施农村土地承包权和具体经营权的有效分离。

从百色市农业和农村的具体情况来看，山区占百色市土地总面积的95.4%，丘陵和平原仅占总面积的4.6%，百色市农业平地的特征是小而散，农民经营承

① 关于“农业”的定义有广义和狭义之分。从广义角度讲，农业包含林业。近几十年来，由于土壤流失和农作物生长环境等问题，尤其是生态环境和农业循环经济等概念的提出，大部分国家在研究和讨论农业问题时，已经将林业问题并入农业问题中进行讨论，并将农业和林业视为一个统一体来进行研究。因此，本研究遵从国际主流理论的观点，视农业和林业为一体，采用广义的“农业”定义。

包的地块面积都很小，有的甚至只有两三亩地。例如，在百色市的那毕乡很难找到100亩以上的连片农业平地，难以实施大规模化农业作业，这种地理地貌特征受到影响最大的是百色市的甘蔗种植和糖厂。由于百色市的甘蔗种植难以采用大规模机械化作业，农民普遍不愿意种植甘蔗，进而导致百色市甘蔗厂没有甘蔗加工。即使有农民种植甘蔗，卖给糖厂的价格也偏高。为了保证糖厂正常生产，一些当地县政府不得不给农民以每亩900元的补贴来促进农民从事甘蔗种植，这完全违背了市场经济规律。探究其中的原因：一个是泰国的甘蔗种植采用机械化种植和作业，种植和收割甘蔗的成本比较低，通过进口对中国农村甘蔗种植产生冲击。另一个是百色市的农村出现“空心化”现象，青壮年劳动力出去打工的特别多。而种植甘蔗和收割甘蔗的劳动强度较大，因此，没有农民愿意种植甘蔗，也没有能力种植甘蔗。根据笔者目前正在进行的另一项研究——《百色市农村脱贫策略和途径的研究》的阶段性成果来看，百色市农村在外务工人员的回归可以有效地解决百色市农村的贫困问题、老人养老问题、留守儿童问题、农村夫妻关系稳定问题以及其他大量农村社会问题。但是，这些外出务工人员回归的唯一前提条件是百色市农村必须为他们提供一定的经济发展空间。换句话说，必须能够创造出让这些外出务工人员能够挣到钱的条件和环境。

推论一下，这些外出务工人员是百色市农村户口，按照国家农村土地政策这些人一定有以他们的名义承包的土地。但是，这些土地并不能够创造出让他们满意的产出和收入，因此，他们会放弃土地而外出务工。仅从这个推论中就可以得到另外三个结论：第一，既然外出务工人员所承包的土地不能够让这些外出务工人员拥有满意的产出和收入，那么，对于这些外出务工人员来说百色市农村可以承包给他们的土地量过小，无法让他们获得满意的产出和收益。第二，即使这些土地承包量可以满足他们的收益要求，但是这些外出务工人员不愿意从事农业生产劳动。第三，目前留在百色市农村继续从事农业生产经营活动的人可以分为三种：能够获得较大面积土地的且经营较为成功的农民；能够获得山地从事经济作物生产和经营且获得成功的农民；实在不能够出去务工或不愿出去务工只能依赖现有承包的土地来生存的农民。根据百色市在“精准扶贫”方针指导下重新核算的贫困人口数量来看，贫困人口大约有76万人。根据上面的分析可以看出，这些贫困人口属于既不能出去务工，又不能通过农业生产活动获得令人满意的成果和收入的人。但是，这些人手中掌握着大量的土地承包权。如果不能够对这些土地承包权实行农民自愿基础上的双层经营体制，即土地承包权和土地经营权的有效分离，那么，贫困问题的解决就是一句空话。因此，百色市要有效地解决第一产业高效增长和扶贫问题，必须首先从农村土地制度入手，实施农村土地制度改革。这种改革不是对农村土地制度进行框架性改革，而是对现有中共中央确定的中国农村土地制度的细化和落实，开创性地对目前的土地制度进行应用性改革和扩展性改革。改革的目标有两个：一个是全面盘活百色市农村土地资产；另一个是高效地使用百色市农村土地，以支撑百色市农业快速和高效地发展。改革的原则有两个，一个是坚持农村基本经营制度不变；另一个是坚持在农民自愿的基础上实施改革。改革的步骤有三步：第一步是完善农民土地确权工作，以农民土地确权工作为核心构建相关系统性制度和工作程序。第二步是实施农村土地承包权和经营权的相互分离，在这个过程中要以市场机制为核心，以司法程序为框架来选择土地经营权购买者。第三步是为土地经营权出让的农民设计出未来合适的工作，并提供相应的培训。

2016 年 3 月 25 日，百色市农业局提出在《百色市当前种植业生产情况汇报》中提出“突出抓好现代特色农业（核心）示范区建设”的目标。本研究认为，百色市农业局这个目标是无法完成的。根据如下：一个是“现代”的问题。稍微有一点中国农业历史的人都知道，中国政府早在 20 世纪 50 年代和 60 年代就设置了内蒙古生产建设兵团、黑龙江生产建设兵团和新疆生产建设兵团等。由于这些地区拥有大面积土地和相应的管理体制，中国北方在 20 世纪 80 年代末就几乎完全实现农业机械化。例如，黑龙江农垦总局下属农场在 20 世纪 90 年代初就采用激光选种。黑龙江抚远县农村早在 20 世纪 90 年代末就采用工业化管理方式，利用新技术进行快速育秧工作。另外，这些地区的农民文化程度和相关农业信息获得量远远高于广西壮族自治区，更是远远高于百色市的农民。因此，单纯依赖有形资源投入实现百色市农业现代化是一个短时间内难以实现的目标。另一个依据是百色市农业局提出的“特色农业”目标。这个目标短期内也是难以实现的。因为全球任何一个地区特色农业建设是否成功的唯一评价标准是农产品的附加值的问题。依据百色市目前农产品在市场上的售价来看，“特色农业”目标短期内是难以实现的。

众所周知，无论是农业还是工业，如果想要有效参与市场竞争并能够长远发展，以下两条发展路径必居其一：一个是走规模经济，大规模生产、大规模销售的路径；另一个是走集中营销，走产量小，附加值高的路径。在大规模生产的条件下能够享受到低生产成本的优势，从而在市场上占据价格优势。进而，价格优势带来大量市场需求，并推动更大规模的生产和销售。而这一切都是以现代化管理手段为保证，以现代化营销手段为支撑的。在产量小且附加值高的条件下，以某个农产品细分市场为目标顾客，精心生产和供应某种无法大规模生产、人工需要量大、质量标准要求高、高价格和高附加值的高档农产品。这种路径的选择和成功需要较强的农业技术支持和较长久的农产品品种改良工作，同时还需要现代化的工商管理团队。从规模化路径角度来看，百色市农业资源不具备这种条件。从产量小且附加值高的路径角度，百色市资源具备这种条件。因为这种高附加值和高价格产生的前提条件是由于地理位置特殊而导致的产量有限，并且产品受人欢迎。例如，西湖龙井，能够出产西湖龙井的地块只有三块。黑龙江牡丹江的响水大米，只有生长在镜泊湖下面地块的大米才具备响水大米的品质，因为这些大米不但要生长在火山岩上，而且需要有高山堰塞湖的湖水来滋养。全国只有两座山能够生长出金藤茶，一个是广西的大瑶山，另一个是湖南的衡山。这两座山常年有雾气围绕，符合金藤茶的生长要求。因此，百色市未来特色农业应该以此为发展方向。同时，从百色市现有的制度环境来看，目前的农业和林业相互分离的制度不支持这种发展路径①，因为这些特色农产品的种植大部分离不开林业提供的种植环境。同时，这些特色农产品的种植需要相当多的水利工程来支持和保证。因此，本研究认为，如果百色市不能够有效地打破农业与林业相互分离的管理制度，依然采用狭义的“农业”概念并以此为观念来指导百色农业发展，那么，百色市农业局提出的“特色”农业目标是难以实现的。

因此，如果没有能够建设和完善以农民土地承包权和经营权相分离为内容的农业生产管理制度，如果没有能够有效地整合目前的林业和农业的管理体制，并且建立以高效农业和林业生产为目标的现代“大农业”的管理制度，百色市的第一产业在短时间内是难以得到快速发展的。

（五）百色市农业生产管理分析

从百色市不同农业产品的生产具体情况来看，不同的农业产品的生产对百色市第一产业增加值的变化有不同的影响和贡献。如图 4 –40 所示。

① 百色市农业和林业相互分离的管理制度是阻碍百色市特色农业发展的重要障碍之一，实施广义的“农业”概念并将百色市农业和林业进行有效整合是发展百色市特色农业的必要条件之一，而非充分条件。

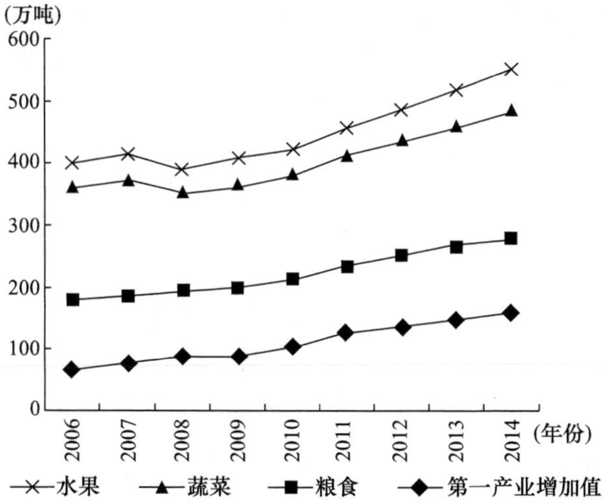

图4-40 2006~2014年百色市第一产业增加值与水果、粮食和蔬菜产量的变化趋势

从图4-40中可以发现，在近10年中，百色市第一产业增加值和百色市粮食的产量有着几乎完全一致的变化趋势。2006~2009年以前，两者的增长趋势几乎完全一致。两者同时以2010年为进一步上升趋势的节点。并且从2010年以后，两者的上升趋势也几乎完全一致。另外，从图4-40中还可以看到，在近年中，百色市的蔬菜和水果的产量有着几乎完全相同的变化趋势。从2011年以后，百色市水果产量的增长速度超过蔬菜产量的增长速度，但即使如此，百色市蔬菜产量的增长速度也快于百色市第一产业的增长速度。同时，从2011年以后，百色市粮食产量的增长速度也高于百色市第一产业的增长速度。这种情况说明，从2011年以后，百色市第一产业中某些农产品产量的增速在下降，而支持百色市第一产业有效增长的主要力量来自百色市的水果产量的增加、蔬菜产量的增加和粮食产量的增加。对于这个结论可以从图4-41中再次体现。

从图4-41中可以观察到，2006~2008年，百色市第一产业增长率基本是平稳且稍有下降趋势。在此期间，百色市的粮食产量的增长率是稳步上升的。百色市的蔬菜和水果产量的增长率是下降的，并且在2008年跌到近10年的最低值。从2008年开始，百色市的蔬菜和水果产量的增长率开始上升，并和粮食产量的增长率一起在2009年到达一个相对高的顶点。然而，同期百色市第一产业产值的增长率并没有什么明显变化。从 2011 年开始，百色市水果和蔬菜的产量增加值不断上升。虽然粮食产量的增长率也处于上升，但增长率却从 2012 年开始下滑。同时，百色市第一产业产值的增长率也从 2013 年开始出现下滑。根据以上分析可以得出结论，导致百色市第一产业产值增长率变化的主要力量是粮食产量的变化，其次才是水果和蔬菜。如果百色市的水果和蔬菜的产量能够进一步扩大，并且保持稳定增长，那么百色市第一产业增长的速度会加快。在百色市所有农业产品中，除了粮食、蔬菜和水果外，油料、烤烟和甘蔗也占有重要地位。如图 4 –42 所示。

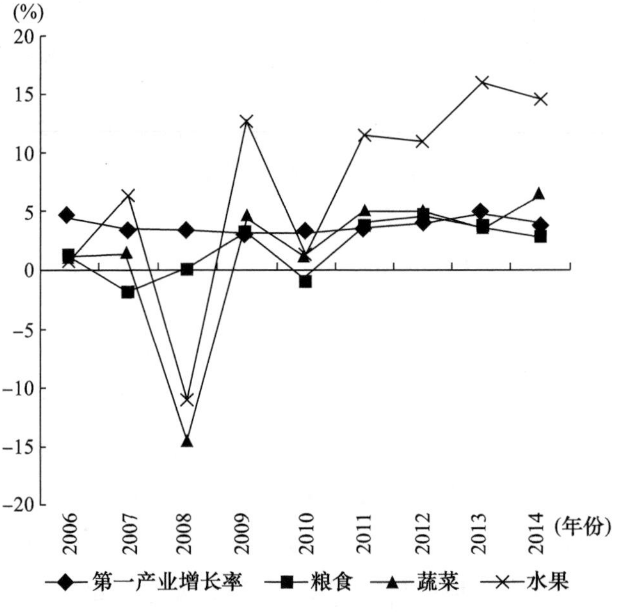

图 4 –41　2006 ~ 2014 年百色市第一产业增长率、粮食、蔬菜和水果产量增长比率的变化趋势

从图 4 –42 中可以看出，2006 ~ 2014 年百色市第一产业产值的增长率变化相对平稳，而油料和烤烟的产量增长率波动却很大。这说明百色市的烤烟和油料的生产占百色市第一产业产值的比重非常小，还不足以对百色市第一产业产值的变化产生太多的影响。

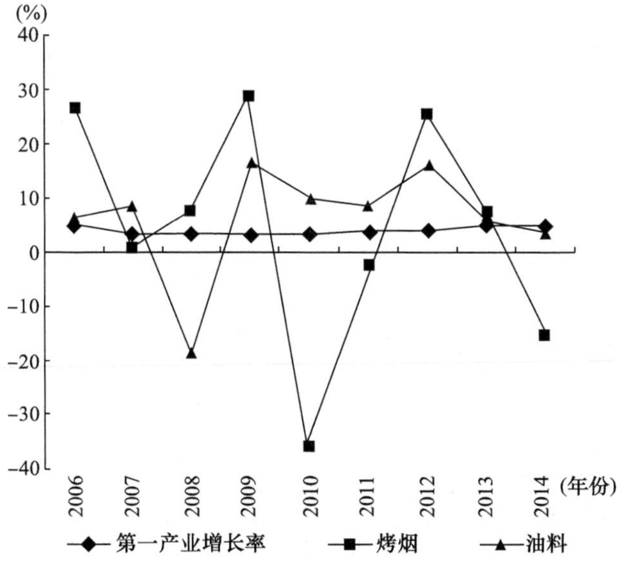

图 4-42　2006~2014 年百色市第一产业增长率、烤烟和油料增长率的变化趋势

从图 4-43 中可以看出，2006~2014 年，百色市甘蔗的产量虽然波动较大，并从 2014 年出现下行的趋势。总体来说，百色市甘蔗的产量还是始终处于上升阶段，并且甘蔗产量的总体变化趋势似乎与百色市第一产业增加值的变化趋势相一致。但是，如果结合图 4-44 分析可以发现，2006~2014 年，百色市甘蔗产量的增长率变化始终处于较大的波动状态，总体上甘蔗产量的增长率却始终处于下行的趋势，并且在 2014 年，甘蔗产量的增长率低于 2006 年的甘蔗产量的增长率。

虽然图 4-42 和图 4-44 都显示出，在 2014 年这个点，百色市烤烟、油料和甘蔗的产量增长率与百色市第一产业产值的增长率都同时显示出下降的趋势，但是，2006~2014 年第一产业产值增长率变化的实际情况来看，烤烟、油料和甘蔗产量的变化对第一产业产值增长率的变化影响还不是很大。

从百色市的畜牧业和水产养殖情况来看，百色市的猪肉、牛肉、羊肉以及水产产量的增长率对百色市第一产业产值增长率的变化有一定影响。具体情况如图 4-45 所示。

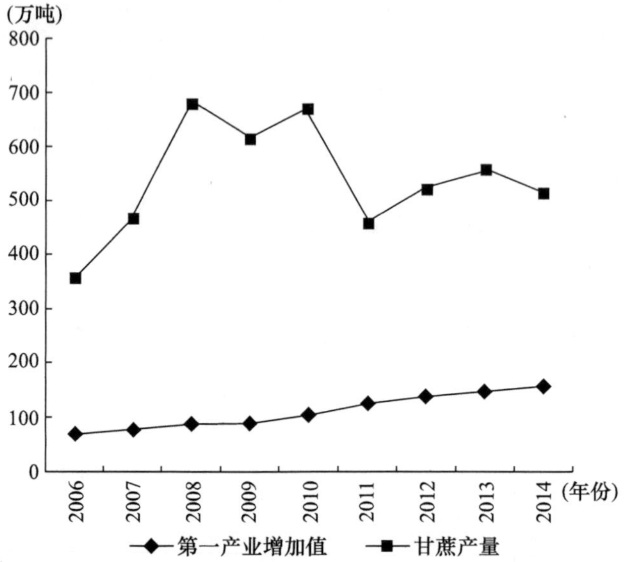

图 4-43　2006~2014 年百色市第一产业增加值和甘蔗产量的变化趋势

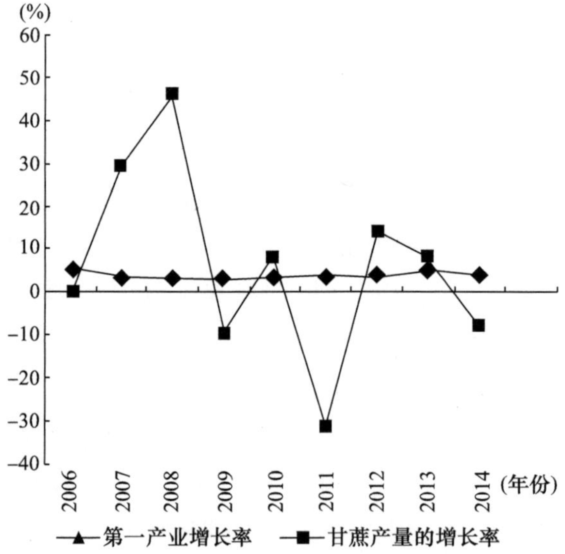

图 4-44　2006~2014 年百色市第一产业增长率和甘蔗产量增长率的变化趋势

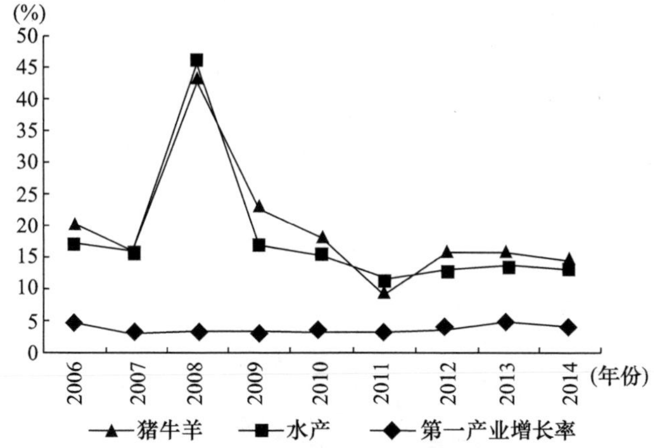

图 4－45　2006～2014 年百色市第一产业产值增长率和猪牛羊产量及水产量增长率的变化趋势

从图 4－45 中可以看到，百色市猪肉、牛肉和羊肉产量和水产产量的增长率在 2006～2011 年的变化很大。然而，这种变化似乎并没有对百色市第一产业产值的增长率产生过多的影响。无论是 2008 年的猪肉、牛肉和羊肉以及水产产量的增长率处于近 10 年的历史最高点，还是 2011 年处于近 10 年的历史最低点，都是如此。但是，通过图 4－45 可以发现，从 2012 年开始，百色市猪牛羊肉产量的增长率和水产产量的增长率似乎与百色市第一产业产值的增长率保持同步增长的趋势，并在 2014 年出现下降的趋势。这说明，随着百色市猪牛羊饲养和水产养殖增长加快，在百色市第一产业中占有的比重会越来越大。

随着对百色市猪牛羊以及水产在近 10 年产量的详细分析后，发现一个有趣的现象。如图 4－46 所示。

从图 4－46 中可以看到，百色市的禽肉产量在近 10 年中波动不大，但总体趋势向上增长。然而，百色市水产产量从 2007 年以后始终处于一个相对高速增长的状态，而同时期百色市猪牛羊肉总产量的增长在逐步放缓，似乎出现水产对猪牛羊肉的替代。不过，这符合人们现在所持有的健康生活理念。

从百色市第一产业的现代化程度来看，百色市第一产业产值的增长趋势与百色市农业机械总动力的变化趋势相似程度极高，而与百色市农田有效灌溉面积的变化趋势完全不相符。具体情况如图 4－47 和图 4－48 所示。

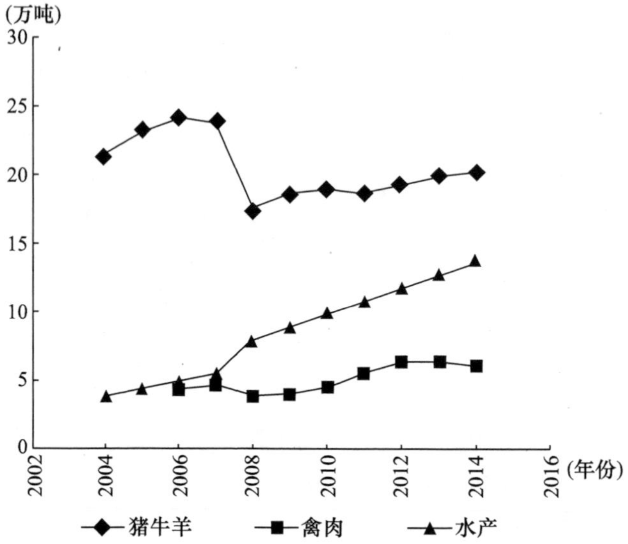

图 4－46　2002～2016 年百色市猪牛羊肉的产量、禽肉的产量和水产产量的变化趋势

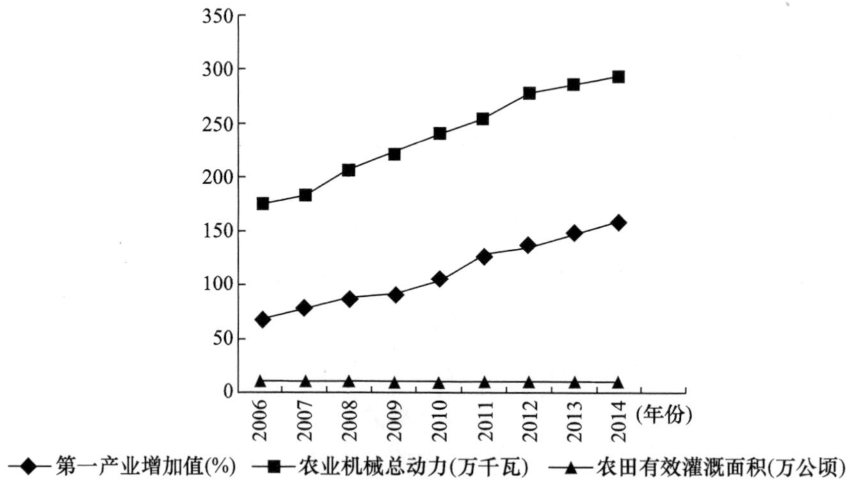

图 4－47　2006～2014 年百色市第一产业增加值、农业机械总动力和农田有效灌溉面积的变化趋势

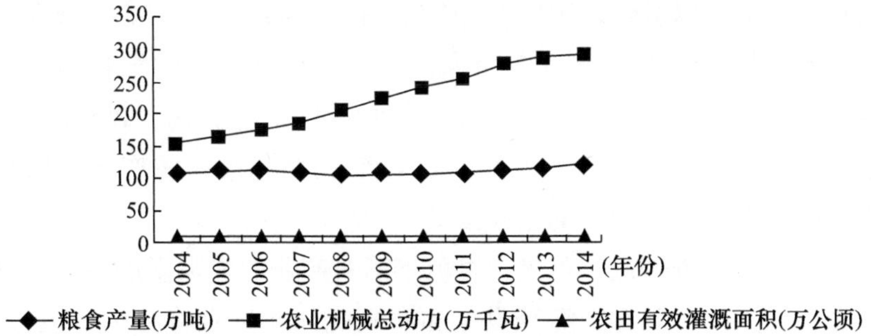

图 4-48　2004～2014 年百色市粮食产量、农业机械总动力和农田有效灌溉面积的变化趋势

从图 4-47 和图 4-48 中可以推断，百色市第一产业的产值变化与百色市农业机械总动力的变化有着极大的相关性。而与百色市农田有效灌溉面积的相关性非常小。这说明两个问题：一个是百色市农业机械总动力与农田有效灌溉面积之间的关系不大；另一个是百色市第一产业产值的增加与百色市农田有效灌溉面积并没有太多关系。而农田有效灌溉面积与粮食的产量密切相关。这种现象说明百色市粮食产量在近 10 年中没有太大的变化，粮食产量的增长对百色市第一产业产值的增长贡献率变得越来越小。如图 4-49 所示。

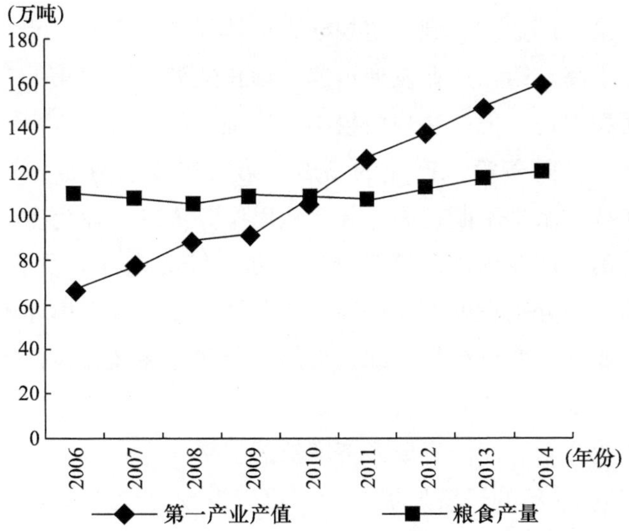

图 4-49　2006～2014 年百色市第一产业产值的变化和粮食产量的变化趋势

从图4-49中可以看到，2010年以前，百色市第一产业产值的增加主要是依赖粮食产量的增长。然而，2010年至今，百色市粮食产量的增长对第一产业产值的增长贡献率变得越来越小，虽然粮食产量的增长对第一产业产值的增长贡献率存在小幅上涨，但粮食产量及其增长已经变成百色市第一产业产值总量的基础，而不是第一产业产值增长的主要推动力。

由此可以得出三个结论；首先，百色市第一产业的未来发展主要推动力来自粮食产量之外。其次，现有的灌溉设施和灌溉统计并没有将特色种植包括在内。最后，特色种植、水产养殖以及猪牛羊的饲养未来需要更多的现代化设备和装备。

综上所述，百色市第一产业中新资本（文化资本、知识资本和社会资本）在量和质上的缺乏是百色市农业发展的资源性“短板”，百色市农村并没有建立并有效实施与农民土地承包权有关的土地流转制度，以及农业和林业相互分离的管理制度是百色市农业发展的制度性“短板”，百色市没有能够以现代工商管理制度和管理经验进行特色农业的种植和养殖是百色市农业发展的管理性“短板”。

四、百色市服务企业分析

（一）分析的目的和原则

考察世界发达国家和地区的经济发展历史后，会发现一个较为普遍的规律，在工业化初期，第一产业发展到一定规模，虽然保持一定的且相对稳定的增长速度，但增长速度不高。第二产业发展迅速，增长速度远高于第一产业。同时，第三产业开始大面积出现，但往往规模较小，管理手段和技术水平较低，经营范围也较为狭窄。然而，随着第二产业的发展，第三产业的劳动分工变得越来越精细，管理水平和技术水平不断提高，并且从以服务第二产业为主，开始转向服务第一产业，推动第一产业内部的劳动分工不断向精细化方向发展。在此过程中，第三产业内部的劳动分工程度不断提高，产业规模和企业规模在不断扩大。随着第三产业内部专业分工变得更加精细、更加复杂和更加高级化，第三产业开始引领和带动第一产业及第二产业的发展。第一产业和第二产业逐渐演变成经济增长的基础，第三产业开始逐渐演变成经济增长的引擎。

回顾百色市近10年的经济发展过程，可以发现百色市正在遵从这种发展规律。首先，占百色市第一产业产值主要部分的粮食产量在近10年中几乎没有太大变化，推动百色市第一产业产值增长的力量主要来自蔬菜和水果等作物，以及畜牧养殖和水产养殖等，这说明百色市第一产业的内部分工已经达到一定高度。其次，通过图4－19、图4－20、图4－21和图4－22可以看出，百色市在近10年中对第三产业的投资在不断增长，充分说明百色市对第三产业在经济发展中的作用有着清醒的认识。然而，百色市第三产业的投资效率（ICOR）比较低，对百色市GDP增长的贡献率也不高。[①] 尤其是将图4－1和图4－9放在一起进行对比时会发现，在近10年中，百色市第三产业投资增量远高于对第一产业和第二产业的投资，而第三产业的增加值却远小于第二产业增加值，但略高于第一产业增加值。这个事实说明，百色市对第三产业加大投资的决策没有错误，但在投资策略和投资运营方面出现失误。最后，百色市在近10年中不断加大对第三产业的管理和指导，努力使第三产业中的企业提高运行规模和运行效率。这说明百色市将第三产业看作未来经济增长的主要动力的观点没有错误，但这种以政府指导代替政府引导、对规模以上服务企业进行重点帮扶的做法却违背了市场运行规律，降低了百色市第三产业投资的长远利益。可以说，百色市第三产业投资效率低下是百色市第三产业健康发展的“短板”，如果这个“短板”不能够补齐，那么，百色市第三产业在不久的未来会成为阻碍百色市整体经济高效发展的“短板”。

综上所述，要想有效去除百色市第三产业发展的“短板”，需要从第三产业的投资重点、制度与结构和企业管理三个角度进行。

（二）百色市第三产业的投资分析[②]

截至2013年，百色市第三产业活动单位有20251家，有执照的个体经营户

---

① 有经济实践工作者和统计从业者对本研究的判断“百色市第三产业投资效率过低”持不同意见。认为“百色市第三产业投资中包含道路投资和房地产投资”，这两类投资没有与第三产业投资分开，所以导致百色市第三产业投资额过高，并进而导致百色市第三产业投资效率低下。本研究认为，这些观点不科学。如果百色市的道路投资和房地产投资效率高，那么，道路投资和房地产投资是否被划归到第三产业投资中是无所谓的，不会对第三产业投资效率产生不好的影响。相反，如果百色市的道路投资和房地产投资的效果差，那么，划归到百色市第三产业投资中一定会对第三产业投资效率的评估有不好的影响。可是，如果从统计上单独划出一个“道路与房地产投资”板块，那么，这个板块必然是投资效率低的板块，也一定会对百色市整体的固定资产投资效率起到不好的作用。究其根本，任何投资都要考虑投入产出比的问题。无论是国家的财政账户、百色市的财政账户，还是企业的账户，起码都要保持正常的收支平衡，如果支出长时间大于收入，那么这个账户早晚要关闭。的确，对于道路投资的确不好核算，但是，“区域授信”和“项目包”概念的提出就是为了解决这个问题的。无论投资什么，最终必须要达到收入大于产出的标准。道路投资可以不好核算，但是，因道路而带来的其他投资应该是可以核算的。如果都不可以核算，或者难以核算，那么，该项投资一定不是以经济目的为主的投资。否则，任何以经济目的为主的投资都是可以核算的。

② 资料来源：《百色市第三次全国经济普查主要数据》和百色市发改委。

有 117896 家。可以说，相对百色市的人口规模和 GDP 的具体数值，百色的第三产业拥有的经济个体数量是足够的。关于百色市第三产业中经济个体的规模和质量可以从表 4－28 中清楚地看到。

表 4－28　2013 年按行业分组的法人单位和有证照个体经营户的数量分布

	法人单位（个）	有证照个体经营户（户）
合　计	15671	120166
采矿业	286	72
制造业	1227	2056
电力、热力、燃气及水的生产和供应业	203	4
建筑业	221	138
批发和零售业	3416	43637
交通运输、仓储和邮政业	214	62455
住宿和餐饮业	234	5776
信息传输、软件和信息技术服务业	44	89
金融业	51	0
房地产业	338	3
租赁和商务服务业	970	494
科学研究和技术服务业	161	182
水利、环境和公共设施管理业	222	0
居民服务、修理和其他服务业	215	4481
教育	906	254
卫生和社会工作	654	386
文化、体育和娱乐业	510	131
公共管理、社会保障和社会组织	5104	0

注：表中法人单位合计数含从事农、林、牧、渔服务业和兼营第二、第三产业活动的农、林、牧、渔业法人单位 143 个；有证照个体经营户合计数含从事农、林、牧、渔服务业活动的个体经营户 8 个。

通过表 4－28 可以看到，百色市在第三产业上的投资是存在问题的。百色市电力、热力、燃气及水的生产和供应的企业数量过多。这些企业的效益增长途径是规模经济，因此，这类企业数量不能过多。如果企业数量过多，这些企业就会失去规模效应，导致成本过高，并直接损害市民的利益。例如，百色市的居民用电价格和用燃气价格，以及用水价格都高于大部分国内其他城市。根据百色市采矿业和制造业的数量，百色市的租赁和商务服务企业的数量过多。这一比例失调的直接后果是这些租赁和商务服务企业会出现价格竞争，并直接导致服务质量下降和服务品种减少。另外，根据百色市内部行政划分、地理地貌特征以及百色市当地出产的物产种类和结构看，百色市的科学研究和技术服务企业的数量过少。根据百色市从事批发和零售业的经济个体数量看，百色市目前的批发和零售业的连锁经营程度特别低，互联网应用的程度也特别低。例如，百色市最大的环球百货的商品售价始终高于互联网售价，百色市小型服装店铺的商品远远高于互联上的售价。关于这一点，通过信息传输、软件和信息技术服务中运行的经济个体的数量（44 家）也可以得到印证。换句话说，如果百色市的批发和零售企业的连锁经营化程度和互联网应用程度高，这些企业采用互联网来管理自己的企业进货和销售的话，百色市批发和零售的法人企业数量就不会有这么多，同时，信息传输、软件和信息技术服务企业的数量也不会这么少。

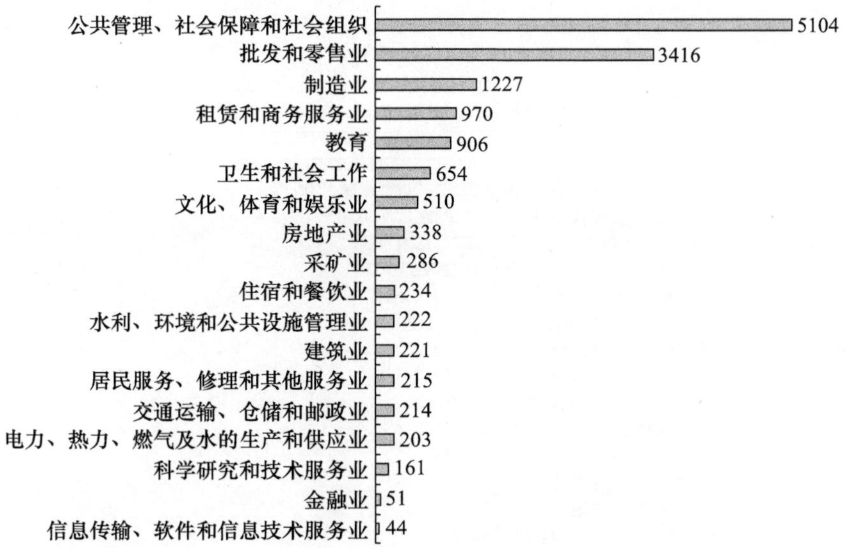

图 4－50　2013 年百色市从事不同行业的法人单位数量（个）

从图 4－50 中也可以看出一些问题。图 4－50 显示，百色市从事信息传输、软件和信息技术服务企业只有 44 家，这与互联网时代的经济背景相差较大。同时，百色市的交通运输、仓储和邮政业具有法人资格的企业共 214 家。在交通运输、仓储和邮政业中企业发展依靠的是网络和节点布局，因此 214 家具有法人资格的企业数量表明百色市的交通运输、仓储和邮政业企业数量过多，这不但会导致这些行业内的企业无法健康发展，而且还会导致服务质量的下降。例如，在百色市快递不送货上门成为一种潜规则，如果顾客要求快递员送货上门，那么快递员就会向上报单称顾客联系不上，然后将货物退回。如果有顾客投诉，快递公司的顾客投诉处理人也会说明“百色市快递不送货上门”。另外，百色市的房地产业的数量过多。房地产数量过多的直接后果就是在大片区规划难以实施的同时，百色市的建筑质量也不会有太大的保证。例如，百色市出现停建和购房者集体退房事件不在少数。因此，百色市必须调整第三产业的投资重点和投资策略。否则，百色市第三产业的发展将会是困难的，第三产业中的企业想要做大做强是不可能的。因为这些企业不但数量众多，而且彼此竞争的唯一手段是价格竞争。价格竞争直接导致这些第三产业中的企业难以进行新服务和新产品的研发，难以聘到高水平的职业经理人。关于本研究的这个判断，可以从图 4－51 和图 4－52 中得到证实。

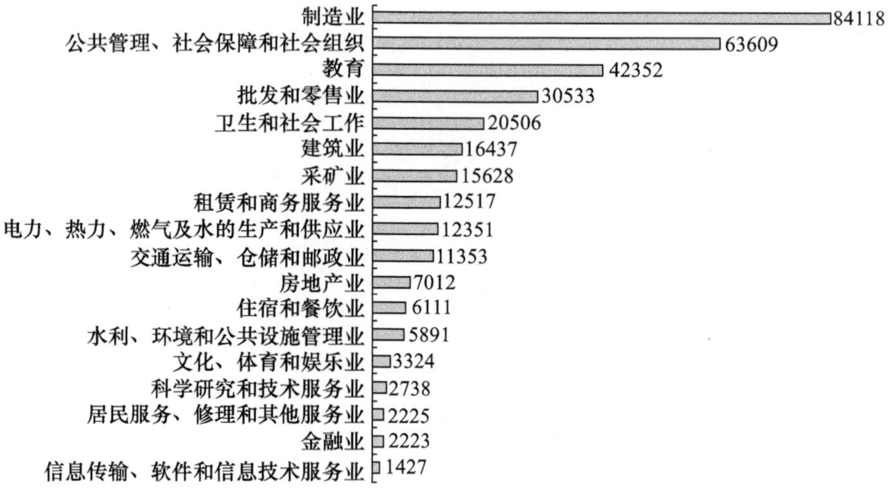

图 4－51　2013 年百色市不同行业法人单位安置的劳动力数量分布（人）

从图 4－51 中可以发现四个问题。

首先，百色市的信息传输、软件和信息技术服务行业安置的劳动力人数太少。[1] 而这些行业恰恰属于非常有发展前景的服务业，也是能够引领制造业、第一产业以及第三产业中其他行业发展的行业。但是，与2008年相比，信息传输、软件和信息技术企业的法人单位数量下降了77.6%，从业人员下降了66.2%，资产下降了24%。说明百色市的信息传输、软件和信息技术企业的数量和人员都在下降，总之，投资在下降。在互联网时代的今天，这种现象对于百色市经济来说不是什么好事。

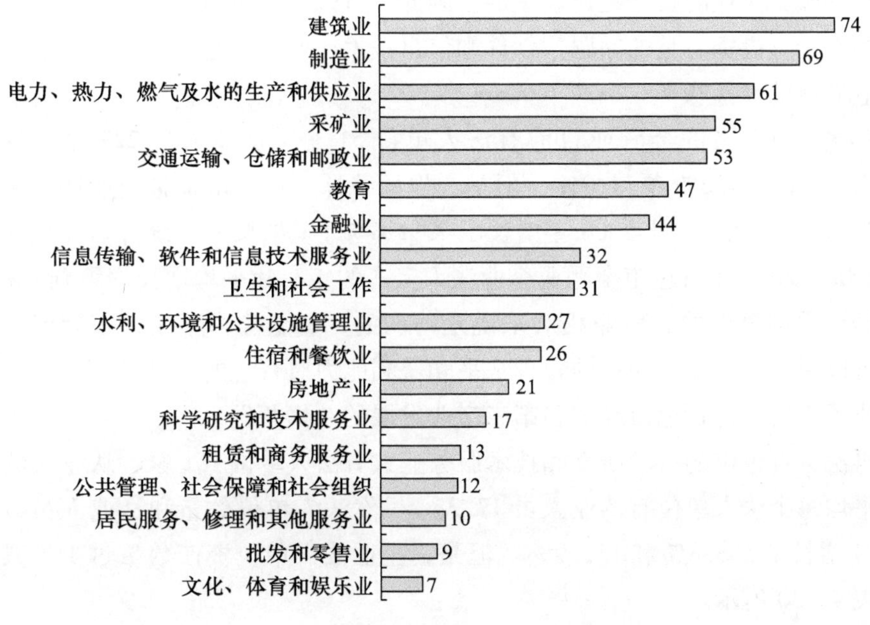

图4－52　2013年百色市不同行业法人单位平均安置的劳动力数量（人）

从图4－52中可以明确看到，百色市的信息传输、软件和信息技术服务企业平均从业人员为32人。这个统计方法包括了电视台、广播电台、联通和移动等单位。这样算下来，真正在从事信息处理和软件企业工作的人员就少之又少。另外，通过经济数据普查得到的百色市信息传输、软件和信息技术行业的法人单位资产情况，如表4－29所示。

① 这当中还包括广播电视和联通等单位。

表4-29　2013年百色市信息传输、软件和信息技术服务企业法人单位资产统计

	企业法人单位资产总计（亿元）
电信、广播电视和卫星传输服务	16.69
互联网和相关服务	0.03
软件和信息技术服务业	0.17
合计	16.89

通过表4-29可以看出，在百色市真正从事互联网相关服务的企业和软件及信息技术服务企业的资产是比较少的。因此，可以说百色市在软件和信息技术产业上存在严重投资不足的问题。软件和信息技术产业薄弱是阻碍百色市经济和第三产业发展的"短板"。

其次，百色市的金融业目前有法人单位51个，从业人员223个。分别比2008年下降了34.2%和51.9%，但是，根据统计，百色市金融企业法人单位总资产为901.51亿元，比2008年增长了339.89%。①如果按照统计对象调整后计算，2008~2013年百色市金融业企业法人资产的年实际平均增长率不到9%。这些数据说明百色市的金融业相对来说是薄弱的，资金实力不足，获利能力比较弱，可以说，百色市金融业的管理水平和获利能力对百色的经济及第三产业的发展构成了阻碍，是百色市经济和第三产业发展的"短板"。

再次，百色市的科学研究和技术服务业共有法人单位161家，从业人员1738人，平均每个法人单位有从业人员17人。虽然法人单位数量和从业人员分别比2008年增长了103.8%和138.9%。但是，企业法人单位资产数量过少，具体情况如表4-30所示。

表4-30　2013年百色市科学研究和技术服务业法人单位资产　单位：亿元

	企业法人单位资产总计
研究和试验发展	0.25
专业技术服务业	3.77
科技推广和应用服务业	0.46
合计	4.48

① 如果将CPI按8%增长计算，百色市金融企业法人单位总共实际比2008年增长了290.50%。如果将房地产、医疗和教育价格的变化统计考虑到CPI的计算中，那么，相比2008年实际增长了44.78%。

考虑到百色市企业数量和经营内容、百色市第一产业出产物的种类和数量以及百色市特殊的地理地貌特征等，这些科学研究和技术服务业的企业数量、从业人员和单位资产总量无论如何都是不够的，这些方面的不足影响了百色市 GDP 的质量和数量的提高，严重阻碍了百色市整体经济和第三产业的发展，是百色市整体经济和第三产业发展的“短板”。

最后，2013 年末，百色市共有教育法人单位 906 个。其中，行政事业及非企业法人单位 805 个，教育从业人员 42352 人。其中，行政事业及非企业法人单位 40865 人。总体平均每个教育单位有从业人员 47 人。同时，2013 年末，教育企业法人单位资产总计 1.61 亿元，平均指标为 159.41 万元/法人单位，10.83 万元/人。行政事业及非法人单位资产总计为 47.47 亿元，平均指标为 58.97 万元/非法人单位及行政事业单位 1.16 万/人。相比较中国其他发达地区和城市的资产情况及教育规模，百色市的教育规模和资产数量处于严重不足状态。考虑到百色市特别炎热的气候，仅空调机的花费将耗费这些教育单位相当比例的固定资产份额。如果再考虑到电脑等其他必要的教学设备和设施的花费，那么，可以计算出来这些教育单位的设施情况将会有多么糟糕。这么糟糕的教学设施是难以吸引高水平人才来百色从事教育工作。可以说，糟糕的教育教学设施 + 水平不高的教育工作者 = 水平更加糟糕的学生 = 低素质的劳动力 = 低质量、高价格的产品 = 产能严重过剩。在这种教学条件下，可以推断百色市的成人教育、职业教育和职业培训的质量是难以满足百色市各行各业发展的需要。因此，百色市教育严重投入不足，合格师资严重缺乏，以及优秀学者和专家的缺乏是百色市整体经济发展和第三产业发展的“短板”。

总之，百色市近 10 年中在第三产业的投资重点和投资后的运营管理上出现的失误导致百色市第三产业普遍存在有形资源和无形资源的投入比例失调，老资本投入过多，新资本（社会资本、文化资本和知识资本）投入过少，并最终导致新资本的存量和质量都不足以支撑百色市第三产业健康有序的发展。

（三）百色市第三产业的制度与结构分析

从表 4－28 中可以看到，截至 2013 年末，百色市个体工商户的数量达到了 120166 个，其中从事第三产业的有 117896 个，占到个体工商户总数的 98.1%。总从业人数为 279016 人，从图 4－53 中可以看到，百色市第三产业中企业的规模普遍偏小，大部分服务业务集中到批发业和零售业、交通业、仓储业、邮政业、住宿业、餐饮业、居民服务业、修理业以及其他服务业上。如图 4－54 所示。

图 4－53　2013 年百色市不同行业的有证照个体工商户从业人员的数量分布（人）

图 4－54　2013 年百色市有证照个体户从业人员数量占法人单位从业人员数量的比例分布（%）

可以说，这些行业都是劳动力密集型行业，从业人员职业素养低，缺乏相关的技术技能和技巧，服务质量较差、服务品种单一，服务企业之间往往以恶性价格竞争为唯一竞争手段，行业进入壁垒低，退出壁垒也低，企业生存很不稳定，员工流失率非常大。有证照的个体工商户安置劳动力的平均数量为 2 人，具体行业平均数如图 4－55 所示。

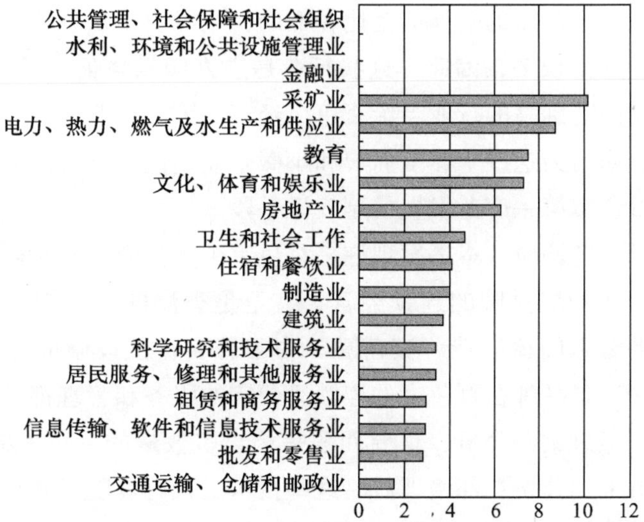

图 4－55　2013 年百色市不同行业的有证照个体户平均安置劳动力的数量分布（人）

从这些数据中可以发现三个方面的问题：

首先，百色市有证照个体户从业人员数量占到有法人资格企业从业人员总数的 79.55%，占到总从业人口的 44.30%。考虑到统计口径问题，可以从小微企业角度再确认一次。截至 2013 年，百色市小微企业（第二产业和第三产业）共有法人单位 7638 个，占全部企业法人单位数量的 95.9%。从业人员有 122060 人，占全部法人单位从业人员的 58.7%，占全部从业人员（法人单位和有证照个体户的从业人员）的 19.38%。可以说，百色市有证照的个体工商户从业人员数量占全体从业人员数量的比例和小微企业从业人员数量占全体从业人员数量的比例之和为 63.68%，相对发达地区而言这个比例还是比较低的。总之，百色市有证照的个体工商户平均从业人员为 2 人，小微企业平均从业人员为 15.98 人，其他稍大企业平均从业人员为 28.47 人。可以说，是百色市第三产业的结构不合理，以及相关管理制度缺乏共同导致第三产业目前格局的出现。因此，是否能够迅速建立起促使百色市第三产业有效发展的相关制度和政策，引导和扶持第三产业中的企业向高技术含量和高附加值的方向发展，改变百色市个体工商户不稳定、小微企业规模过小以及大企业总体规模偏小的局面，是百色市第三产业得以健康和快速发展的重要先决条件。

其次，从这些个体工商户和小微企业的具体经营内容看，大部分从事的都是低端服务。这些服务产品的附加值是比较低的，同时由于从事这类经营的个体工商户和小微企业数量众多，因此，这些行业是进入门槛较低，退出也比较容易。然而，这些流动性特别高的行业会给百色市经济、第三产业发展以及社会稳定带来影响。因此，如何为这些个体工商户和小微企业提供经营管理以及技术指导的问题成为促进百色市第一产业发展的制度性手段。

最后，通过市场调研，本书发现许多百色市个体工商户和小微企业确实成功加盟中国国内一些知名品牌的连锁经营，甚至是香港的一些知名品牌的连锁经营。例如，香港著名门窗制造厂安博瑞、中国著名盥洗设施成套生产厂九牧王等。然而，这些知名品牌在百色市的连锁经营店的服务和管理都距离这些企业的要求相差甚远。经过调研分析，重要问题是相当多数量的百色人缺乏敬业精神。在公司送这些员工到公司总部培训后，这些技术工人可以随时随地跳槽走人，或者要求老板无故给他们加薪，否则就不好好工作。这些企业小老板投诉无门，只有将这些成本转嫁到顾客身上。因此，缺乏支持个体工商户和小微企业严格内部管理、认真服务顾客、将讲信誉和信任作为经营企业准则的制度。尤其是相关执法成本高，是导致个体工商户和小微企业难以建立有效内部管理和市场诚信的主要原因。因此，能否有效地降低与服务质量相关的执法成本，提高与服务质量相关的执法效率，完善产品和服务质量的投诉机制和处理程序，大幅度调高商业活动中败德行为的成本是保证百色市经济以及第三产业优质高效发展的基础。

（四）百色市第三产业的企业管理分析①

根据百色市对第三产业中100家规模以上服务企业营业收入情况的统计数据显示，在2016年1～3月，营业收入下降的行业比较多，上升的比较少，具体情况如图4－56所示。这些营业收入下降企业大多数属于劳动力密集型行业。

① 资料来源：百色市发改委和百色市工信委。

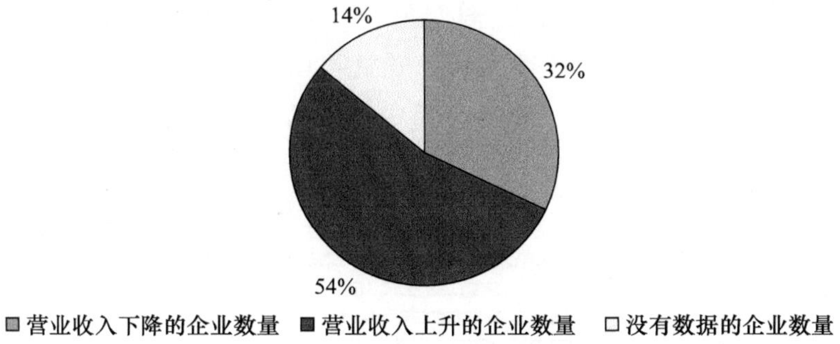

图 4－56　2016 年 1～3 月百色市 100 家规模以上服务企业数量统计

同时，百色市统计部门又以分布在百色市 15 个服务行业中的 100 家规模以上的服务企业为统计对象，对这 100 家规模以上的服务企业在 2016 年 1～3 月的具体经营状况进行统计调查。具体情况如图 4－57 所示。

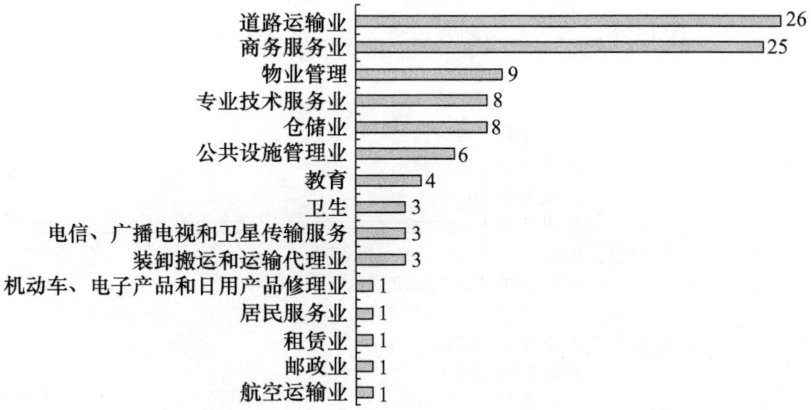

图 4－57　2016 年 1～3 月百色市 100 家规模以上服务企业在 15 个服务行业中的数量分布情况统计（个）

从图 4－57 中可以看出，这些规模以上的服务企业绝大部分集中在道路运输、商务服务和物业管理行业中。由于没有商务服务企业的详细数据，在此不便对这 25 家商务服务企业的经营内容进行评价。结合图 4－58 可以看出，这些商务服务企业经营水平不高，连基本的有关营业收入情况的统计数据都没有。这种情况出现的原因只有两个：一个是平时经营管理混乱，没有具体企业绩效考评；另一个是企业已经无法给出像样的数据。由此可以推断这些商务服务企业基本上是低端经营的企业。从对图 4-59 的分析中也可以得出类似的判断。

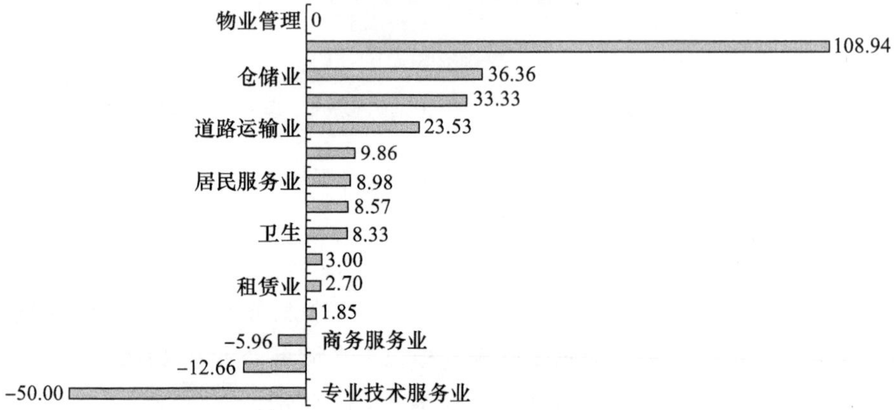

图 4-58　2016 年 1~3 月百色市 100 家规模以上服务企业在 15 个服务行业中的营业收入变动情况的统计（%）

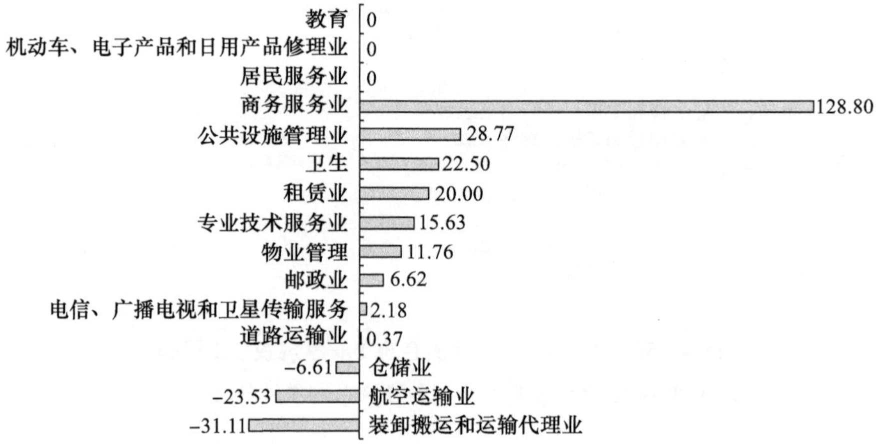

图 4-59　2016 年 1~3 月百色市 100 家规模以上服务企业在 15 个服务行业中的营业成本变动情况的统计（%）

因为通过图4－59可以看出，百色市商务服务企业的营业成本上涨的幅度最大，高达128.80%。这充分说明商务服务行业中的企业基本上是劳动力密集型和原材料消耗型的服务企业，而不是那些以高技术和高附加值服务及产品为经营内容的企业，同时有着严格的管理意识和创新精神。因此，不会太好。

通过图4－60和图4－61可以看出，53%的行业没有自己销售费用变动情况的统计，这说明这些企业根本没有市场意识和服务意识，对顾客偏好是否被满足漠不关心。同时，67%的行业没有财务费用变化数据。可以说，资金成本在经营中似乎一点儿都不重要。

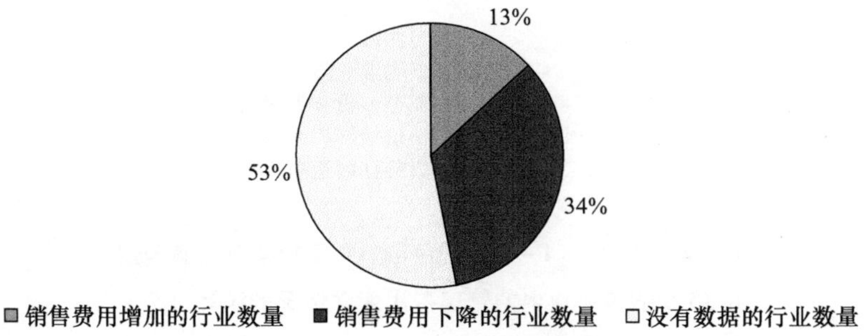

图4－60　2016年1～3月百色市100家规模以上服务企业在15个服务行业中的销售费用变动统计

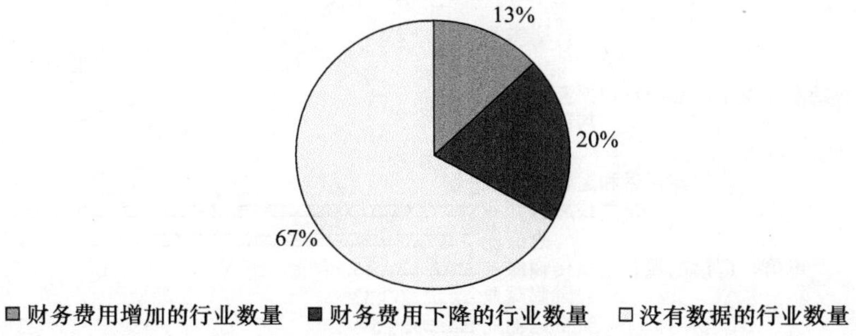

图4－61　2016年1～3月百色市100家规模以上服务企业在15个服务行业中的管理费用变动统计

通过图4－62可以看出，商务服务企业等四个行业管理成本在迅速增加。结合图4－58可以看出这四个行业都是营业收入增加的行业。尤其是商务服务行业增长了108.94%的事实，可以推断这些行业是依靠价格战来获得营业收入增长的。

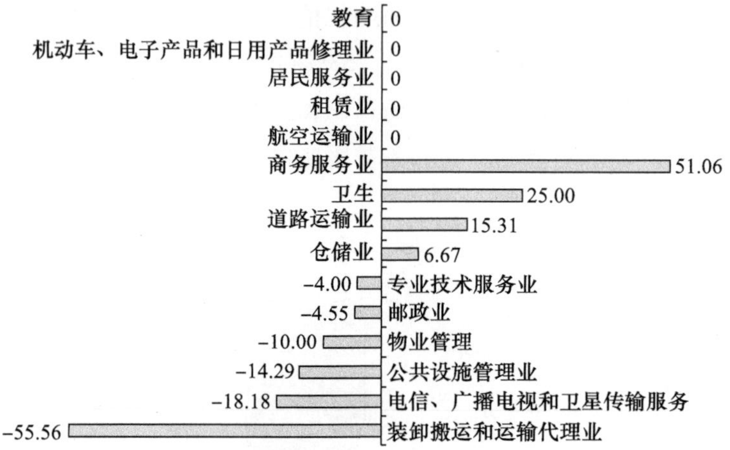

图4-62　2016年1~3月百色市100家规模以上服务企业在15个服务行业中的管理费用变动情况的统计（%）

图4-63同时显示商务服务行业的利润总额下降了28.57%。由此可以想象百色市的商务服务企业的服务质量、服务水平、管理水平和创新程度是比较低的。

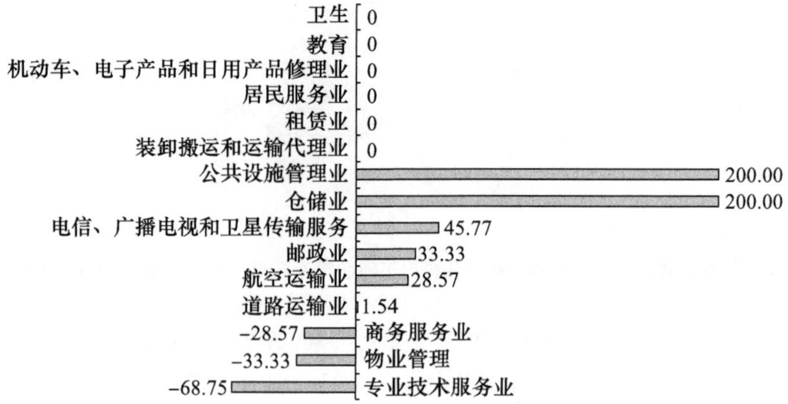

图4-63　2016年1~3月百色市100家规模以上服务企业在15个服务行业中的利润总额变动情况的统计（%）

图 4－64 又显示商务服务企业的从业人员数量比上年同期增加了 46.33%，再一次证明了“百色市第三产业的管理水平、服务质量、创新程度和获利能力比较低”的结论。对于这个结论，还可以通过具体事例分析来更进一步证实。例如，百色市商务服务行业的营业收入在 2016 年 1～3 月比 2015 年同期增长了 108.94%，营业成本增加了 128.80%，销售费用下降了 41.67%，管理费用增加 51.06%，税金没有，财务费用增加 133.3%，营业利润下降 50%，利润总额下降 28.57%，人员增加 46.33%。可以说，百色市商务服务企业在同期营业收入增加 1 倍多时，营业成本随之上升 1 倍多，并超过营业收入上升的幅度。如果排除百色市服务企业为了逃避相应的税收责任，同时百色市税务机关监管不严格的前提条件下，对于这种现象只有一种解释，那就是百色市服务企业经营管理水平非常低。服务企业内部根本就没有建立相应的财务制度和成本控制制度。特别是财务费用增加 133.3%，说明这些扩大营业收入的服务企业在资金方面存在问题，融资的成本相对比较高。这种现象说明百色市服务企业的融资环境是非常恶劣的。人员增加 46.33% 表明这些企业的员工素质比较低，因为高素质的人才在短时间内是难以聘到的。由此推断百色市第三产业的管理水平、服务质量、创新程度和获利能力都是比较低的。

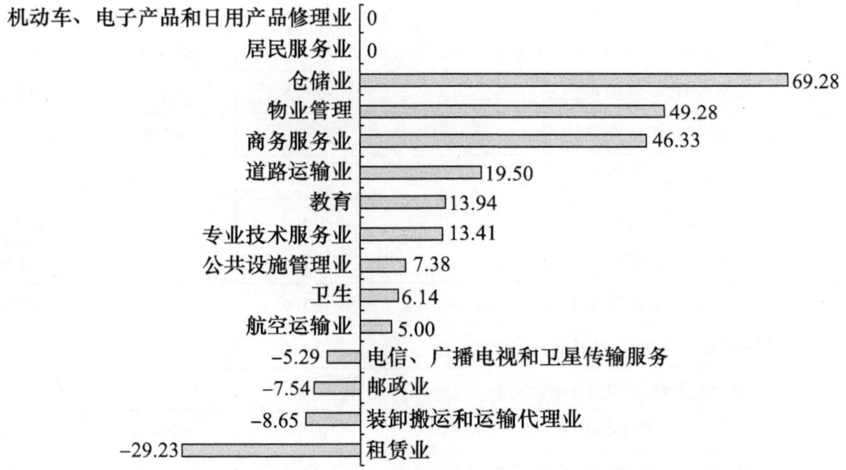

图 4－64　2016 年 1～3 月百色市 100 家规模以上服务企业在 15 个服务行业中的从业人员变动情况的统计（%）

表4－31是统计部门对百色市2015年100家规模以上服务企业的经营状况进行统计的结果。

表4－31　2015年百色市100家规模以上服务企业经营状况统计

	单位详细名称	营业收入同比增长（%）	营业成本同比增长（%）	销售费用同比增长（%）
1	百色百欣物业服务有限公司	－2.8	2.4	#DIV/0!
2	百色市环美物业服务有限责任公司	－43.3	#DIV/0!	－44.6
3	百色市矿产开发投资有限公司	－96.1	－100.0	#DIV/0!
4	广西平果华嘉兴物流有限责任公司	6.5	18.3	#DIV/0!
5	百色市邮政局	10.0	6.9	#DIV/0!
6	田东县宝运物业服务有限公司	－27.6	－86.0	－12.4
7	广西百色银海物流有限责任公司	70.3	76.6	#DIV/0!
8	广西百色驰程鑫鸿物流有限责任公司	7.9	－92.5	#DIV/0!
9	平果县储备粮管理公司	－2.8	－32.6	－27.2
10	田东运德物流有限公司	－51.7	－51.5	#DIV/0!
11	靖西县亿星汽车出租有限责任公司	－34.5	－47.2	－29.8
12	田东县市场开发服务中心	18.7	27.1	#DIV/0!
13	平果铝神通达物流有限公司	10.6	－5.2	#DIV/0!
14	田阳县华鑫同人劳务服务有限责任公司	0.1	#DIV/0!	－100.0
15	广西超大运输集团田东物流有限公司	－55.8	－48.4	#DIV/0!
16	广西建通工程咨询有限责任公司	27.3	92.5	627.3
17	田阳明颖公交汽车有限公司	－5.6	－55.8	0.0
18	平果县新龙公共汽车运输有限公司	－23.3	0.7	#DIV/0!
19	广西建信工程设计有限公司	－17.6	4.8	#DIV/0!
20	田阳县金大地物流有限责任公司	－33.6	－57.0	#DIV/0!
21	田东县富东物流有限责任公司	－14.6	－5.4	#DIV/0!
22	田阳金盾保安服务有限公司	1.1	#DIV/0!	1.4
23	中国电信股份有限公司百色分公司	0.5	－19.4	－22.3
24	广西壮族自治区粮食局田东粮食储备库	－44.1	－45.1	－50.1
25	广西信发物流有限公司	15.7	16.4	#DIV/0!
26	百色市足之乐浴足中心	－38.1	－11.1	－42.9
27	广西凌云古洲府茶文化旅游有限公司	－7.9	－16.0	－100.0

续表

	单位详细名称	营业收入同比增长（%）	营业成本同比增长（%）	销售费用同比增长（%）
28	百色市龙和大王岭旅游开发有限公司	20.8	-14.9	-17.6
29	田东县保安服务有限责任公司	8.2	100.0	#DIV/0!
30	百色市航运公司	97.0	49.4	#DIV/0!
31	百色新山开发投资有限责任公司	151.8	405.4	#DIV/0!
32	广西机场管理集团百色机场有限责任公司	40.4	-21.5	#DIV/0!
33	广西通灵大峡谷旅游有限责任公司	47.9	11.5	-7.3
34	平果县粮食购销有限责任公司	-11.0	-17.3	131.6
35	平果铝建设监理有限公司	0.8	-15.8	#DIV/0!
36	平果县第二汽车运输有限责任公司	0.4	1.2	#DIV/0!
37	田东县储备粮管理公司	-30.5	-34.1	14.6
38	平果新华装卸有限责任公司	0.8	-28.8	#DIV/0!
39	广西田阳农副产品综合批发市场	-35.5	#DIV/0!	21.5
40	广西百色市保安服务有限责任公司	9.1	7.4	50.0
41	平果永宸农贸旅游开发有限公司	35.5	39.8	-38.6
42	广西江河资产管理有限公司	10.2	12.2	#DIV/0!
43	田东八通运输有限公司	-17.6	-12.4	-23.6
44	中国移动通信集团广西有限公司百色分公司	5.2	14.2	-13.1
45	广西德保县易佳通商贸有限责任公司	10.0	2.3	#DIV/0!
46	田林县永生机动车驾驶员培训有限责任公司	24.7	-8.0	1444.4
47	百色市综合规划设计院	-18.3	-18.7	#DIV/0!
48	广西百色大同国家粮食储备库	431.0	725.0	-25.6
49	田林县市场开发服务中心	10.6	5.7	#DIV/0!
50	广西隆泰工程咨询有限公司	-9.8	-43.0	42.1
51	中央储备粮平果直属库	2.9	-15.9	89.4
52	广西百色市金旺物业服务有限公司	6.6	8.7	#DIV/0!
53	百色瑞凯物业服务有限责任公司	86.0	41.1	#DIV/0!
54	广西田东农工贸有限责任公司	37.7	261.4	-1.5
55	中国联合网络通信有限公司百色市分公司	0.0	20.7	4.5

续表

	单位详细名称	营业收入同比增长（%）	营业成本同比增长（%）	销售费用同比增长（%）
56	广西百色动盈物流有限责任公司	7.4	6.2	#DIV/0!
57	西林县市场开发服务中心	-4.7	#DIV/0!	#DIV/0!
58	靖西县农林铝土矿运输有限责任公司	-2.6	-0.6	#DIV/0!
59	平果铝永昌服务有限公司	13.7	15.6	#DIV/0!
60	靖西县古龙山峡谷群生态旅游开发有限责任公司	71.2	16.0	99.8
61	平果富升运输有限公司	3.5	2.4	#DIV/0!
62	广西驰程顺威汽车运输有限责任公司	23.6	771.7	0.0
63	德保光明单采血浆有限公司	23.4	21.5	#DIV/0!
64	田阳县市场开发服务中心	47.9	-32.6	#DIV/0!
65	百色市驰程小物流零担快运有限责任公司	55.8	-50.0	-1.4
66	平果县保安服务公司	19.3	#DIV/0!	#DIV/0!
67	平果县市场开发服务中心	17.1	5.7	-45.2
68	百色市鼎诚公交有限公司	5.7	15.8	#DIV/0!
69	广西驰程交通驾驶员培训有限责任公司	-27.4	-9.7	#DIV/0!
70	广西交通投资集团百色高速公路运营有限公司	8.4	13.5	-56.5
71	广西铭玉物业有限公司	131.3	#DIV/0!	22.4
72	西林县苗苗幼儿园	4.9	8.2	#DIV/0!
73	田阳县恒顺食品有限责任公司	8.7	#DIV/0!	#DIV/0!
74	平果县名兴公共汽车有限责任公司	-10.8	22.7	80.4
75	广西鑫泰物流有限责任公司	3.7	1105.3	#DIV/0!
76	百色市工业投资有限公司	37.1	#DIV/0!	#DIV/0!
77	平果光明单采血浆有限公司	24.9	23.9	#DIV/0!
78	田阳光明单采血浆有限公司	23.7	21.5	#DIV/0!
79	田林县广源机动车驾驶员培训有限公司	56.6	32.3	#DIV/0!
80	广西龙江物业服务有限公司	9.0	21.4	#DIV/0!
81	广西驰程汽车运输有限责任公司	-5.8	-9.8	20.3
82	田阳县永佳装卸有限公司	15.0	29.6	#DIV/0!
83	田阳县田州古城物业服务有限公司	151.8	170.3	#DIV/0!
84	广西那坡联众物流有限公司	-50.8	#DIV/0!	-68.2
85	广西乐业大石围旅游发展有限公司	8.3	-15.1	-18.3

续表

	单位详细名称	营业收入同比增长（%）	营业成本同比增长（%）	销售费用同比增长（%）
86	广西百色港旺达港务物流有限公司	61.4	77.2	#DIV/0!
87	百色市宝程汽车检测有限责任公司	-14.7	-78.5	#DIV/0!
88	靖西县顺宇交通运输发展有限公司	-23.2	-46.7	0.0
89	广西通程物流有限公司	110.7	128.3	#DIV/0!
90	广西隆林翔银物流有限公司	#DIV/0!	#DIV/0!	#DIV/0!
91	田林县恒通物流运输有限责任公司	#DIV/0!	#DIV/0!	#DIV/0!
92	百色市奇龙物业服务有限责任公司	#DIV/0!	#DIV/0!	#DIV/0!
93	广西百色西江投资开发有限公司	#DIV/0!	#DIV/0!	#DIV/0!
94	西林欧艺农贸市场投资管理有限公司	#DIV/0!	#DIV/0!	#DIV/0!
95	广西润盈幼儿教育集团有限公司	#DIV/0!	#DIV/0!	#DIV/0!
96	广西隆林九天广告有限公司	#DIV/0!	#DIV/0!	#DIV/0!
97	田阳县恩阳劳务服务有限责任公司	#DIV/0!	#DIV/0!	#DIV/0!
98	广西中铝工业服务有限公司	#DIV/0!	#DIV/0!	#DIV/0!
99	广西长兴检测有限公司	#DIV/0!	#DIV/0!	#DIV/0!
100	隆林凯越汽车修理有限公司	#DIV/0!	#DIV/0!	#DIV/0!

根据表4-31的具体内容，本研究归纳统计出这100家规模以上服务企业在2015年的具体经营状况，如表4-32所示。

表4-32　2015年百色市100家规模以上服务企业经营状况统计

营业收入上升的企业数量	59	营业成本下降的企业数量	34	销售费用下降的企业数量	21
营业收入下降的企业数量	30	营业成本上升的企业数量	46	销售费用上升的企业数量	14
无数据企业的数量	11	无数据企业的数量	20	无数据的企业数量	62
				销售费用与2014年持平的企业数量	3

从表4-32中可以看出，百色市100家规模以上服务企业的最大问题并不是营业收入和营业成本的问题，而是经营理念的问题。在这100家规模以上的服务企业中，只有38家企业有销售费用的统计，没有销售数据统计的规模以上服务

企业的数量高达62家。这是一个十分可怕的现象，如果一家企业不能够密切关注市场的需求变化，不能够始终如一地培养和提高自己企业的营销能力，那么，这家企业的命运是可想而知的（垄断性行业和企业除外）。总之，百色市服务企业的经营理念、管理水平、创新能力以及市场营销能力的水平不高是阻碍百色市服务企业健康发展的“短板”。

综上所述，百色市在服务业投资上没有意识到有形资源和无形资源之间的合理搭配，以及没有注意到在百色市服务业中有计划地投资和培养新资本（文化资本、社会资本和知识资本）的疏忽是阻碍百色市服务企业健康发展的“短板”。百色市没有建立起与现代服务业健康发展相关的管理制度，大幅度降低对百色市境内有质量问题的服务及产品处置的制度成本，且相关执法效率低下是阻碍百色市服务产业发展的“短板”。百色市规模以上服务企业将本属于自己管理水平低下所导致的经营上的问题和困难抛给各级政府来解决，有证照的个体工商户和小微企业在无制度规范和引导、无定期培训、无技术咨询、无管理咨询服务和无融资保证环境下荒蛮的自生自灭是阻碍百色市服务企业健康发展的“短板”。

总之，百色市对第三产业不断加大投资力度是完全正确的。在具体做法上出现的失误导致了百色市第三产业的内部结构出现问题，进而导致百色市第三产业没有能够与第一产业和第二产业更好地契合。这些问题的存在既是百色市市场化程度不高的表现，也是百色市整体新资本存量和质量不足的反映。因此，未来需要从这些方面来入手，细致地补齐影响百色市服务业发展的“短板”。

第五章　百色市实体经济降低成本的途径与策略

第一节　处理成本的原则和普遍性途径

在第二章中，本书将成本定义为“经济行动者为了获得可选择性未来收益或利益而付出的一组可再生性和非可再生性资源的集合”。从这个成本的定义中可以总结出以下几个有关成本的属性特征：

第一，成本出现的目的是为了获得将来的收益。但是，这个将来的收益是假定的，可能获得到，也可能获得不到，更有可能的是获得的收益数量千差万别。这直接决定了目前成本的未来命运，是高成本、是低成本还是无效成本。

第二，付出中不但有非可再生性资源，而且有可再生性资源。非可再生性资源直接决定了获得未来收益时间区间的长短，可再生性资源不但可以延长这种获得未来收益的时间区间，而且还可以提高未来收益的空间。这直接决定了目前成本的刚性程度。换句话说，非可再生性资源在总成本中占有的资源比重越大，成本的刚性就越大，市场价格可调整的空间相应越小。

第三，可再生性资源分为有形资源和无形资源。有形资源主要是指物质性资源，无形资源主要是指人的技能、知识、文化、能力等，是经济学中所指的新资本，即社会资本、文化资本和知识资本。这些不同类型的要素共同决定目前的成本结构。无形资源（新资本）投入越多，可再生性有形资源使用的比例越大，不可再生性资源使用的比例越小。在不可再生资源储量一定的条件下，可再生性有形资源的数量和种类越多，经济的可持续性就越好。可再生性无形资源（新资本）的存量越大，质量越高，可再生性有形资源的产出量就越高，种类越多且质量越好，目前的成本结构不但结构良好，而且相当具有弹性。良好的成本结构和成本弹性不但可以使供应方获得规模经济，也可以使供应方获得范围经济。

第四，在市场经济范畴内，所有收益的获得必须通过交换完成，这涉及交换双方达成交易的意愿和能力。对于出售产品或服务的一方，关键在于能否提供让对方满意的产品或服务，并以对方满意的方式完成交易。这一点直接决定供应方的资源投入和资源配置的方式，换句话说，直接决定了供应方的供应内容和成本结构。在这个过程中，供应内容是根本，成本结构是从属。也就是说，供应内容是前提条件，成本结构是依据供应内容形成的，否则交易无法达成，成本会变成无效成本。对于购买方面而言，首要问题是偏爱①，偏爱决定购买方达成交易的意愿。其次才是价格，价格决定购买方达成交易的能力。偏爱必须首先得到满足，然后才是价格，两者缺一不可。总之，购买方的偏爱决定了具体的供应方式和供应内容，具体的供应方式和供应内容的成本决定购买双方达成交易的可能性。偏离购买方偏爱的成本是无效成本，高于购买方达成交易能力的成本也是无效成本。具体逻辑关系如图 5 -1 所示。

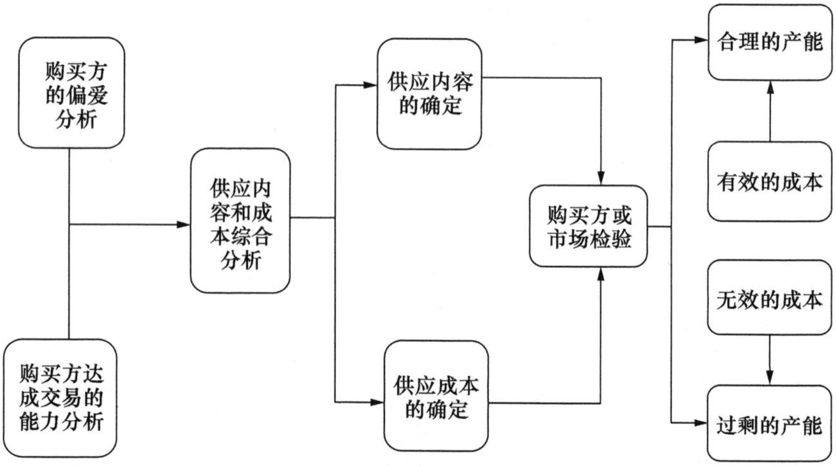

图 5 -1　成本形成过程中的内在逻辑关系

① 目前在中国学术界和高校经济管理类教学中占据主流地位的是《西方经济学》，然而，这部《西方经济学》的内容完全是《新古典经济学》的内容。《新古典经济学》是庞大西方经济学理论中的非常小的一部分，完全代表不了庞大的西方经济学理论体系。同时，《新古典经济学》中所倡导的自由主义和货币理论不但是少数经济学家的乌托邦，也是美国向外输出美国价值观的工具。实际上，《新古典经济学》中两个最为重要的前提假设是生产要素完全自由流动和消费者偏爱一定。这在现实生活中完全是不可能的。按照这个理论和观点去从事经济活动只会搞得天下大乱。所以，美国人建设了庞大的军事体系来干扰生产要素的自由流动。设置许多市场准入条件和产品及服务标准来限制与美国主流倡导的偏爱不一致的产品和服务进入美国。

因此，依据上面的论述和图 5-1 可以归纳出以下六条处理成本的原则：

第一，成本是为了获得未来收益而必须的付出，没有成本存在就没有收益获得，不能以憎恶的态度对待成本，成本是获得收益的必要手段和工具。

第二，成本必须依据在某个时间区间内收益最大化原则来评价高低。换句话说，不能依据某个特定时间段或者一个相对较短的时间段来衡量成本的高低。因此，对成本高低的评价还要参考时间长度和经济背景两项指标。

第三，成本获得收益的途径有两条：一条是通过不断加大投入和提高成本来满足达成交易愿望强烈且达成交易能力比较强的购买者的需求来实现；另一条是通过不断减少投入和降低成本来提高有交易愿望且交易能力比较弱的购买者的需求来实现。因此，有的交易需要通过减少投入和降低成本实现，而有的交易则需要通过增加投入和提高成本实现。目前，企业国际竞争的策略主要有四种，即高质量/高价格、高质量/低价格、低质量/高价格和低质量/低价格，每种策略都有成功者存在，因此，对降低成本不能一概而论，必须建立在详细的分析基础之上。

第四，降低成本是相对而言的，是相对同类竞争对手而言的，是相对社会责任而言的。当一些企业以满足同样的购买者偏好为经营目标，那么，在供应内容和供应质量相同的条件下，成本低可以降低供应价格，并进而提高购买者达成交易的能力。如果企业想要满足更高程度的购买者偏好，那么就要增加资源投入和提高成本，这样才能提高供应内容的质量和数量，才能更好地满足购买者的高端偏好，并最终达成交易并获得收益。因此，是否降低成本要考虑降低成本的前提条件。

第五，投入的资源类型不同，成本结构就不同。随着可再生性无形资源（新资本）投入的增加，可投入的可再生性有形资源的种类和数量越来越多，不可再生性资源的投入变得越来越少，而且对不可再生性资源的利用率越来越高。因此，不同资源投入导致不同成本结构，不同成本结构导致企业拥有不同价格调整空间和盈利能力。因此，降低成本的核心任务是调整现有的成本结构。

第六，按照《西方经济学》中新古典经济学的观点，市场化程度最高的国家都是生产要素自由流动的国家，因此，西方发达国家以此为依据不承认中国的市场化国家地位。在中国国内有很多“黄皮白心”的“专家”和“学者”使用了大量数学模型和理论模型批评中国政府，认为中国政府在经济中管得太多，中国国有企业效率太低，应该完全依靠市场价格机制来进行资源配置。当中国政府提出供给侧改革战略时，这些“学者”和“专家”又开始大肆谈论西方经济学中的供给学派和萨伊定律。不过，也有既有智慧又有中国心的学者出来评论和反驳。例如，复旦大学中国研究院副院长周文2016年3月28日在《红旗》上发表文章，对这些混淆视听的言论和文章进行抨击。本书在此要澄清四个问题：首先，如果生产要素完全自由流动，那么，新中国成立后钱学森的回国经历说明了什么问题？如果世界上所有生产要素完全依靠市场价格指引来流动，那么，中国改革开放是如何成功的？其次，理论界始终在争议“是资本雇佣劳动力还是劳动力雇佣资本”，当“资本雇佣劳动力”完全实现，或者“资本雇佣劳动力”不受任何条件约束时，这个世界会是什么样？再次，“萨伊定律”提出的时间是1828~1829年，那个时候全世界的生产力水平都很低，人们绝大部分需求是难以被满足的。尤其是在拿破仑主导的战争影响下，生产力被严重破坏，在这种情况下热爱法国的经济学家萨伊提出“供给决定需求”是完全正确的。可是，在生产力比较发达的今天，市场的需求还是完全由生产方面决定吗？对比一下中国“凭票供应的年代”和今天的市场供应情况就会发现西方的“供给决定需求”理论的历史局限性。最后，再次强调企业发展的途径，同样供应内容条件下成本更低、价格更低，同等价格和成本条件下，供应的内容更多、质量更好。

总之，成本高只是导致产能过剩出现的原因之一。购买者偏爱的改变和经济环境下行导致购买者达成交易能力下降也是导致产能过剩出现的原因。因此，成本高和产能过剩既是一个绝对性概念，又是一个相对性概念。在供应内容几乎完全相同的情况下，企业产品成本和售价高于其他同类竞争者时，成本高和产能过剩都是相对性概念。当经济处于下行阶段，供应内容几乎完全相同的供应者都面临产能过剩时，成本高和产能过剩也是相对性概念。可是，当经济处于上升阶段，购买者偏好改变而导致产能过剩出现时，成本高和产能过剩就是绝对性概念。例如，当中国经济持续且快速增长近40年后的今天，还有人穿“的确良”衬衫和“尼龙”裤子吗？

因此，在选择处理成本的路径时必须要先分辨产能过剩和成本高出现的原因，并以此为基础选择处理成本的途径和策略。

第一条路径，如果是因购买者偏好改变引起的产能过剩和成本高，此时的产能过剩和成本高是绝对性概念，没有在原有供应内容和成本上继续投入资源的必要，唯一要做的是以相对较小的代价去产能，然后根据购买者的偏好及达成交易的能力重新开发一种新的供应内容和供应方式。

第二条路径，如果是因为经济下行导致购买者达成交易的能力下降，并进而导致产能过剩和成本高，此时的产能过剩和成本高是相对概念。对于整个行业群体而言都是一种考验和行业重新洗牌的过程，但对每个供应个体而言意义是非常不一样的。通过研究世界各地富豪会发现一种规律，大多数富豪都是在经历过经济剧烈下行后产生的。道理很简单，因为在经济上行时，大多数人的财富都会增加，能力平平的人也会赚到钱。可是，在经济剧烈下行阶段就完全不一样，只有真正有眼光和实力的人才会赚到钱，并且在经济下行阶段赚到的钱与经济上行阶段赚到的钱最大的不同是不包含泡沫。因此，在这种情况下应该对有能力和有潜力的供应者加大投入，使其能够通过可再生性资源或新资本（文化资本、社会资本和知识资本）的量和质的提高来达到降低成本和扩大产能的目的，并最终获得更大的市场份额。同时，对于没有潜力和能力的供应者应该淘汰出局，因为这些供应者不具备进一步投资的必要。

第三条路径，当经济环境改变不大，同类竞争者的供应内容也几乎完全相同，而企业产品成本和售价高于其他同类竞争者，此时成本高和产能过剩都是相对概念。在这种情况下应该首先对供应者成本高的成因进行深入分析，一般情况下，原因只会有四个：首先是管理不善导致的成本高；其次是高管腐败所引致的内部交易，并进而导致的成本高；再次是投资错误导致的成本高；最后是相关制度不完善或制度运行成本高所导致的成本高。对于这四种不同情况要分别对待，采取不同的方式来降低成本。

第二节 宏观视角下实体经济降低成本的途径与策略

中国前任总理温家宝曾经表示过，中国经济是“不稳定、不平衡、不协调和不可持续的”，的确，中国经济在过去 30 多年间实在是增长太快。过去这段时期的高速增长得益于中国政府的改革方向和改革策略，也得益于中国政府在实施渐进式改革过程中激发了中国人追求财富的欲望和由此激发出的热情与干劲儿。当然，在这个过程中也存在失误。最大的失误在于相关的政治体制改革落后于市场经济改革，40 年前的国际政治形势和国内经济形势并没有给中国政府在政治体制改革方面留有足够的时间。政治体制改革进展缓慢的直接后果表现在中国目前的制度成本相对较高，并且市场相关制度不完善，中国现有的司法体制对违背市场诚信、经营不规范以及市场欺诈行为的惩治相对较轻且缓慢。尤其是中国舆论工具和市民行为对违背经济道德和损害商业信誉行为监督不够，由此而引发的商业败德行为、功利主义至上思想以及快速致富的浮躁情绪充斥着中国商界和企业界。这些思想、情绪和行为直接导致中国市场经济存在粗糙、不规范、短视以及忽视经济负外部性等现象广泛存在。在中国各级政府始终将投资看作是拉动经济增长最有效引擎的情况下，忽视内需和对外贸易对经济增长的拉动作用的现象成为必然。而这一切加剧了人们对短期利益的追求，典型表现是企业和商业通过以信贷资本为基础从事简单的产能扩张，而不是通过提高管理水平和企业创新提升自己的市场核心竞争力从而达到扩张的目的，因为这不但很辛苦、耗费时间又长，同时还需要相当多的知识量和较高的管理能力。对本书这个推论的直接证据就是任何一个中国行业内都存在为数众多的高度相似的产品和服务，甚至有完全相同的公司和企业。这种现象存在的直接后果有两种：一种是当经济处于上行阶段，大量相同企业纷纷投产开工，当经济下行出现时，众多企业破产倒闭，导致社会财富和个人财富的巨大损失；另一种是当经济出现下行时，这些企业开始亏损，本来应该由市场主导的淘汰机制发挥作用。但是，由于这些产能过剩且亏损的企业相对规模较大，不但安置大量人员就业，同时在政府统计的 GDP 中承担较大份额，因此，政府不得不通过各种手段维持这些企业存在。如果这些企业能够有幸在经营状况没有完全暴露时得到银行大量贷款，那么，银行为了自身利益也会不断为这些企业“输血”，以维持这些企业的生存。这就是“僵尸企业”产生的根本原因。百色市也拥有这些顽疾，也同样遭受这些“僵尸企业”的折磨。根据国家相关机构的调研和统计，从地域分布看，中部地区和中等发达地区，例如河北、湖南、云南和广西等地区出现“僵尸企业”的比例最高，这些地区比例高的主要原因是产业结构高度单一，并且经济欠发达，当经济出现下行时，抗冲击能力不强。尤其是像百色市这样刚刚步入工业化早期阶段的城市，第一产业发展缓慢，第三产业刚刚起步，无法有效吸纳“去产能”后的大量失业人员。同时，在各级政府注重社会稳定、城镇居民就业率和稳增长的前提条件下，“僵尸企业”出现过多也就成为必然现象。

在第二章部分，本书重点阐述了成本的系统性、有机性、环境嵌植性和持续动态性特征。因此，百色市宏观层面的降低成本工作可以选择从以下这几条路径开始。

一、从整体制度设计开始

首先，梳理百色市近几年的文件、相关经济工作制度和程序，检查和反思有哪些是不合理的，有哪些是可以继续执行的，有哪些是必须要补充和完善的。

其次，清理不必要的工作程序和规定，按照百色市目前的实际情况重新制定能够有效指导百色市经济个体从事经济活动的文件和规定。

最后，将整理出台的新政策和新规定传达到每一家企业和公司，使这些经济行动者能够完全理解政府意图。

二、从掌握和处置“僵尸企业”开始

首先，梳理和排查百色市“僵尸企业”的情况。根据何帆（2016）的研究，目前人们主要采用三种方法识别“僵尸企业”。第一种是国务院会议指出的官方标准，即不符合国家能耗、质量、环保和安全等标准，连续亏损三年以上，不符合结构调整方向的企业。第二种是由武汉科技大学董登新教授提出的“扣除非经常性损益后，每股收益连续三年为负数的企业”。其实，这种扣除非经常性损益后的每股收益的方法更能反映出企业的实际经营状况。第三种是由经济学家Caballero、Hoshi 和 Kashyap 共同提出的简称“CHK”的方法，即由于“僵尸企业”经常会受到银行的支持，因此，识别“僵尸企业”的关键是找到哪些企业得到了来自银行的鼎力支持。将这些银行的最优利率与这些企业实际支付的利率进行比较，如果这些企业支付的实际利率比银行的最优利率还低，那么这些支付低于银行最优利率的企业就有可能是“僵尸企业”。

其次，根据掌握的“僵尸企业”的名单及“僵尸企业”的具体情况，推演和估算这些“僵尸企业”目前存在的损害和暂时可以缓解的矛盾及问题。这些推演和估算的主要目的是考虑及计算这些“僵尸企业”继续存在会带来的损失，以及这些损失能否为百色市置换出足够的调整经济结构和完成新经济战略布局的时间及空间。换句话说，单从经济角度评价“僵尸企业”的确没有存在的必要。然而，如果从社会稳定和市民对政府以及未来经济发展的信心角度看，在一定时间内，“僵尸企业”有存在的必要。例如，20 世纪 90 年代，日本受股市泡沫和房地产泡沫破灭的影响，出现大量的“僵尸企业”，这些“僵尸企业”中的大部分在政府和银行的救助下得以复活，但拖累日本经济陷入“失去的十年”。2008 年美国的金融危机爆发，导致大量“僵尸企业”出现，就连美国通用汽车公司也提出破产请求。然而，美国政府和银行也出现救助“僵尸企业”的行为，并最终保住通用汽车等一些大型企业。因此，百色市必须要详细地了解和评估这些“僵尸企业”。

本研究认为，上面介绍的三种评估“僵尸企业”的方法对百色市具有不同的意义和作用。如果百色市按照第一种方法筛选出“僵尸企业”，那么，这种“僵尸企业”一定是真正意义上的“僵尸企业”，因为这些企业不但处于亏损状态且有经济负外部性，而且与中共中央现在的和未来的产业政策不相符。因此，按照第一种方法界定的“僵尸企业”可以启动处置程序。① 实际上，处置“僵尸企业”的最大困难并不是GDP的下降和各级政府的面子，而是“僵尸企业”被处置后，大量的下岗工人如何处理的问题，这里涉及千千万万的家庭。中国社会科学院工业经济研究所所长黄群慧通过调研发现，只要这些“僵尸企业”能够按期偿还银行的贷款利息，银行就能维持好看的“报表”，因此，银行会继续给这些“僵尸企业”贷款，如果这些“僵尸企业”破产，则会导致银行坏账问题彻底暴露。所以，如果百色市按照国务院提出的认定“僵尸企业”的标准和处置“僵尸企业”，那么，最大的阻力不是在各级政府，而是银行。所以，在这一点上百色市应该有清醒的认识，并做好相应的准备。如果按照第二种方法筛选“僵尸企业”，对百色市的作用不大，因为百色市的上市公司并不多。第三种方法对百色市也并不十分有用，因为银行资料和企业偿还银行利率的真实情况难以掌握。在房地产处于上升期间，许多企业将从银行贷来的款项直接投入到房地产中，即使掌握企业偿还银行贷款真实利率意义也不大。因此，本研究建议百色市通过企业主营业务收入和纳税支出两项指标确认“僵尸企业”。然后，将这些“僵尸企业”按照“僵尸企业”成因、职工数量和技能情况、在百色市经济和产业链中的地位、目前对百色市构成的负担、占有百色市资源具体情况等进行分类，并对每一个“僵尸企业”进行重点分析、分类对待、精准制定对策，一定不能使用行政文件“一刀切”。原则是一定要摸清情况，有救助可能并在3~5年内能够恢复过来的，由政府协调解决，没有救助可能的“僵尸企业”交给市场处理。

最后，要对现有正在生产运行的企业的真实情况进行深入了解，确保没有

---

① 2016年5月28日国资委副主任张喜武在国新办举行的新闻发布会上向外界吹风：用3年时间完成处置345户“僵尸企业”的任务，至于具体名单张喜武并没有透露。

"隐形僵尸企业"。甄别是否有在未来 3～5 年中成为"僵尸企业"的可能，一定要摸清这些企业的真实情况，并建立企业经营情况档案。对于这些企业可以在条件准许下进行有针对性的投资，包括高级管理人员培训、普通管理人员培训、技术工人培训、企业降低成本的技术研发、企业新产品和服务的研发、引入高端管理人才、强化市场营销能力等。如果这些企业能够在有效支持的情况下发展壮大，那么，这些企业会有效吸纳处置"僵尸企业"后释放出来的大量劳动力，并能够弥补因处置"僵尸企业"减少的 GDP 份额。毕竟中央已经给出处置"僵尸企业"的时间表，到 2017 年末实现经营性亏损企业亏损额显著下降。

三、从查清百色市第三产业真实情况并建立适合百色市第三产业高效发展的系统性政策和制度开始

本书在前面部分已经根据统计数据对百色市第三产业的详细情况进行分析，主要问题是百色市第三产业投资效率过低，对百色市 GDP 增长贡献不大。

首先，应该从制度和宏观经济层面对百色市第三产业进行统筹规划。由于缺乏适用的支持第三产业发展的系统性制度与文件，百色市服务企业数量众多，普遍规模偏小，管理水平低下，产品与服务创新的能力比较弱。从 1992 年的美国统计数据看，第三产业吸纳总就业人口中的 78.6%，创造了占当年 GDP 的 75% 的产值。因此，百色市应该对第三产业进行详细规划，对第三产业实施整顿、提质和增效等工作。尤其是要规范服务业的经营行为和服务质量，降低处理服务业产品和服务质量的制度性成本，提高服务业产品和服务质量投诉处理的效率，通过媒体鼓励消费者投诉，设置产品和服务质量黑名单并在大众媒体上反复曝光，倒逼服务企业快速提高服务质量、提高管理水平、强化产品创新和服务创新的能力，推动服务企业以提高管理水平，创新产品和服务为途径提升经营规模和经营水平。

其次，应该投入一些专项资金为百色市第三产业建立信息库和管理咨询机构，为这些企业提供管理咨询服务、创新创业指导和经营管理问题诊断。

再次，应该投入专项资金建立百色市非公人员就业档案管理系统，并依据国家相关法律和百色市劳动仲裁机构的裁决以及其他执法机构的证明实施劳动就业黑名单和诚信名单记录系统，这个系统中不但包括打工者，也包括企业老板。同时将工商部门对企业产品和服务投诉情况及相关处理及时纳入这个记录系统当中，方便求职者查询。日本社会中间存在的信任不是短时间建立起来的，建立后对日本经济和社会发展起到巨大作用，目前仍然是中国和欧美学者研究的重点。

中国秦朝在实施商鞅变法之前，首先解决的是秦朝政府与臣民之间的信任问题。目前，中共中央提出的中国传统美德和市场诚信问题的关键也在于此。试想一下，如果员工和老板之间没有诚信，何来对市场和消费者的诚信，这样的企业是不可能长远的。因此，这种记录系统不但应该坚持做下去，而且应该在百色市大众媒体上反复播出，并且要播出以信任、诚信和敬业为主题的系列栏目，少播出一些有关领导的新闻。至于导向问题，有中央媒体和自治区媒体的宣传就足够了。

最后，应该考虑建立百色市财政、金融投资公司、银行和政府四家参与的服务企业贷融投联合机构，切实帮助这些企业解决资金“瓶颈”问题。当然，这个机构必须要有相关的诚信信息查询系统，并建立相关的背景调查程序和背景调查不完全的追责制度及程序，以保证资金的安全和使用效率。

四、从建立并实施农民承包土地流转制度，提高农业生产效率开始

百色市特殊的地理地貌特征导致百色市农业目前存在以下几个问题：

首先，百色市绝大多数耕地为小地块，即使将这些小地块连成片，许多地方也难以找到100亩以上的耕地。因此，目前农民承包的土地不但总产量低，难以通过种地获得满意的收入，而且生产成本特别高。因此，出现农民外出打工现象和贫困人口难以脱贫的问题。所以，建立和实施农村农民承包土地有效流转的制度亟待解决。在农民成本土地的确权和合理价格设定的基础上应该尽快建立和实施农村土地流转制度。

其次，百色市山地较多，百色市大部分特种养殖和种植都在山地上完成。但是，生产效率非常低。因此，需要特种小型农业机械。在这方面，百色市做得非常不好。百色市拥有百矿集团，旗下拥有一家矿山机械公司，实力比较雄厚。特种小型农业机械市场需求量大，应该促使百矿尽快从事这类机械产品的研制和开发。

再次，百色市各级政府、领导和农业经济工作者还是秉承狭义农业概念，将林业排除在农业之外，如果在北方或其他省区这种观念还不完全算错误。但是，在广西壮族自治区以及百色市，这种观念和概念是完全错误的。因为广西区和百色市都是多山地区，尤其是百色平地少，90%以上的辖区属于山地。在这种情况下，林业和农业都是单独管理和单独规划，是非常不利于资源整合和农业生产效

率的提高。因此，必须打破百色市林业和农业各自分开管理的制度，组建百色市农林牧资产经营管理机构，引入现代工商管理制度和管理团队。

最后，通过引入现代公司管理制度和管理团队，并结合土地流转制度来高效且安全地使用好扶贫资金，彻底解决贫困人口脱贫问题。

五、从细化百色市国民经济发展规划，系统性提高各项规划落地程度开始

从中国各个地级市“五年规划”执行情况看，经济欠发达地区存在一个共性问题，规划缺乏系统性和落地的协调性以及实效性，这个问题在百色市也十分突出。这个问题已经引起国务院和国家发改委等部门的注意，国家发改委等部委给各个省（区）及地级市的项目建设划定严格的验收时间和工程进度，并同时强调项目审批中实施“区域授信”和“项目包”概念，并以此为手段提高地方经济规划的系统性和规划实施的协调性及有机性。因此，百色市要迅速提高这方面的能力，注意经济规划的设计和实施过程中三个产业之间的结构性关系。百色市属于经济欠发达地区，扶贫任务十分艰巨，因此要特别注意这一点，必须以“三产融合，助力农业经济发展”为导向。

六、从积极向国家和自治区申请支持，争取在最短时间内解决百色市物流问题和局域电网问题的同时，积极规划和整顿百色市物流行业开始

物流成本和用电成本居高不下的问题严重阻碍了百色市经济发展。百色市工业基本上是依赖矿产资源为基础构建而成。这些物流成本和用电成本是百色市政府依靠自身力量无法完全解决的，可以说，限制百色市经济发展的两个桎梏，一个是中国现行的经济体制，另一个是广西和百色的历史。物流成本和用电成本属于现行经济体制问题，新资本的存量和质量不足的问题主要原因在历史。因此，从百色市自身而言，只能解决小部分因体制造成的问题。而新资本的培育和发展还需要相当长的一段时间才能够得以解决。

首先，应该积极向国家和自治区建议，申请尽快协调和解决百色市物流成本居高不下的问题，并同时申请物流成本补贴。因为特殊地理位置和物流基础设施缺乏，百色市的物流成本要高于广西区外同类型企业。因物流成本问题导致百色市企业亏损，进而被纳入“僵尸企业”的名单中而遭到处置的命运是不公平的，

不能将经济体制造成的责任完全让百色市这个后发城市来承担。

其次，整顿百色市物流行业，利用服务质量标准和安全等手段淘汰小型物流企业，进而组建大型物流公司，并对大型物流公司给予相应支持的同时，设定物流企业经营成本和质量等约束，从而达到降低物流成本的目的。同时，可以对百色市邮政及快递业进行整顿，重点整顿服务质量和服务规范等问题，以法律、法规和行业标准淘汰小型快递企业和邮政企业，进而组建大型快递企业，并对大型快递公司给予相应的引导，设定经营成本和质量约束，以及与大型物流公司配合经营指导，从而达到有效降低物流成本和快递成本的目的。

再次，对大型物流企业和快递业进行有针对性的投资，主要投资在物流设备和快递设备，以及流程再造等创新方面，使现有物流企业和快递业的服务质量和管理技术能够得到大幅度的提升。

最后，在强化百色市局域电网建设的同时，向国务院和国家能源局申请停止向广东送电。因为在这种资源错配的条件下，作为以有色金属加工为经济特色的广西壮族自治区和百色市要承担额外的经济负担和社会负担，相比于经济发达的广东，将广东的能源负担转嫁给广西和百色是不公平的。例如，2016 年4 月，广东率先出台国有“僵尸企业”出清重组指导意见和实施方案，明确到2018 年底基本实现市场出清。据权威部门统计，截至 2015 年 12 月 31 日，广东省国有“僵尸企业”共3385 户，涉及在职职工66802 人，退休人员 57855 人。从这一数字来看，广东处置“僵尸企业”的负担要远远小于广西壮族自治区和百色市。如果向广东输送电的事实不改变，那么，广西壮族自治区和百色市的“僵尸企业”的数量会上升，而广东的部分“僵尸企业”会因广西低价位的用电而被掩盖，这无论如何都是不公平的。

综上所述，从宏观经济层面选择降低成本的路径与策略是艰难的。因为成本问题和产能过剩问题本身就属于微观层面，归属于企业管理的范畴，是企业管理者和企业所有者的天然责任。即使是国有企业也是如此，因为国有企业管理者即使是政府任命，也必须获得企业职工代表大会的认可。所以，从宏观经济层面选择降低成本的路径和策略要特别注意以下这些领域和问题。

一是制度问题。因为制度不完善和制度成本高会直接导致企业经营效率低下和企业经营及生产成本高的问题出现，如何完善制度和降低制度成本是政府义不容辞的责任。

二是经济结构问题。三个产业之间的比例问题也是需要从宏观层面来进行规划。从百色市情况看，重点是保证农民承包土地的承包权和经营权有效且合理的分离。这样不但可以提高农民的收入，盘活土地资产，在提高农业生产的规模化程度和降低成本的同时，可以提高农业生产的标准化和制度化。在此基础上，建立农业和林业统筹管理制度和方法，提高百色市特色种植的商品化程度。如果这些能够实施，那么，百色市扶贫问题不但可以解决，而且在百色市农业及相关领域可以吸纳一定数量劳动力的同时，还可以为百色市工业和服务业创造出更多的工作岗位。例如，特种小型农业机械的开发、研制、生产、销售和维护等，以及百色市特色养殖和种植的相关技术服务、产品深加工以及市场拓展等。又如，可以研究将百色市大麻鸭和林下鸡等加工成系列特色副食品，这对许多高校食品专业来说根本不是什么难题。

三是对成本认识问题。有些成本要持之以恒加以削减的，例如不可再生资源的使用和电耗问题。但是，这些需要在产品研发和设备技术改造上投入大量资金解决。但是，前提条件是企业必须首先解决自身冗员问题、全体人员敬业问题、管理粗糙问题、缺乏竞争意识和独立意识问题、不重视技术及市场需求等问题。

四是要重视百色市可再生性资源和新资本的培养及发展问题。可再生性资源及新资本是一个国家、一个地区以及一个企业参与竞争的基础，是形成国家核心竞争力、地区核心竞争力和企业核心竞争力的基本要素。因此，百色市应该持续在这方面进行投资。在这些方面投资是回报最大的，也是投资效率最高的。

五是通过规范经营和相关制度的构建及有效运行来有效增强百色市服务企业市场竞争能力，并以此为基础来促进百色市服务企业的快速扩张，为吸纳处置“僵尸企业”和企业冗员而释放出的下岗人员提供更多就业岗位。

六是要注意运用法律手段、行政手段和社会舆论力量细化、规范百色市商务服务企业以及物流企业的经营行为、经营质量，通过这类企业提高规模化经营来降低服务生产的成本，并进而降低工业企业的生产成本和经营成本。

第三节　产业视角下实体经济降低成本的途径与策略

一、百色市第一产业链降低成本的策略

从企业发展的角度说，产业是与企业经营效率和效果最为密切的外部环境，

对企业的生存、发展和企业核心竞争力的影响最为强烈。同时，产业的结构与精细化程度是一个国家在国际市场上参与竞争的基础。从国际贸易与国际产业合作的事实看，一个国家某个产业的结构越合理，产业链越长越精细，那么，这个国家在该产业领域的国际竞争中往往占据主导权，并且始终能够占据该产业链最高端的部分。① 占据产业链高端部分的企业及相关企业群，能够顺利地主导该产业的市场竞争规则，能够有效地引导整个产业的发展方向，并能够权威性地实施定价权以及整个行业所有产业环节的利润分配。据此可以看出，百色市第一产业是降低成本途径与策略的重点所在。

从百色市目前产业链的具体运行情况及特征的角度看，应该从以下一些方面入手以解决成本问题：

（1）完善第一产业链的终端。从第一产业链的纵向看，百色市第一产业的产业链基本已粗具模型，具有良好的发展基础。但是，目前依然存在一些“短板”在阻碍百色市第一产业链的有效发展。从第一产业链的纵向角度看，百色市第一产业的产业链末端缺失。换句话说，缺乏与最终消费者面对面交流和服务的环节。这个环节对所有产业和企业来说都是至关重要的，因为这个环节的缺失不但代表行业和企业缺少本产业链中利润比较丰厚的一个环节，也代表百色市第一产业链对相关市场信息的缺失。在第一产业链末端缺失的情况下，第一产业及企业对市场的品牌建设是无法有效进行的，如果产品品牌和企业品牌无法有效建立，产业及企业对市场的控制能力就基本不存在，在市场中只有任凭产业链中的其他环节宰割。因此，第一产业链的末端缺失是百色市第一产业高效发展的“短板”，是百色市第一产业生产成本过高的“短板”。补齐这块“短板”，并系统性完善第一产业链可以有效降低百色市第一产业链的成本。

（2）提高第一产业链的加工深度。从第一产业链的纵向角度看，百色市第一产业中缺少有效率和有效果的产品深加工企业。这一环节的缺失和不足进一步导致百色市第一产业链的整体获利能力不强。从全世界第一产业发展的趋势看，第一产业的现代化和商品化程度高的一个标志是在第一产业中存在大量的深加工企业。第一产业中缺乏深加工企业的现状是百色市第一产业附加值低和成本高的“短板”。这块“短板”的存在导致百色市第一产业链的获利能力不强，抵御农

① 产业链高端部分：是指从整个产业链的技术难度，以及该产业的顾客价值链角度看，如果某个产业环节同时具备技术难度最大和附加值最大两个特征，那么，这个产业环节部分就是产业链高端部分。

产品市场价格竞争能力弱，并使农产品生产成本问题更加突出。因此，提高百色市第一产业链中具有高技术水平的深加工企业的数量是有效降低百色市第一产业链中企业生产成本相对较高的有效途径。

（3）扩大第一产业链的网络化程度。从第一产业链的横向角度看，百色市第一产业中缺乏大量的协作企业和组织。换句话说，百色市第一产业内部的网状结构缺失，或者产业内网状结构的密度和质量不好。目前的市场竞争规则已经改变，不再是单个企业与单个企业之间的竞争，而是由企业与企业以及相关企业或组织构成的网络与网络之间的竞争。因此，百色市第一产业中横向协作单位缺失、网状结构缺失，以及网状结构的密度和质量低下是百色市第一产业生产成本高且创新能力弱的“短板”。对这块“短板”的克服必须依赖行业协会的建立，以及相关生产性服务机构的建设来解决。行业协会不但可以统一零散企业的行为，克服以价格为主的恶性竞争，而且可以作为中小企业的融资提供担保平台。生产性服务机构可以为企业提供信息、咨询、技术辅导、工作人员培训、管理问题诊断以及新产品开发等服务，可以有效推动、促进和深化第一产业链的劳动分工，提高第一产业链的生产效率，促进第一产业链的完善，并最终达到降低成本的目的。

（4）强化第一产业链的集聚效应。从第一产业链的整体发展全貌看，百色市第一产业内部缺乏“集聚效应”①。这种“集聚效应”的缺乏阻碍了百色市第一产业内部不同企业之间互动的频率和沟通质量，阻碍了百色市第一产业内部的劳动分工和生产率的进一步提高，阻碍了百色市第一产业链的横向和纵向的发展，并最终阻碍百色市农业经济整体发展和农村城镇化程度的提高。“集聚效应”的缺乏是百色市第一产业生产和经营成本高、不能有效参与市场竞争的“短板”。因此，创建不同层面的第一产业园区，在不同区域的企业、生产性服务机构和行业协会之间进行互联网平台建设是有效提高“集聚效应”的重要手段。

---

① 集聚效应：是集聚经济学中的一个专业术语，具体指由于企业大量聚集在一起，导致企业与企业之间的互动和交流程度不断增加，使处于集聚状态的企业拥有大量的相关信息和人才，这些要素的获得量远远超过非集聚企业，从而促使这些处于集聚状态企业的创新能力和管理能力都大幅度提高的现象。具体例子有美国的硅谷、美国的128号公路以及中国的中关村等。

集聚经济学：是具体以产业经济学和区域经济学为基础在近期发展起来的一门新兴的经济学学科，研究对象是企业群的形成对个体企业经营效率、企业群经营效率，以及地区和国家经营效率，以及竞争力的影响。

二、百色市第一产业降低成本的途径

建设和完善农村种植养殖科技服务网络，提高农村种植养殖生产效率百色市农村种植养殖生产效率比较低，生产成本高的主要原因在于缺少农业科技的支持。因此，应该从农业局、畜牧局、林业局、水产局和科技局抽调人员，组成一个农业科技服务机构来统一解决百色市农村缺乏科技服务的问题。这个农业科技服务机构应该具有如下功能：第一，要保证有足够的服务网点对现有农村种植养殖区域实施全面覆盖。第二，要保证能够及时更新技术。第三，要保证定期对种植养殖农户进行技术培训。第四，要保证对每一项种植养殖技术实施过程和结果从质量和成本方面进行监控。第五，要保证市场信息和种植养殖技术信息相结合，在建设种植养殖技术信息网的同时，要同步建设相关市场信息网。充分利用产品市场信息和种植养殖技术信息来为农户提供培训、指导和咨询服务。第六，要保证对每一项种植养殖新技术的应用及其产品的未来市场前景进行商业分析，既有利于投资决策，又有利于申请农业贷款。

建设现代化畜禽屠宰加工中心，打通百色至北京和上海等大城市的冷链运输通道，百色市本地人口较少，市场消费潜力有限。如果想有效扩大农业种植养殖规模，提高质量，降低成本，必须要将百色市农业种植养殖产品销往其他地区。能够成规模且稳定进货的机构往往都是家乐福、沃尔玛和乐购等大型超市，这些超市虽然销量比较大，但是对进货质量要求比较高。从现实情况看，百色市缺乏现代化畜禽屠宰加工中心对百色市地产的畜禽产品进行加工。同时，加工过的畜禽产品还需要有合格的包装及冷链运输通道。因此，百色市应该迅速建立畜禽屠宰加工中心，打通百色至北京和上海等大城市的冷链运输通道。当畜禽销量上升以后，可以有效提升百色市农村养殖规模，使养殖户充分享受到规模经济带来的好处。

（一）设立百色市副食品研发和加工中心，提高畜禽产品的附加值

百色市特产林下鸡和大麻鸭在禽类产品中属于上品，但是，往往以白切的形式消费，这种消费形式不但阻碍了林下鸡和大麻鸭的养殖规模扩大，而且没有充分体现林下鸡和大麻鸭的市场价值。因此，百色市应该迅速建立起副食品研发和加工中心，研究和开发林下鸡与大麻鸭的深加工问题。杭州有叫花鸡，南京有盐水板鸭，百色也应该有类似产品。这不但可以销往全国各地增加养殖户收入，带动养殖户扩大规模，而且可以丰富百色市餐饮市场和旅游产品市场。

（二）设立百色市药品和保健品研发中心，带动百色市药材种植户发展

百色市盛产各种中药材，尤其是田七、灵芝和铁皮石斛产量较大。根据药典记载，熟田七粉是治疗女性痛经的良药，田七和灵芝组成的方剂是治疗糖尿病的良方，而铁皮石斛是治疗免疫力低下的首选药材。因此，百色市应该成立一家药品和保健品研发中心，开发田七粉胶囊、灵芝田七口服液和铁皮石斛口服片剂。在这个过程中，百色市还应该与北京瑶医医院合作，利用北京瑶医医院的方剂来开发各种口服液、胶囊和片剂，推动百色市医药健康产业的发展。如果能够成功，不但可以推动百色市中草药种植业的发展，而且可以推动百色市健康养老产业的发展，扩展百色市健康养老养生产业的发展空间。

（三）严格百色市热带水果种植标准，积极培育新品种，建设鲜水果加工厂和果脯加工厂，提高百色市水果附加值，降低果农种植风险

百色市盛产各种热带水果，尤其是盛产芒果。因此，百色市要严格芒果种植标准，尤其是化肥和农药的使用。同时，百色市还应该积极进行开发新芒果品种工作，并且要保证不同芒果品种之间具有明显的差异。按照国际惯例，大型超市都销售鲜芒果片，因此，百色市应该建设一家鲜果加工基地，利用现代保鲜技术和加工技术，将百色市鲜芒果片推销到全国各地。此外，为了有效抵御不可预知的市场风险，百色市还应该建设一家果脯加工中心，在正常市场形势下加工山楂等价格较低的鲜果，在市场形势不正常时也可以加工芒果等价格较高的鲜果。这样，不但可以有效带动百色市热带水果的种植面积，抵御市场风险，而且可以大幅度提高百色市热带水果的附加值。

（四）积极研究和申请“原生态”农产品标准，扩大农业种植养殖面积

目前，农业部的重点已经不在地理标志方面，而是考虑如何推进生态农业种植问题，生态农业标准问题已经成为重点。相对来看，百色市虽然落后，但农业种植养殖环境较为优良。因此，应该积极开展“原生态”农业产品种植和养殖标准，并且以此为基础建设大型农业种植养殖产品批发中心，并且要注册商标。这样，百色市就可以委托越南高平省的农民安置百色市提出的种植养殖标准进行生产，然后，百色市检验检疫合格后贴上自己的商标，就可以销往全国各地，通过这条途径，可以无形当中将百色市农业种植养殖的面积和生产能力提高许多倍。

（五）积极推进百色市山羊和肉牛养殖规模，运用微生态技术降低养殖成本

百色市山多平地少，应该在有限空间内提高产品附加值。百色市的山羊和肉牛的质量不错，同时百色市特有的炎热气候能够保证一年四季可以使用微生态技

术来进行污水处理和牛羊饲料加工。如果百色市建成水果和果脯加工厂，那么，芒果核等水果加工下脚料可以利用微生态技术加工成牛羊饲料，并且成本极低。另外，百色市盛产甘蔗和茶树，加工蔗糖和茶油的下脚料可以利用微生态技术加工成牛羊的饲料。这不但环保，而且成本低，牛羊体内没有人工饲料残留，肉的质量高，市场售价高。因此，百色市应该积极推进山羊和肉牛的养殖规模，运用微生态技术来加工饲料不但可以降低养殖成本，而且可以推动百色市牛羊养殖业与水果种植和加工业协同发展。

（六）注册“芒果乡水果网”商标，与京东合作建设百色市农副产品销售平台

以百色市国有资产名义注册“芒果乡水果网”商标，由百色市统一机构为外销百色市产热带水果制定统一检验标准、包装标准、配送标准和价格，并统一发放防伪标识，在全国热带水果市场上树立品牌形象。同时，积极与京东联系，争取建立合作关系，利用京东的品牌、网络平台和冷鲜链来拓展百色市农副产品的销路和销量。

（七）争取与星巴克和上岛咖啡等企业建立联系，获得先进肉牛养殖技术

从世界范围来看，星巴克对牛排的质量要求最高。如果肉牛能够被星巴克选中作为牛排供应，那么，肉牛的其他部分的质量绝对是没有问题的。因此，百色市应该与星巴克建立联系，争取得到星巴克和上岛的指导，全面提高百色市肉牛养殖水平。

（八）在百色市规模以上的畜禽养殖场开通网上视频，为大城市客户提供网上订货

百色市畜禽养殖环境非常好，几乎接近生态养殖标准。因此，百色市应该在规模以上的畜禽养殖场开通网上视频，为大城市高端客户提供网上订货服务。畜禽养殖场可以根据客户要求为客户选定的畜禽打上编号，从畜禽较小时按照客户要求进行饲养，并且可以让客户定期通过视频观察畜禽喂养情况。到客户要求的时间后，通过物流系统将产品发送给客户。这样做，客户会感觉自己参与了畜禽的喂养，并且不担心饲料残留问题。百色市的黑猪、林下鸡、大麻鸭和山羊以及芒果等产品都可以采用这种手段。尤其是可以和旅游部门配合，到期可以请客户亲自来参与屠宰和采摘，还可以扩大旅游收入。

（九）定期组织百色市种植养殖大户到外地规模以上的农贸批发市场参观学习

百色市种植养殖户往往缺乏市场信息，因此，政府在为这些种植养殖户提供定期培训的同时，还应该组织他们定期到大城市的农贸市场和超市进行参观。在

参观过程中培养这些种植养殖户的商业意识，充实商业信息，为种植养殖户与终端销售单位和个体建立感情及建立商业联系创造机会，从整体上提高种植养殖户的市场意识、经营水平和商业创新能力。

三、百色市第二产业降低成本的策略

从百色市第二产业的基础构成看，百色市第二产业的主要形成基础是铝和锰矿石的冶炼及深加工。百色市第二产业的形成基础从根本上决定了百色市第二产业的发展路径和发展方式，因此，以这一点为起始点考察百色市第二产业链目前存在的问题是科学和现实的。同时，可以客观且有效地提出百色市第二产业链降低成本的路径和策略。

（1）提高第二产业链的规模。从百色市第二产业的主要形成基础看，百色市铝和锰行业首先应该选择规模化经营发展的道路。因为铝和锰的大部分用途与基础设施及工业建设紧密相连，在国际商品市场上归属大宗商品交易。因此，市场对铝和锰的需求与世界经济整体走势高度相关，并且锰和铝的交易价格紧随世界经济的波动而波动。在这种情况下，铝和锰行业整体及企业的生产成本越低，受世界整体经济形势波动的影响越小，行业整体和企业抵抗经济风险的能力越强。而要做到这一点，实施规模化经营是唯一可供选择的路径。只有在规模化经营的条件下，百色市的铝企业和锰企业才有可能进行大规模生产、大规模销售锰产品及铝产品，由于大规模生产和销售，可以带来企业固定成本的迅速下降，可以使企业的管理费用、财务费用以及其他费用被大量均摊到每个单位产品上，并通过大量分摊途径得到迅速下降。从全国铝企业和锰企业规模的统计数据看，百色市的铝企业和锰企业的生产规模明显偏小，仅有广西信发铝电有限公司勉强达到30万吨/年的规模。按照目前中国铝业和锰业的生产成本和市场价格，并参照国外企业生产规模和成本看，30万吨/年仅仅是可以参与目前铝产品市场竞争的“门票规模”。从国内和国际锰产品市场的现状看，5万吨/年的生产规模是锰企业参与目前锰产品市场竞争的“门票规模”，10万吨/年的生产规模是锰企业在参与市场竞争中处于“跟跑者”地位的保证，20万吨/年的生产规模是锰企业在参与竞争中处于“领跑者”地位的重要保证。因此，百色市铝企业和锰企业的整体规模偏小是百色市第二产业普遍生产成本高和出现“僵尸企业”的根本原因之一，是百色市第二产业有效发展的“短板”，通过规模化经营可以有效地克服这些问题的存在。

（2）创造第二产业链的差异化。从百色市第二产业目前的情况看，也可以采用“差异化”经营策略。换句话说，不在成本上与同行企业开展竞争，而是从行业产品用户或非目前行业产品用户中选择一小部分有特殊需要的用户设计具体供应内容。这些有特殊需要的用户往往需要量小，并且对产品价格不敏感，同时用户的最终产品在市场上有较好的需求和较高的附加值。如果这种经验策略能够被百色市铝企业和锰企业采纳并成功实施，那么，百色市的铝企业和锰企业的未来发展空间将会相当大。然而，目前百色市的锰企业和铝企业似乎并没有采取“差异化”发展战略。而是继续参与同行业的价格战，并且不断亏损。因此，百色市铝企业和锰企业没有能够根据自己的产能规模和经营环境而正确选择经营战略和发展战略是导致百色市第二产业企业成本普遍偏高，并阻碍百色市第二产业有效率和有效果发展的“短板”，采取差异化经营和生产可以有效克服这块“短板”。

（3）采取多元化经营策略。从百色市第二产业形成和发展的基础以及国际和国内锰企业、铝企业的优势做法看，百色市的铝企业和锰企业的行业结构存在严重不协调问题。仔细研究和调查百色市铝企业及锰企业后会发现，除了广西信发铝电公司和靖西湘潭电化科技有限公司等少数企业外，绝大部分企业采用的经营模式是简单生产模式。换句话说，这种简单生产模式比单一车间生产模式复杂不了多少，但是生产效率要远远低于单一生产车间模式，生产成本要远远高于单一车间生产模式。目前，在国际和国内先进企业中的通行做法是采用集团公司的经营管理模式。这些集团公司不但从纵向上采用选矿、采矿、冶炼、用电和用水、深加工，直至最终用户的全产业链覆盖的经营模式，而且有从产业链横向上不断扩展的趋势，并且在横向扩展的同时，不断提高集团公司相关多元化经营的程度和非相关多元化经营的程度。这些做法的好处是不但可以使铝企业和锰企业的产品用途不断扩展，而且为锰合金和铝合金的研制及开发在提供坚实基础的同时，将铝合金和锰合金的应用范围扩大到相当程度。总之，百色市锰企业和铝企业普遍采用的简单生产模式是生产成本高、行业普遍亏损的根本原因之一，是阻碍百色市第二产业有效果且有效率发展的“短板”。如果能够采取多元化经营策略，不但可以帮助硅铝加工企业扩展目前的产品用途，提高产品附加值，而且还可以提高企业产品供应链中服务的比重，使百色市铝产品和硅产品的相对成本得以降低。

四、百色市第二产业降低成本的途径

（一）统筹百色市能源规划，全面开展节能减排工作

百色市第二产业的主体是铝企业和锰企业，尤其是铝企业不但在百色市 GDP

中占有较大份额，而且对下游加工企业构成严重约束。但是，百色市铝企业用电来源非常混乱，虽然正在建设百色市局域电网，但是，根据 2015 ~ 2016 年中国碳排放交易体系的全面推行计划，不久之后，这些小火电厂将面临征收碳排放费用。中国目前已有 7 家碳排放交易所：广州碳排放交易所、深圳碳排放交易所、上海环境能源交易所、北京环境交易所、湖北碳排放交易所、重庆碳排放交易所和天津碳排放交易所。其中，深圳碳排放交易所从 2013 年 6 月 18 日启动至今，已经完成 1300 多万元的交易量。因此，百色市政府应该统筹规划能源问题。首先，要对全市能源企业进行统一规划，不能单纯考虑火电发展，而且要重点考虑水电发展，水电企业可以出卖碳排放量，不但可以增加收入，而且可以弥补小火电的碳排放量。其次，在资金解决方面建议采用融资租赁和共同开发的办法，通过租金补偿和利润共享的方法取得设备费用和建设费用。最后，对每个用电企业实施严格的阶梯电价，鼓励企业开展各种节能减排活动。对低能耗企业实施补贴，对高能耗企业进行处罚，鼓励低能耗企业对高能耗企业实施兼并重组。

（二）成立百色市“全面推进‘营改增’工作检查领导小组”，全面推进“营改增”工作

“营改增”工作的有效推进，可以迅速减轻企业的负担。但是，“营改增”工作的全面实施不但会面临很多困难，而且会涉及经济工作的方方面面，难度较大。尤其是在经济增长处于下滑阶段，难度更大。因此，需要从市一级层面来进行整体推进。

（三）成立百色市“金融市场改革领导小组”，全面清理融资中介，创新金融工具

百色市目前企业贷款成本过高，尤其是中小企业贷款更难。企业贷款成本过高的原因在于贷款中间环节过多、贷款过程透明度不高所致。因此，百色市政府应该与四大商业银行加紧沟通，与四大商业银行的纪检部门联合组成机构，对百色市商业银行贷款问题进行整顿。同时，积极推进以行业协会为平台的中小企业贷款抵押机构建设，以贷款周期与抵押物产权为核心，建立中小企业抵押贷款制度和机制，从根本上解决中小企业贷款难的问题。

（四）成立百色市“投资与经营环境整顿办公室”，全面整顿和提升百色市投资与经营环境

百色市目前投资与经营环境有待提高，制度效率和制度成本相对发达城市处于高位。企业成本主要由两个部分构成，一个是内部成本，另一个是外部成本。

外部成本的主要部分是制度成本，制度成本产生的原因主要是投资和经营环境不完善导致的。因此，百色市应该成立投资与经营环境整顿办公室，开展投资与经营环境专项整顿工作。

（五）成立百色市“工人技能培训与生活保障中心”，促进生产效率提高和人工成本的下降

人工成本高的原因有三个：第一个是由于生产技能低导致生产效率低和残次品率高而引致的相对人工成本过高。这需要通过工人培训和技能等级鉴定来解决，在培训的同时要恢复中国工厂传统的从学徒到八级工的九级技能鉴定和收入分配体制。第二个是由于生活成本高导致的绝对人工成本过高。这需要百色市政府通过统一建设和管理外来人口在百色市租住房屋的办法来解决，通过统一管理工人宿舍来降低工人居住成本和生活成本，达到降低人工成本的目的。第三个是加大财政拨付，通过压低企业“五险一金”缴费占工资总额的比例来降低企业成本。因此，百色市需要成立工人技能培训与生活保障中心来统一解决这些问题，在促进生产效率提高的同时降低人工成本。

（六）积极建设小水电工程，努力推进水电铝联营

煤电铝一体化难以从根本上解决电解铝生产成本和铝工业清洁生产问题。因此，百色市应该积极进行小水电建设，推行水电铝联营生产。通过薛术等（2016）的研究可以发现，西南电解铝企业自备电厂占比仅为11.76%，而华东和华北为85.71%，华中为64.29%。并且这些地区的电解铝自备电厂都是煤粉炉，燃烧效果好，锅炉出力大。百色不具备这些条件，必须要发展小水电。目前，哈电集团、东方集团和上海集团都面临产能过剩问题，并且这些企业集团都设有小水电设计和生产部门，目前处境困难。在这三家集团公司中，哈电集团最具有合作潜力，因为在中央振兴东北工业战略中，作为副部级单位的哈电集团会享受到很多优惠政策。百色市政府应该利用国家扶贫政策积极与哈电集团沟通和对接，利用设备租赁和共同分成的方法来加快百色市水电建设，尽快在百色市实现水电铝联营，从根本上解决百色市电解铝生产用电成本问题和电解铝清洁生产问题，使百色市铝工业能够实现弯道超车。

（七）推进铝粉喷涂工艺，利用喷铝铁代替铝型材

目前铝粉喷涂技术已经成熟，一般铁材价格要低于电解铝，而且强度要高于电解铝，但两者的加工成型材的技术相差不大。因此，百色市应该考虑用喷铝铁代替铝型材加工。不但能够增加型材强度，保证铝的各种优点，而且能够大幅降

低型材的成本。

（八）设立市一级铝工业二次创业办公室，统筹规划百色市铝工业发展

百色市应该本着“挖掘潜力、达产降耗、创新增效”的工作思路，设立一个统一领导百色市铝工业发展的办公机构，并且设立专项资金来支持百色市铝工业开展节能和创新工作。其中，电解铝企业在开展节能降耗工作的同时，要有自己的“电解铝合金化”工作计划，积极开展电解铝合金化工作，争取利用已有的成熟技术来改造目前的产品品种。氧化铝生产要限产、限量。现有的氧化铝厂必须要在尽量短的时间内研究出高纯铝、超高纯铝和电子靶材深加工技术。市铝工业二次创业办公室必须对全市铝企业现有资产存量和产能进行管理，并且集合全市铝工业技术人员，在聘请外部专家的帮助下，争取在最短的时间内掌握7××××系列铝合金和全系列铸造铝合金技术，带领百色市铝工业整体升级换代。

（九）抓住国家在西南地区投资基础设施的契机，争取给掌握先进铝合金技术的企业当加工车间

中国幅员辽阔，国内物流成本居高不下，钦州又是中国对东盟的一个出海口。在物流成本的约束下，任何铝合金企业都有一个由盈亏平衡点决定的半径。因此，百色市可以与距离百色市较远的掌握先进铝合金技术的企业进行联营，由对方提供技术和辅导，百色市电解铝企业进行产品加工和运输，在能够保证百色市电解铝企业变动成本回收的前提下就可以合作。这不但可以解决目前的困境，而且可以帮助百色市电解铝企业掌握先进的铝合金生产技术。

（十）加强与越南高平省合作，共同发展铝工业

越南铝土矿储备丰富，占世界铝土矿比例远高于中国。越南高平地区贫困，历来对中国有好感，并且工业落后。因此，百色市应该积极与越南高平开展铝工业合作。由越南方面负责铝矿开采和冶炼，中国方面负责投资、设备提供和技术指导。越南可以以铝锭或铝矿石偿还中方投资。同时，中方可以用电线电缆与越南方面就铝矿石进行易货贸易。同时，中方可以投资越南铝材加工业务，越南以铝矿石或铝锭支付即可。

（十一）积极承接广东和江浙一带淘汰的轻工业产品加工厂，与越南建立轻工业产品和电子产品交易走廊

从整体上看，百色市劳动力素质偏低，因此，百色市适合发展劳动力密集型企业。越南高平和缅甸都是欠发达国家，严重缺乏轻工业品和电子产品。因此，百色市应该积极与广东省和江浙联系，将电子产品厂和轻工业产品加工厂引入百

色。同时，积极与国家联系，加强与越南高平联系，争取在中越工业园中开办这些企业，通过矿产资源来进行结算。这样，可以从整体上降低百色市电解铝和氧化铝的生产成本。

（十二）与越南高平省加强合作，向中国政府和越南政府提出将百色市设置为中越自由贸易区

2016 年 10 月 8 日国际货币基金组织（IMF）正式宣布人民币纳入特别提款权（SDR）新货币篮子，这反映出人民币的国际地位在提升，已经逐渐变成硬通货。因此，百色市政府应该借此良机与越南高平联系，向中国政府建议将百色市建设成中越自由贸易区，这也是中国与东盟自由贸易区谈判的前提。

（十三）设立专门基金，支持百矿发展农业机械设备及自动化设备

百矿在百色市属于优质资产，尤其是百矿下属的矿山机械，不但业务质量好，而且在机械制造和设计方面具有优势。百色市农业机械化程度低是百色市农业生产效率低的一个重要原因。因此，百色市政府应该设置专项资金，鼓励百矿集团引进机械研究技术人员、自动化设备研发人员以及农业机械人研究人员，共同开发农业机械设备。这些设备不但可以装备百色市农业，而且可以出口到越南。

（十四）成立百色市物流企业集团，统筹经营百色市物流业务

百色市物流成本过高是百色市企业生产成本过高的主要原因之一，百色市物流成本高既有国家体制因素，也有百色市物流企业混乱的因素。因此，百色市政府应该投资成立一家物流企业，这家物流企业要对全市物流业务进行统筹规划和经营，这不但能够保证服务质量，而且可以通过规模经济来降低企业的物流成本。同时，百色市政府还应该将全市的快递业务统一交给这家物流企业来经营。快递业务属于高附加值业务，如果快递业务和物流业务统一由一家企业来运作，那么，物流成本还可以得到进一步降低。

（十五）考虑将部分民用电和商业用电纳入百色市电力网，提高百色市自备电厂发电负荷，降低电厂运行成本

百色市局域网内的发电企业目前都不是满负荷发电，发电成本还有进一步下降的空间。因此，政府应该考虑将部分居民用电和商业用电就近并网，提高自备电厂的发电负荷，进一步降低电厂的运行成本。

五、百色市第三产业降低成本的策略

前面阐述过在工业化早期阶段，第二产业是经济主要增长动力，第一产业对

经济增长的贡献基本上是处于缓慢增长状态。此时，第三产业开始大面积出现，主要是为第一产业和第二产业服务的。当经济发展到工业化中后期阶段，第三产业对经济增长的贡献开始不断加大，并且逐渐开始推动第一产业和第二产业的发展。从百色市第三产业的现状和特征看，服务企业基本上处于一种荒蛮的自由发展状态。因此，对这些问题的解决要从以下几个方面来进行：

（1）从整体角度对第三产业发展进行系统性规划。百色市缺乏对第三产业发展的整体规划，即使有也是比较粗糙和缺乏系统性。严谨且具有可操作性的第三产业发展规划的缺失是导致百色市服务企业目前乱象的首要原因。因此，如何科学地进行第三产业发展的顶层设计是百色市第三产业高效且有序发展的重要任务。

建立第三产业投融资平台和评价机构。百色市在第三产业上的投资存在严重失误。以往绝大部分投资都投在老资本（土地、机器和劳动）上，对新资本（文化资本、知识资本和社会资本）的投入非常少。这直接导致百色市服务企业缺乏长远发展规划和严格的管理制度以及质量控制系统，服务企业普遍采取短期行为，企业发展极为不稳定。因此，缺乏在新资本上的有效投资是百色市第三产业高效且有序发展的“短板”。

（2）完善第三产业管理制度，降低制度运行成本。因百色市第三产业缺乏相关有效的制度规范，以及百色市执法机构在处理服务企业产品或服务质量方面投诉的效率低下，并且成本较高，直接导致百色市第三产业市场上出现“劣币驱逐良币”的现象普遍存在。因此，百色市第三产业相关的制度不完善和制度成本高，以及百色市相关执法机构在处理服务企业产品投诉问题上的低效率和高成本，是百色市第三产业生产成本高、质量差且发展不稳定的主要原因。

综上所述，导致百色市第一产业成本高，难以实现有效经营的“短板”主要是产业链的不完整且过于粗糙，以及缺乏“集聚效应”。导致百色市第二产业成本高和经营效率低下的“短板”主要是行业及企业选择的经营战略和模式与国际、国内在铝产业及锰产业中占据主导地位的竞争模式、竞争格局以及竞争规则不相容。导致百色市第三产业经营成本高，企业规模普遍偏小且服务质量较差的“短板”主要是与百色市第三产业相关的制度成本高、服务质量投诉处理成本高且效率低，尤其是缺乏科学的且具有高度可操作性的第三产业发展规划。如果百色市能有效果且有效率地消除这些“短板”，那么，百色市实体经济的成本会得到大幅度的降低，效率会得到较大程度的提高。

六、百色市第三产业降低成本的途径

（一）通过人大立法，遏制百色市门市房转租收取“出兑费”现象

百色市门市房出租目前出现收取高额“出兑费”现象，一家20平方米左右的门市房“出兑费”多则高达20万元，少则达5万元。目前，百色市工商局和房产局在这方面管理出现真空现象，导致百色市服务业出现混乱现象。因此，百色市工商局和房产管理局应该联合采取行动，打击此类不合理的商业行为。同时，应该通过百色市人大，出台一些扶持百色市服务业发展的相关法规，为百色市服务业发展营造一个良好的环境。

（二）成立百色市服务业发展指导工作小组，统筹指挥和协调百色市服务业的发展

服务业发展涉及物价、工商和旅游等多个部门，协调起来非常困难。因此，百色市应该成立一个专门的工作领导小组，来统一制定百色市服务业发展规划，并且统一协调各个部门的工作。这个部门应该包括以下职能：

第一，统一规划百色市服务业发展的重点，并统一扶持不同行业内重点企业。

第二，统一为百色市服务业设定质量标准，并依据标准协调相关部门定期和不定期进行检查。

第三，在百色市设立统一服务质量投诉平台，建立投诉问题快速反应和解决机制及程序。

第四，整顿旅游景点建设、旅游产品生产、旅游商铺、餐饮、住宿和交通各自为政的乱象，统一进行规划和管理。

第五，合理配置产权，引进企业管理高端人才，积极推进连锁经营。连锁经营是有效降低服务企业运营成本的首要方法。

第六，定期开展研讨会和培训会，积极提高百色市服务业管理者的经营管理水平。

第七，定期开展服务业员工技能大赛，提高员工技能水平和服务质量。要设立服务创新和产品创新基金，鼓励服务业员工在新产品和新服务开发方面努力工作，例如，新的菜品开发、新的旅游产品开发等。同时，鼓励服务企业的员工在提高服务质量的同时，努力寻找节能降耗的方法，对建议被采纳者要给予重奖，并在全市推广。

第八，统一向百色市城镇规划部分提出建议，合理规划百色市服务业的布局。

第九，统一组织百色市服务业产品和服务创新研发工作，设置服务创新研发基金。

第十，定期组织百色市服务业管理者与区外服务业发达地区的企业进行交流、学习和合作，将先进的服务理念和管理方法引入到百色市服务业。

（三）成立百色市服务业培训中心，为百色市服务业从业人员定期进行培训

从调研情况来看，百色市环球公司属于大型服务业，可是，靖西环球国际宾馆负责人提出企业需要培训的诉求。从现场访谈情况看，百色市服务业普遍缺乏服务和产品创新机构，以及成本控制系统。因此，百色市政府应该组织专门力量为这些企业员工提供不同层级的业务培训。同时，应该帮助这些企业规范管理制度和管理程序。充分利用百色市的科技和教育资源，协助这些企业建立起质量控制系统和成本控制体系。

（四）以各个行业协会为抓手，狠抓服务质量，定期推出新产品和新服务

百色市服务企业服务质量差并且价格高是普遍现象，这些现象严重阻碍百色市服务的发展。但是，导致这些现象产生的许多原因是政府无法出面解决的。因此，应该充分利用行业协会的力量来加以解决。可以要求行业协会统一设定服务质量标准，定期检查，并通过公共媒体进行表扬和批评。同时，由行业协会统一组织来设立本行业的管理咨询服务机构，为行业内企业开展管理咨询和人员培训。可以由行业协会统一设立本行业新产品和新服务研发中心，指导本行业内的服务企业开展产品和服务创新活动。例如，餐饮行业协会可以设立菜品研发中心，要求本行业内的餐饮企业定期推出以本地食材为主料的新菜，提高百色市餐饮服务行业的水平。同时，可以定期开会研究降低餐饮业成本的方法，对提出解决办法的个人和单位给予奖励，对降低成本的方法由全行业企业有偿共享。

第四节　微观视角下百色市实体经济降低成本的策略和方法

无论宏观经济政策有多么完美，如果经济系统中的个体行动者对此并不了解和认可，甚至背道而驰，那么，目标永远实现不了。实体经济降低成本是一个系统性工程，涉及政府、产业和企业三个层面。在这三个层面中，处于最底层的企业组织是最基本的经济行动个体，是市场经济发展的源泉和改革创新的动力所

在。无论如何，这些企业组织的思想观念、原则、制度和技术必须能够有效地促进和支持经济个体产生出被期望的有效行为，能够支持企业组织以效率更高和成本更低的方式进行运营。因此，本书将从思想、原则、制度、现场经验与技术四个层面给出具体降低成本的操作性建议。

一、微观视角下百色市实体经济降低成本的策略

（一）树立信心，创新思想观念

目前唱衰中国经济的大有人在，一方面，有许多人将经济发展的责任视为政府的独有责任，并认为经济发展缓慢是政府的操作性错误和过失；另一方面，又有许多人认为是政府对经济进行不恰当干预直接导致经济增长的放缓。总之，经济发展放缓的责任在政府，而作为经济社会当中的主要行动者的企业和个人却没有任何值得指责的地方。以上两个观点是极为错误的。

实际上，经济系统是嵌植在社会系统中的一个子系统，所有经济体都是社会框架下的行动者，并且铭刻着所属社会系统的一切特征，经济系统的具体表现从某个角度反映了社会系统所存在的问题。中国部分企业出现杠杆率过高、库存高、生产成本高以及产能过剩的现象是中国整体社会系统存在一定不协调的具体表现。因此，对于企业产能过剩和成本高的问题，不要寄希望于单纯通过政府的某些行为可以获得解决，这些问题的解决需要全社会的共同努力，尤其是所有企业及企业所有者和管理的共同努力。

目前，中国经济的确出现一些困难，但中国经济的基本面还是健康且有潜力的。虽然中国经济已经达到“刘易斯拐点”，但自从21世纪初以来，中国人的实际工资在快速上升，而中国人的生产率并没有随着工资的上升而同步提高。实际上，从2012年以来，中国潜在的实际增长率已经下降到7%，甚至更低。[①] 要适应经济增速变缓、劳动力成本在不断增高的新现实对于中国而言的确很困难。在所有困难当中，需要尽快解决的是新经济思想和新经济思维的问题。这种问题产生的根本原因在于中国以往以投资拉动经济快速增长模式所培养的惯性思维，当投资效率在不断下降并且对经济增长的拉动作用在变得越来越小时，原有惯性思维产生的桎梏依然限制着新经济思想和新经济思维的产生及发展。实际上，中国

① 经济增长率：本年度的政府税收收入+企业净收入+居民收入/上一年度的政府税收收入+企业净收入+居民收入。

的增量资本产出率（ICOR）从20世纪90年代的3.5%上升到2015年的7%，甚至更高，意味着投资对经济增长的边际贡献率下降了50%。但问题最为严重的不仅限于此，这些低效率投资的来源大部分是商业贷款和高利息的民间借贷，直接导致中国企业杠杆率的上升和资金成本的提高，进而导致企业资金成本高企不下，企业利润率受到严重侵蚀。如果这种状况继续持续下去，中国的负债程度会到达历史上各个国家前所未有的水平，这明显是不可持续的。许多经济学家都建议，中国应该让投资慢下来，让家庭消费增速快于GDP的增速。要让家庭消费增速快于GDP增速的重要条件是，要么家庭可支配收入占GDP的比重上升，要么家庭储蓄率下降。问题是如果让家庭可支配收入占GDP的比重上升，是削减政府税收收入还是削减企业净收入？福利体系越完善，家庭储蓄率下降的可能性就越大，但中国目前的养老等福利体系并不完善。因此，这种建议目前难以实施，这些历史遗留问题的彻底解决需要更多时间和资本积累。

英国经济学家马丁·沃尔夫认为中国目前的资本产出率是5%左右，所以，当投资率是35%时，经济增长率应该保持在7%。中国经济学家余永定认为，如果中国投资率保持在35%，是无法保持7%的增长率。中国目前的投资率应该在47%左右，但经济增长速度不到7%。按照余永定教授的观点，假如中国目前的投资保持在占GDP 45%的水平上，这也比发达国家高2~3倍。但无论如何，有两个问题摆在中国人面前：一个是如果要继续维持GDP的增长，投资占GDP的比例就必须要继续提高，相应地，中国人的家庭消费占GDP的比例就要继续下降；另一个是如果要相应提高中国人的家庭消费占GDP的比例，投资占GDP的比例就要下降，在这种情况下无法有效且持续地提高中国人的家庭消费支出。因此，不少中国经济学家和政府官员认为这种情况是一个困境。

本书认为，对于中国目前遇到的问题应该从一种新的视角观察和思考。

第一，中国家庭消费支出水平实际并不低，因为中国在物价指数统计对象中没有包括医疗、住房和上学。如果将这三项包括在CPI的统计对象中，中国家庭消费支出水平应该是足够高的。但问题是医疗、住房和上学的支出占据中国家庭消费支出的绝大部分，挤占了其他相关支出项。因此，建议政府加大在公共家庭消费方面的投资，例如，对居住环境进行改善，对医疗和教育加大投资，并进一步提高社保和养老金。尤其是中国实施计划生育政策已经有近50年的历史，这些40年代和50年代出生的人目前面临养老困难问题，在不久的将来，60年代出生的人也将面临养老的问题。因此，中国应该在养老方面加大投资，从政府层面直接扩大中国人家庭支出水平。如果这些建议能够实现，中国企业的产能将会被市场较大程度消化。

第二，目前中国地方政府和企业负债率高的主要原因在于中共中央政府没有充分利用财政工具、过多使用信贷工具造成的。目前，房地产投资量在减少，尤其是二线和三线城市投资减少量较大。在这种情况下，应该加大基础设施投资，尤其是在交通运输和物流方面的投资，并以此为契机对中国交通运输和物流管理体制进行大幅度改革。

第三，中国目前的投资占 GDP 的 45% 的水平不算高，因为中国是一个发展中国家，投资占 GDP 的比重还应该进一步提高，但要以 50% 为限度。与投资有关的关键问题既不是投资占 GDP 的比重，也不是是否应该减少投资来扩大家庭消费支出，而是增量资本产出率过高。如果按照占 GDP 的 45% 的水平投资来推算，如果增量资本产出率为 5%，那么，中国经济将保持 9% 的增长。如果增量资本产出率为 6%，那么，中国经济将保持 7. 5% 的增长。如果增量资本产出率为 9%，那么，中国经济将保持 5% 的增长。如果按照余永定教授的推算，中国目前的投资占 GDP 的 47%，经济增长速度不到 7%，那么中国的增量资本产出率应该为 6. 7% 左右。所以，问题的关键是中国目前的增量资本产出率过高，投资效率过低。增量资本产出率过高及投资效率过低是造成中国目前经济出现问题的根本原因。因此，提高增量资本产出率是解决问题的关键，增量资本产出率的提高要完全依赖于生产效率的提高，生产效率的提高要依靠固定资产投入和人力资本投入，在这当中，人的思想改善是至关重要的因素。

人的思想决定人的行为，人是根据自己的思想来解读外部各种信息和刺激。百色市没有经历过真正的工业化洗礼，因此缺乏现代工业文明。现代工业文明的核心特征是敬业精神、匠人精神、纪律性强、团队合作、集体学习、彼此信任、精益求精、一丝不苟、对高质量和低成本的不懈追求等。因此，百色市应该通过大众媒体和各种宣传渠道向全市人民宣传和灌输这种工业文明的核心思想和理念。只有当正确的思想被界定、建立和巩固，人们才有可能以正确的方式行动。为此，百色市政府必须紧紧围绕“树立信心、创新思想观念”做好以下工作：

（1）通过公共媒体进行宣传，使百色市普通群众对百色市经济发展前景持有正确的认识。既要认识到百色市经济基本层面的健康性，又要认识到百色市经济目前遇到的困难。

（2）通过公共媒体宣传，并结合单位教育，使百色市所有劳动力人口认识到工作效率、工作质量、服务意识和敬业精神对百色市经济发展以及个人职业发展的重要性。鼓励各个单位建立起以工作效率、工作质量、服务意识和敬业精神为核心的人力资源考评体系和人才培养体系。积极破除小农意识，培养现代工商管理理念，鼓励创新思想，推广匠人精神，追求产品和服务的品质，摒弃“万事差不多”的思想和懒惰习惯。

（3）通过公共媒体宣传，政府主导，以各个单位为具体责任主体开展“精益求精、持续创新”的思想教育活动，并以该活动为主线建立百色市鼓励和支持“精益求精、持续创新”的思想教育体系。培养学习习惯和学习能力，破除百色市根深蒂固的“酒文化”，倡导百色市党政机关和企事业团体的工作人员保证每个月读一本与自己本职工作有关的专业书籍，保证每天花费 1 个小时在互联网上查询与自己本职工作有关的新闻。

（4）通过公共媒体宣传，倡导百色市经济工作部门要做到三个保证。首先要保证有自己的产品研发计划和持续不断降低成本的计划，并且要有相应的配套资金和奖励措施激励及促进本单位的创新活动的开展。其次要保证与本经济组织有关的市场调研工作能够持续地进行，既要调查本行业新技术发展趋势与现状，又要调查企业顾客的目前满意度和未来需求的变化。最后要保证各个经济工作部门有自己的以工作创新为核心内容的绩效考评制度，保证经济工作部门的工作每年都有 10% 以上的创新。

（5）通过公共媒体定期报道和宣传有关“精益求精、持续创新”的先进经验和做法，并要求各个单位确定自己的学习对象和赶超的目标。从根本上意识到自己的差距，找到改善途径。

（二）明确成本规律，奉行商业原则

从市场角度看，检验成本是否具有优势的标准有两条，同等质量和性能条件下生产成本相对较低，同等生产成本条件下产品质量和性能相对较高。因此，实施同等质量和性能条件下生产成本相对较低战略的企业往往依赖大规模生产和大规模销售而获得市场份额。实施这类战略的企业主要将资本投入到能够使生产率和生产规模大幅提高方面，并依靠该做法达到绝对降低成本的目的。实施同等生产成本条件下产品质量和性能相对较高战略的企业往往不关心企业的生产规模，关注的重点是市场上对产品质量和性能有特殊需求的客户，并竭尽全力满足这些特殊需求。实施这类战略的企业将绝大部分资本投入到新产品开发、产品质量提高及新产品性能开发方面，并依靠这些系列做法摆脱恶性价格竞争的困境，达到相对降低成本的目的。

但是，本课题组在百色市调研时发现三种普遍现象阻碍了百色市经济发展。

首先，职责不清、政企不分的现象在百色市非常严重。百色市大企业普遍存在的一个现象是企业领导者和管理者对自己的职责不是很清楚（也许是故意）。本应该是自己企业领导者分内的事却通通甩给政府，要求政府为自己解决本应该自己解决的问题。在经济增长和扶贫的压力下，地方政府只好迷迷糊糊地去从事本应该由企业解决而自己又不擅长的工作。任何企业都是独立经营实体，独立管理经营和承担市场风险。政府是负责社会整体性工作，为企业营造公平竞争环境。如果政府深度介入企业经营，甚至连糖厂所需甘蔗也要政府帮忙解决的话，那么，这些企业被踢出局是早晚的事，而且政府被这些企业拖累偏离本职工作并造成社会伤害也是早晚的事。总之，在这种职责不明、政企不分的状态下，企业难以开展降低成本的工作，政府更是难以搞好经济。

其次，百色市工商企业从业人员素质比较低，小农思想意识严重。绝大部分工商企业领导人的商业修养和商业素质比较低，不但缺少必要的工商管理理论知识，对企业社会责任认识不清，甚至连起码的法律意识和商业伦理也很模糊。对于如何培训企业员工、如何激励企业员工更有效率地工作，以及如何吸引并留住顾客的工作方式根本不清楚。当然，有许多企业管理者也意识到这些问题的存在，也想解决这类问题。但是，到哪里去咨询并接受指导是不清楚的。例如，本课题研究者在靖西县调研时，靖西环球国际宾馆的负责人要求政府为该宾馆的工作人员提供培训。在德保县调研时，德保环球商城的负责人被本商场产品售价高于网上售价一事所困扰。同时，德保县商务部门的负责人对德保猪肉商贩限量供应猪肉一事一筹莫展，希望上级部门解决。在这种素质和思想状态下从事降低成本的工作是完全不可能的。最后，政府经济管理部门人员缺乏经济管理和企业管理的专业性知识，难以形成有效的工作思路。政府经济主管部门的工作人员普遍没有经济管理和企业管理知识，除了根据产值和税收来判断企业经济状况外，其他判断标准一概不知。不但连政府、社会和企业三者之间的关系不懂，而且连公共设施与企业成本之间的关系也不清楚。在这种情况下，政府经济管理部门深度介入企业经济管理的后果是可想而知的。例如，德保县发改局鼓励农民在缺水地块上种山楂一事就是最好的证明。

总之，在实体经济降低成本的过程中，政府的责任属于制度构建与制度运行层面，企业的责任属于具体管理和操作层面，关于这一点是不容含糊的。因此，百色市各级政府可以依据以下原则评价企业的工作，企业也可以依据以下原则从事自己的工作。

（1）进入和退出原则。企业必须要详细分析自己企业所属行业的成本结构，并根据自己企业的具体情况考虑是否进入，以及进入以后应该选择的生存方式和竞争战略。任何一个行业都有准入规模，换句话说，如果企业投资小于一定生产规模，在固定成本的约束下，无论企业如何努力企业生产成本都会停止在一个数值上而无法下降。这时，企业能够降低成本的唯一途径是扩大企业现有的生产规模，突破固定成本过高的“瓶颈”。总体来说，如果一个行业中顾客需求比较单一，规模较小的企业往往难以生存，该产业最终会形成寡头竞争格局。

（2）持续创新原则。企业必须要详细分析所属行业的顾客需求构成，并根据自身的具体情况确定自己的竞争策略。如果某个产业存在多样化顾客需求，企业如果想要获利并获得良好的发展只有两条途径，要么达到在本行业中起到支配性地位的生产规模，要么为有特殊质量要求和性能要求的顾客服务。行业中生产规模具有支配性地位的企业的存活基础是固定成本低，服务于具有特殊质量要求和产品性能要求的企业的生存基础是较高的顾客附加值。前者投资和技术研发的重点是高效率的大规模生产，后者投资和技术研发的重点是特殊产品质量及特殊产品性能。但是，无论如何，两者的投资和研发都要持续进行，并且定期进行升级换代。一般来说，在这类行业中参与竞争的企业如果没有被市场认可的成本—质量—产品性能组合，那么，早晚要被踢出局，这类行业始终是垄断竞争格局。

（3）界定竞争范围原则。企业必须详细分析本企业所属行业区域的物流成本的垄断范围，并根据具体物流成本情况设定自己的生产规模、质量等级和产品功能定位。一般来说，任何一个企业的生产成本再低，由于运输成本的存在，运输距离超出一定范围后，企业产品成本的优势就会消失。因此，任何一个企业都应该详细计算本企业的产品生产成本，并在此基础上考虑本企业产品可能的运输半径以及竞争对手产品可能的运输半径，并以此为依据界定自己的业务区域和产品及服务的供给结构，界定自己的垄断范围和开展有效竞争范围。

（4）网络化①原则。企业必须要投入一定的资本、精力和人员维持、巩固、

① 网络化：不但指企业间形成的以长期互动关系为内容的网络化，而且也指在企业间形成的以互联网为技术手段来处理彼此业务往来的网络化。

发展与上下游企业的合作关系。这些企业与企业间稳定的合作关系不但可以使企业的业务成本得到大幅度下降，而且还可以使企业的接单量保持稳定，合作伙伴之间共同采用“同步生产”技术，并进而使企业的变动成本保持在较低的水平上。

同时，政府可以依据以下原则从事自己的工作，企业也可以依据这些原则评价政府工作的效率和效果。

（1）坚持培育和创新企业经营环境原则。百色市政府必须要对辖区所属企业在经营过程中遇到的涉及经营环境的问题有详尽的了解。一般来讲，按照对企业市场竞争力的影响程度和方向可以将企业经营环境要素分为促进类、限制类和中性类三种。例如，从百色市目前劳动力素质角度看，高新技术产业很难在百色市扎根。坚持培育和优化百色市劳动力素质是百色市政府优化投资经营环境的一项重要任务。因此，系统性培养和创新百色市投资经营环境是百色市政府面临的一项艰巨的系统性工程。

（2）坚持培育和发展新型资本原则。在工业化早期阶段，土地、劳动力和货币是推动经济发展的重要力量。在后工业化时代和数字化经济时代，知识资本、文化资本和社会资本是推动经济发展的重要力量。如果百色市想要在工业化初期实现弯道超车，迅速过渡到数字化经济时代，必须要在培育和发展新型资本方面下功夫。

（3）坚持制度立市原则。百色市城镇化程度比较低，整体城市文化还处于熟人世俗社会。百色市发生的一般性商业纠纷往往习惯通过熟人解决，与中国内地其他发达城市相比，百色市商业行为对成文契约利用较少。在日常工作中，百色人依靠传统观念和习惯处理绝大部分事务，对现代通用的商业惯例和相关法律常识不掌握。规范性操作和处理商业事务的方式是提高效率，降低成本的重要途径。因此，百色市政府应该坚持制度立市原则，通过制度的建设和运行来规范百色市的商业行为及相关事务。

（4）坚持利用具有比较优势资源原则。没有比较优势就没有交易的发生，比较优势越明显，市场竞争能力越强。作为中国整体经济一部分的百色市必须按照比较优势的原则构建自己的经济发展战略和路径。从百色市的具体情况看，百色市的劣势是区位优势欠缺、植被覆盖脆弱、缺少现代工商管理团队、缺少高素质工程师团队、缺少熟练技术工人、缺少工业文明修养和现代商业意识、城市化程度低、基础设施薄弱、平地少且山地多、人口居住分散且贫困人口多、基础教育和职业教育水平低，与后工业化时代及数字化经济时代相适应的思想、理念、制度和习惯还没有建立起来。百色市的优势是吸引人的冬季气候、没有污染的物产和秀美的自然风光。虽然百色市的铝矿和锰矿储藏相对丰富，但地理位置不佳、现代工业人才和技术缺乏等劣势将会抵消百色市铝矿和锰矿资源储藏所带来的优势。短期看，百色市发展铝产业和锰产业的代价是巨大的。因此，百色市应该紧紧围绕吸引人的冬季气候、没有污染的物产和秀美的自然风光来确定和发展自己的优势产业。

（5）创新驱动原则。创新不但是一种有益的行为，更是一种有效的思维方式和文化。其中，创新性的思维方式和以创新为核心的文化是根本，是决定一切工作效果和效率的根本。从百色市目前的实际情况看，缺乏大量资本投入的确是百色市经济发展的一大障碍，但是，如果缺乏以创新为核心的文化，缺乏具有创新思想的人力资本，那么，即使有大量货币投资进入百色市，百色人也难以驾驭，这就是百色市投资效益低下且出现投资失误的首要原因。因此，百色市政府必须努力创建以创新为核心的文化氛围，在全社会提倡创新、鼓励创新并以创新为导向构建各项工作的评价标准。

（三）完善制度供给，降低制度成本，优化投资经营环境

从市场竞争力角度看，对于任何产业而言，产业链越长对外竞争能力越强，产业链越精细成本越低且生产效率越高。然而，这些产业的发展规律被百色市政府目前的机构设置给粗暴地分解了。农业局只管农产品种植，至于农产品深加工和农产品市场拓展及网络销售与农业局无关。工信委只管工业生产，至于企业经营管理的基础设施与工信委无关。林业局只管植树和木材砍伐，至于林下经济产业链的构建和发展与林业局无关。这些条块分割的设置在此不再逐一赘述，但由此造成的市级经济发展政策不能持续落实和失败的现象屡见不鲜。在这种情况下，企业不但要面临高昂的制度成本，而且还要受到劣质投资经营环境的拖累。因此，以完善制度供给、降低制度成本、优化投资经营环境为目标的制度建设成为百色市实体经济降低成本的关键。

（1）以提升企业市场竞争力和社会责任为目标构建相关制度。任何制度的构建都是为了在规范人类行为的同时促进经济社会的发展。企业作为一类特殊组织，不但有规范人们行为的责任，也有发展经济创造财富的责任。企业所遵循的制度规范一旦出现不合理，不但会阻碍经济发展，而且还会扰乱人们的社会行为规则。因此，以提升企业市场竞争力和社会责任为目标构建相关制度是任何人类

社会都必须关注的首要事务。百色市属于经济后发展地区，市场化程度和城镇化程度相对较低。所以，首先，百色市政府应该掌握影响百色市企业市场竞争力的一般性因素，并将这些影响企业市场竞争力的一般性因素进行分类、造册。其次，对这些归属不同类别的因素进行分析，找出这些不同类别的影响因素的成因。最后，针对这些不同影响因素的成因来制定相关制度，达到提升企业市场竞争力和提高企业社会责任的目的。

（2）以提升中小企业规范经营和创新发展能力为目标构建相关制度。对于任何一个经济体而言，引领经济发展的往往是大企业，而中小企业往往是经济活力的来源。百色市中小企业的最大特征是企业所有者和管理者的文化素质相对降低，缺乏现代工商管理理念，企业内部缺乏制度化管理，企业文化资本、社会资本和知识资本严重缺乏。在这种状况下，单纯靠政府的号召和引领是难以发展的。因此，百色市政府必须以提升中小企业规范经营和创新发展能力为目标构建一系列相关配套制度，从整体上提升百色市中小企业所有者和管理者的素质、能力和经营管理技术。

（3）以提升项目规划设计能力和评价能力为目标构建相关制度。对于任何类型的经济管理工作而言，对经济资源进行合理配置，并使其发挥最大功效是经济管理工作的核心任务。从中国经济体制改革角度看，中国经济依次经历过以释放市场活力为主的试探性发展阶段和以打破传统限制重新配置资源为主的粗犷性发展阶段。目前，中国经济体制刚刚进入精细的有机性整合阶段。换句话说，中国经济体制正慢慢地从原来的刚性机械式结构向柔性的有机式结构转变。从投资计划重心的角度看，中国经济投资计划重心正从原来注重单一的基础设施投资和产业投资，逐步向注重综合性投资转变。从投资来源角度看，从单纯以财政投资为主体、财政投资和商业投资相结合正逐步向以财政投资为引导，以社会资本和民间资本投资为主体转变。从政府管理经济手段的角度看，中国各级政府正从以往单纯投资产业向市场培育、产业培育以及综合性投资转变，并且逐步提高使用相关制度来管理经济的比重。这些关键性转变要求百色市政府要转变以往的投资项目评价标准，从单一的效率评价和环境评价向区域性功能提升及区域性经济竞争能力提高的评价转变。因此，如何构建以提升项目规划设计能力和评价能力为目标的制度体系是百色市目前亟待解决的问题。这不但直接影响到百色市目前企业的运行效率，而且直接决定了百色市未来经济发展的结构和重心。

（4）以提升经济活动的系统性和完整性为目标构建相关制度。从中国目前管理经济工作的体制看，中央一级划分为不同的部、委、办，省、市、县三级也相应地按照这种体制划分出相应部门来对接上一级单位的业务。从实际运行的情况看，下一级部门往往是按照上一级单位下发的文件的主旨和要求，结合自己的实际情况重新拟定一份文件并下发给自己的下一级单位。这种文件下发的链条一直到村和镇才结束。换句话说，村和镇一级要对所有类别的文件按照自己的理解进行综合，并在综合的基础上形成自己开展经济工作的思路。在中央、省、市、县四级文件中，往往都标明此文件中所要求执行的工作任务需要有哪些部门参与完成，并且明确指出需要有特定某个部门来牵头负责。但是，这些部门的行政级别是一样的，彼此没有领导与被领导的关系。从部门的利益角度看，某个牵头的部门完成工作，其他部门不会有任何好处。某个牵头部门完不成工作，其他部门也不会有太多麻烦。从经济发展的实际情况看，任何一个经济活动或经济项目都是一个系统，涉及方方面面和许多政府管理部门。在目前条块分割的情况下，企业从事经济活动的成本是高昂的。因此，百色市政府应该以提升经济活动的系统性和完整性为目标而构建相关制度，消除行政体制本身所导致的制度成本高的现象。

（四）打破传统经验桎梏，创新技术发展

（1）促进和扶持行业协会发展。百色市政府习惯利用传统的行政手段管理经济工作，这种做法会直接导致增加政府与企业间的矛盾，以及经济工作出现混乱和不协调的现象加剧。从本质上看，政府的运行制度和处理工作的惯例与企业的运行特征和解决问题的惯例，在思维逻辑、价值观念以及程序上相差较大。这些差距往往直接导政府经济政策难以落实，而企业同时又要承受高制度成本的现象愈演愈烈。根据北美、西欧、日本、韩国以及中国发达地区和城市管理经济工作的经验看，通过大力建设和促进行业协会的发展是一个不错的选择。首先，政府可以通过行业协会向企业传递政府调整经济结构和改变经济发展方向的信息。由于行业协会成员往往来自同行业企业，对行业发展规律、发展方向、行业规则以及专业术语和意义有着深刻的理解并熟练掌握，因此，可以对政府发布的相关政策和制度有着准确理解及解读，并且可以以恰当的方式传递给所属企业，能够有效避免信息传递过程中歧义的产生。其次，由于行业协会是介于政府与企业之间的一座桥梁，一方面，可以有效缓解政府与企业之间在思想认识和行为规范上的差距；另一方面，可以有效利用行业领导者和管理者的身份来规范所属企业行为，避免出现恶性价格竞争，保证本行业健康有序发展。最后，政府始终在银行与企业之间的关系中扮演着一个难堪的角色。政府关注的是企业发展和企业融资问题，而银行关注的是如何能够保证放贷资金的安全和抵押问题。在这个过程中，仅仅依靠行政手段政府是很难有所作为的。因此，必须要以行业协会为基础来构建融资担保平台。一是行业协会能够汇集本行业所有的管理经验和经营智慧，能够做出相对准确的投资判断。二是行业协会的领导者是由本行业中的管理精英产生，对行业中每个企业的经营状况和发展潜力有着深刻的了解，可以有效地保证放贷资金被正确使用。三是行业协会可以动员所属企业将每个企业的固定资产进行集中抵押，并以行业契约方式来协调贷款资金的使用，有效化解中小企业贷款难的问题。

（2）加大投资国有企业力度。从百色市的实际情况来看，百色市政府管理经济力不从心的主要原因是国有企业数量较少，国有企业在百色市经济中占有的比重不但相对较低，而且涉及的行业种类相对较少。从国内其他城市发展经济的过程看，有两条路径是非常清晰的：一条路径是国有企业比重较大，政府利用国有企业比重大的特点迅速将本地区和城市的经济总量做大；另一条路径是虽然国有企业比重较低，但城市的区位优势明显，国家政策倾斜程度较高，地方政府对国家政策利用也比较充分，城市投资环境优良，吸引大量高素质人才和企业进驻。这些城市往往交通便利，风景优美，特别适合人类居住。这类城市的经济发展往往依靠的是制度建设和基础设施建设，至于具体的经济活动则完全是由民营资本和海外资本来操作，政府只是简单引导即可。对照这两条经济发展路径的具体特征看，百色市不具备采用第二条经济发展路径的条件。因为百色市既没有良好的区位优势，也没有宜人的气候和优良的城市景观，更没有吸引高端人才和大规模资本的实力。从实际情况看，百色市工商企业所有者和管理者不但素质相对较低，而且企业规模往往偏小，产品和服务的技术含量非常低，企业也不具备产品创新能力。在百色市，具有战略性投资价值的企业非常少。不是这些企业的建设对国内大型企业集团没有吸引力，而是百色市工商企业不但没有意识也没有能力建设这些企业。例如，百色市盛产林下鸡、大麻鸭和山羊，而百色市居然没有一家专业屠宰场，百色市所有餐饮企业制作的鸡、鸭、羊都带有毛发。同时，百色市耗费很多资金和精力建立的百色—北京蔬菜专列却处于亏损状态。如果百色市能够建立一家现代化屠宰厂，并按照相关国际标准操作，那么，可以有效地带动百色市养殖产业快速发展。因此，百色市政府应该按照习近平总书记提出的“理直气壮做好国有企业”的要求，加大对重点领域和重点国有企业的投资，对那些能够最大限度地拉动百色市经济发展的关键领域和关键节点要加大国有投资力度，从而牢牢地把握住百色市经济发展方向，有力地掌控住百色市经济结构调整的方向和路径，最大限度地发挥财政资金引导社会资本投资的作用。如果采用第二条经济发展路径，百色市有可能在短期内达到迅速发展经济的目的。

（3）以制度推动技术创新发展。制度的根本作用在于规范和调整人们的行为。从百色市目前的状况看，人们创新意识薄弱，支持技术创新和工作方式创新的制度还很不完善。组织和个人对现有生产性服务质量、社会性服务质量以及产品质量要求不高。上到百色市政府文件，下到各级医院宣传板，错别字经常出现。这种现象的存在充分说明百色人对待工作极不认真的态度，在这种工作态度和状态的基础上从事创新工作是根本不可能的。因此，百色市政府应该以实现高品质的工作质量、高品质的生产性服务、高品质的生活性服务以及高品质的产品质量为目标来构建各种制度，并且使这些制度能够以较低的成本来有效运行。在这些制度的约束下，百色市各级和各类组织才有可能实现高效且规范的运行，并在此基础上实现思想和行为的转变，创新意识和创新行为才有可能产生。

（4）建设信息平台，整合信息资源，构建信息经济。信息是决策的基础，随着网络化的普及和柔性制造技术的推广，信息已经成为企业参与市场竞争的重要资源。从百色市作为一个相对独立的宏观经济体角度看，政府所颁布的任何经济政策和发展经济的措施不但要依据大量的相关信息，而且要求这些经济政策和措施影响到的企业组织能够充分理解这些政策、措施产生的背景及意义。唯有如此，才能够保证政府所制定的宏观经济政策及措施能够被微观的企业组织所理解和执行。从信息层面看，有国际、国家、地区、产业和企业个体五个层面。从信息类别来看，有技术、管理、运营等许多类别。为了有效收集和使用这些信息，百色市政府应该建立一个能够涵盖政府、行业协会和个体企业三个层面的信息平台。通过这个信息平台，百色市政府能够对相关宏观经济走势进行准确研判，并且根据研判做出有利于百色市企业发展的相关决策。同时，各个行业协会能够依据各种相关信息组织所属企业实施恰当的经营策略，有效地调整产业结构，并根据市场信息引导企业开展具有针对性的创新活动，避免恶性价格竞争。此外，处于信息平台上的企业组织可以根据相关信息评估自己经营行为的效率和效果，还可以通过信息平台寻找与自己企业具有优势互补效应的企业，开展业务联系和协同创新等活动，共同形成企业网络。企业网络不但可以提高企业的市场敏感性程度，而且可以有效降低企业经营成本和市场风险。因此，百色市政府应该迅速建立涵盖政府、行业协会和企业组织三个层面的信息平台，没有信息作为基础的决策是不可靠的决策。

（5）整合现有教育培训资源，开展工业文明培训，全面提升百色人的职业素养。对于任何类型的企业组织而言，投资环境中最为重要的两个要素是当地的人力资源素质和制度。从根本上说，制度具有外部强制性，执行成本高，而高素质人力资源可以使良性行为自然而然地发生。从百色市目前的经济现状看，人力资源素质低下是百色市经济发展的首要“瓶颈”。人力资源是所有生产要素当中最具有活力、增值空间最大且唯一具有主观能动性的要素。因此，要想使百色市经济快速发展，企业高效且低成本运行，必须整合百色市现有教育培训资源，有计划、有目的、系统性地开展职业素质和职业技能培训，全面提升百色人的职业素养。培训层次可以分为高级、中级和初级三个等级。培训内容除了本职工作所必需的技能和知识外，重点是灌输敬业精神、团队精神、创新精神、市民精神、职业伦理和纪律、人文精神、学习能力，以及发现问题、分析问题和解决问题的思维方式。

二、微观视角下百色市实体经济降低成本的途径

全面提升企业对相关政策掌握和理解的水平，学会用好用足政策企业应该掌握国家、自治区和百色市的相关政策和文件，并且要主导与相关管理单位联系，定期组织本单位员工进行学习，请相关管理单位负责人给企业进行讲座，充分掌握国家产业政策、优惠政策和指导意见，全面提升本单位的决策水平和决策能力。

主动与科研院所和大专院校联系，虚心请教，努力改善工艺水平和管理水平企业应该主动加强与科研院所和大专院校联系，请进来，走出去。利用外脑来改善自己的工艺水平和管理水平。与科研院所和大专院校联合建立创新中心，围绕产品研发、成本控制和员工培训来开展工作。

以行业协会为中介，以主管部门为协调，积极实施横向一体化经营战略百色市的农业企业、工业企业和服务企业规模普遍偏小。因此，应该积极寻求横向一体化战略。通过产权明晰和公司治理等手段，积极寻求资产重组，推行横向一体化战略。这样可以集中研发资金、研发力量、价格谈判优势以及物流成本优势，有效降低市场风险和运营成本，并加快新产品研发速度。

农业企业应该努力争取为科研院所和大专院校的研究人员当实验场科研院所

和大专院校的研究人员往往都承接国家科研课题和省级科研课题，这些科研课题往往都具有一定的前瞻性。因此，百色市农业企业应该积极寻求与这些科研院所和大专院校的研究者进行联系，为这些研究者提供一定的实验场。这样，农业企业不但可以获得先进技术指导，而且有可能最早成为这些科研成果的受益者，使自己的企业能够实现弯道超车。

百色市电解铝企业应该积极开展高镁合金扁锭的研制工作，高镁合金扁锭有着广泛的应用前景，是生产规模下，生产成本高的电解铝厂的脱困之路。因此，百色市电解铝厂应该马上开展电解铝合金化研究工作，并且首先应该上马高镁合金扁锭的研制和生产工作。从国际和国内市场来看，从2017年下半年开始，高镁合金扁锭将面临供不应求的局面，目前只是市场客户拓展时期。

百色市氧化铝厂目前应该立刻设计出全系列铸造合金铝研发生产计划。从目前情况来看，氧化铝和电解铝在未来50年内将是大众化产品，而大众化产品的生存之道是规模经济。百色市电解铝和氧化铝厂规模较小，无法享受到规模经济。因此，必须走铝合金开发的道路，尤其是特种合金开发的道路。从未来发展方向看，特种铝合金不但用途广泛，品种繁多，而且附加值较高。因此，百色市氧化铝厂必须迅速制订全系列铸造合金研发和生产计划。

百色市规模以上服务必须尽快进入到连锁经营时代。从全国实际情况来看，北方城市和南方沿海发达地区的服务企业早已进入到连锁经营时代。从近期情况来看，这些早期进入到连锁经营的百货行业对网上订货冲击的抵抗是成功的。早期进入到连锁经营的住宿行业得到了互联网的推动，将销售量提高较大，并且使成本有较大降低。早期进入到连锁经营的餐饮行业发展得非常迅速，出现一大批餐饮行业的巨无霸，例如北京的全聚德和大鸭梨等餐饮企业巨头。能够继续以小规模生存的餐饮企业，往往都是百年老字号企业，都有自己的独门配方，拥有相当数量忠诚的消费者。因此，百色市服务企业在积极开展产品创新的同时，要积极地以产权为纽带，以公司治理为手段，快速开展连锁经营。

以产权为纽带，以业务为手段，以销量为目标，以成本降低为保证，积极实施纵向一体化战略百色的农业企业、工业企业和服务企业绝大部分是单打独斗。今天的市场竞争不是在单个企业之间展开，而是在企业网络与企业网络之间进行。因此，百色市的企业必须迅速寻求途径，争取早日加入到这样的企业网络中。例如，百色市环球百货应该考虑能否加入到沃尔玛、家乐福和乐购集团。百色市环球百货应该考虑能否在百色市，以及其他城市开展连锁经营。利用连锁经营的优势与供货方洽谈提供实体店规格产品，避免与网络规格产品发生冲突。百色市农业企业应该考虑与北方或沿海发达地区的农业合作，加盟到这些大型农业企业集团，将自己变成这些大型农业企业集团的加工厂，由这些大型农业企业集团负责技术指导，百色农业企业只负责生产，成品进入到这些大型农业企业集团的配送和销售渠道。在这个合作过程中，不断提高自己的技术水平、管理水平和营销水平，为自己将来做大做强奠定坚实的基础。

综上所述，实体经济成本高是经济社会运行存在问题的一种表象，是宏观层面的制度供给和政策出现问题所导致的。这种宏观层面的制度供给问题主要两种类型：一种是制度运行成本高；另一种是制度不完善。对于前一种问题，政府可以通过行政体制改革来解决；后一种问题的解决必须要从微观层面考察，考察制度与文化的契合程度，以及考察制度对微观经济个体行为影响的协调性。外部强制性是制度的首要特征，这个特征会导致制度运行成本高，当制度与现有文化之间具有较大差距时，较高的制度成本会导致制度出现悬置现象，因此，必须对文化进行改良。此外，在文化改良过程中成长的高素质工作者将会对制度运行产生不协调的现象进行主动调整，并积极投身到新制度的建设中。

附录1　百色市介绍

百色古为百越之地，历史悠久。根据考古发现，旧石器时代百色市就有人类居住。1729 年清朝设置百色厅，但因为历史传说百色市也被称为鹅城。后因为邓小平同志在百色市领导了百色起义，百色市又同时被称为红城。

百色市坐落在广西壮族自治区的西部，北面和贵州省毗邻，西面和云南省接壤，南面与越南的高平省交界，北面距离广西壮族自治区首府南宁仅 240 多千米，自古就是中国西南重要的交通枢纽。随着中国对外开放程度的不断提高以及经济体制改革的不断深入，百色市的区位交通优势变得更加明显，已经成为中国大西南重要的出海大通道，是中国沟通东盟的重要桥梁，是中国面向东盟开放的门户城市，是中国交通运输部确定的 179 个国家级公路运输枢纽城市之一。南昆铁路贯通百色，云桂高铁百色至南宁段已经开通运行。目前，正在施工建设的有云桂高铁百色至昆明段、南昆铁路二线、贵州黄桶至百色、百色靖西至云南龙邦、云南文山至百色靖西至防城港等铁路。南昆高速公路、隆林至百色高速公路、靖西至那坡高速公路、马山至平果高速公路、崇左至百色靖西高速公路已经建成通车，全市高速公路里程达 635 千米，县区高速公路通达率为 75%。百色市巴马机场已经开通至广州、上海、重庆、深圳、桂林和天津等航线。目前，百色市拥有国家一类口岸 2 个，国家二类口岸 1 个和 7 个边贸点。中越跨境经济合作区和中国—东盟农产品自由贸易中心等中国与东盟进行国际贸易的平台正在建设中。

百色市的气候属于亚热带季风气候。一年四季光热充沛，雨热同季，夏长冬短。年平均气温为 19.0 ~ 22.1℃，夏季最高气温为 36.0 ~ 42.5℃，冬季最低气温为 -2.0 ~ 5.3℃。全年平均日照时间为 1906.6 小时，全年平均降雨量为 114.9 毫米，全年无霜期为 357 天。百色市一年四季常青，各种鲜花交替开放，既没有北方秋季的落叶飞舞和冬季的白雪酷寒，也没有江南梅雨季节的潮湿和冬季的阴冷。在全国其他城市通过市内绿化改善城市居住环境时，百色市早已将城市建在了大森林中，这种优良气候造就了丰富物产和适合养生的生态环境。百色市盛产山羊、黑猪、德保矮马、七里香猪、林下鸡、大麻鸭、桑蚕、三七、田七、绿茶、白茶、八角、八渡笋、云耳、芒果、香蕉、血橙、红心猕猴桃、葡萄、木瓜、杨桃、龙眼、板栗、黄皮、鲶鱼、罗非鱼、草鱼、胖头鱼等。可以说，百色市几乎盛产所有热带水果和热带植物，芒果树、扁桃树、木瓜树、棕榈树和三角梅已经成为百色市城市绿化的主要树种。作为中国最好的三大亚热带季风气候地区之一，百色市被冠以众多称谓，例如土特产仓库、天然中药库、茶叶之乡、中国芒果之乡、茴油之乡、灵芝之乡、沙糖橘之乡、八渡笋之乡、兰花之乡、热带水果之乡、桉椤之乡等。

百色市地处山区，东西长320千米，南北宽230千米。地形为南北高而中间低，地势走向由西北向东南倾斜，属于典型的山区地形，被称为“小武汉”。山区面积约占总面积的95.4%，其中石山约占30%、土山约占65.4%，而平原和丘陵仅占4.6%。土山面积有3500多万亩，人均10多亩。森林覆盖率高达66.7%，现有森林面积为2728万亩，居广西壮族自治区首位，是珠江上游重要的生态安全屏障。木材蓄积量为4400万立方米，天然林以常绿阔叶林为主，间有亚热带落叶阔叶林、亚热带针叶阔叶混交林、亚热带针叶林等。植物资源多达236科955属2775种，其中具有药用价值的植物种类就多达1200多种。

百色市的地理地貌极为特殊，属于喀斯特地貌。不但山多，而且水资源也极为丰富。山中有洞，洞中有水的现象非常普遍。例如，百色的通灵大峡谷由5个峡谷组成，总长10多千米，完全由水流连接而成。中国最大的天坑“大石围”直径500多米，深400多米，天坑内地下水系发达，生活在天坑内的野生动植物种类繁多。百色市优良的生态环境孕育了100多种野生动物，其中有国家一级保护动物孔雀稚、小豹、林麝、黑叶猴等。国家二级保护动物有虎纹蛙、大壁虎、蟒、原鸡、黄嘴白鹭、猫头鹰、穿山甲、水獭、短尾猴、恒河猴、山瑞鳖、大鲵和鹰嘴龟等。野生动物中的兽类主要有穿山甲、九间狸、果子狸、野猪、水獭、山獭、黄鼠狼、野猫、松鼠等；爬行类主要有蛤蚧、青竹蛇、百步蛇等；鸟类主要有斑鸠、鹧鸪、野鸡、白鹤、猫头鹰、黄鹰、画眉、啄木鸟、黑颈长尾雉等。

百色矿产资源极为丰富，目前已发现矿种有50多个，探明储量的有31种。主要有铝土矿、猛矿、铜矿、锑矿、煤矿、油矿、水晶矿和黄金矿等，其中黄金储量较大，被称为中国第二个金三角。

根据第六次全国人口普查数据，百色市目前常住人口是382.63万人。有壮、汉、瑶、苗、彝、仡佬、回7个民族，少数民族人口占总人口的87%，壮族人口占总人口的80%。分别居住在右江区、田东县、田阳县、田林县、平果县、德保县、凌云县、靖西县、那坡县、乐业县、隆林县和西林县。在这12个区县中，9个是国家级扶贫开发工作重点县，2个是自治区级扶贫开发重点县，截至2015年底，百色市农村贫困人口有68.2万人，约占百色市总人口的17.8%，扶贫任务任重而道远。

自2002年撤地设市以来，百色市以矿产资源开发和特色农业种植为经济工作重点，以项目带动战略为抓手，大力推行工业立市政策。坚持扶贫开发优先、交通发展优先、产业优先和城镇化优先“四个优先”的工作原则，大力推进生态铝产业示范基地和国家级农业示范基地建设。目前已经初步形成“以铝产业为主导，以煤炭、电力、石化、冶金、制糖和造纸六大重点产业为骨干”的工业体系，以热带水果种植、中草药种植和秋冬菜种植为重点的农业种植体系，以旅游业和商贸服务业为核心的服务体系。截至2015年，百色市地区生产工业总值为980.4亿元，是2010年的1.5倍。

由于历史和地理原因，在中国其他发达地区已经步入后工业化时期时，百色市才刚刚进入到工业化初期。作为经济后发展地区，百色市支柱型产业链还不完全具有市场竞争力，产业链分工不细，深加工程度较低，高附加值产品少，缺乏自有品牌，市场控制力弱，新产品研发能力欠缺。由于缺乏现代化大工业的洗礼，百色市缺乏现代工业文明、缺乏匠人精神、缺乏工业组织纪律、缺乏精益求精的精神、缺乏团队精神、缺乏工程师团队、缺乏高技术工人队伍、缺乏现代工商管理团队和现代管理思想及理念、缺乏敬业精神和职业技能培训是普遍现象、工商企业缺乏知识资本和文化资本的现象非常明显。

由于山多地少，在百色市农村很难找到100亩以上连片地块，难以实施大规模机械化作业。在进城务工潮的作用下，百色市农村普遍出现“空心化”现象。这种“空心化”现象不但导致农业生产出现问题，而且导致大量社会问题出现。

特殊的人文地理环境导致百色市对外开放程度不够，经济组织对外交流的广度和深度不足，整个社会严重缺乏社会资本和信息资本。虽然相对闭塞导致了较低的商业化程度，但保留了百色市原生态的自然风光，保持了百色人质朴的性情以及悠闲且简单的生活方式。崇拜自然的信仰传承，塑造了百色人内刚外柔、宽容且海纳百川的性格特征。崇拜祖先的信仰传承不但使百色人保持了强烈的“家”的观念，而且使百色人高度认同以“身份”为标准构建的社会秩序。这些自然的、社会的和文化的财富是百色人未来发展经济的重要基础。

在这个为了有效应对和化解“三期叠加”效应而实施的经济结构调整过程中，百色市受到的冲击和影响较大，较大部分工商企业的盈利能力出现下降。但是，由于百色市刚刚进入工业化早期阶段，历史包袱较轻，经济结构调整成本不会过高。从全国范围看，百色市的人居环境、自然风光、没有污染的物产已经成为稀缺资源，这些优势为百色市未来经济与社会的崛起奠定了坚实基础。

附录2　百色市2014年国民经济和社会发展统计公报

（百色市统计局）

（2015年8月2日）

2014年，面对复杂严峻的宏观经济环境和经济下行压力，市委、市政府团结带领全市各族人民开拓进取，奋力攻坚，坚持稳中求进工作总基调，以改革创新、扩大开放为主线，深入实施全面深化改革、扶贫开发、城镇化发展、工业化发展“四大攻坚战”，在新常态下全市经济实现稳中有进，结构优化，民生改善，社会事业持续健康发展的良好局面。

一、综合

初步核算，全市实现生产总值（GDP）917.92亿元，按可比价格计算，比上年增长8.4%。其中，第一产业增加值158.69亿元，增长4.2%；第二产业增加值490.03亿元，增长9.9%；第三产业增加值269.20亿元，增长7.8%。三次产业增加值占地区生产总值的比重分别为17.3%、53.4%和29.3%，对经济增长的贡献率分别为8.5%、66.6%和24.9%。按常住人口计算，人均地区生产总值25806元，比上年增长7.6%。

全年居民消费价格总指数为102.3，比上年上涨2.3%，八大类消费价格呈现“六升二降”，其中食品上涨4.4%，衣着上涨5.5%，家庭设备及维修上涨1.2%，医疗保健、个人用品上涨0.5%，娱乐文化用品及服务上涨1%，居住类上涨0.9%；烟酒下降1%，交通通信下降0.9%。

全年财政收入108.7亿元，比上年增长0.9%。公共财政预算收入70.91亿元，增长7.9%，其中，税收收入44.08亿元，增长10.2%。财政支出305.39亿元，比上年增长12.2%，其中公共财政预算支出261.13亿元，增长12.2%。

二、农业

全年农林牧渔业总产值257.53亿元，比上年增长4.3%。其中，农业产值142.63亿元，比上年增长3.5%；林业产值26.88亿元，比上年增长12.3%；牧业产值69.04亿元，比上年增长1.9%；渔业产值14.13亿元，比上年增长9.1%；农林牧渔服务业产值4.85亿元，比上年增长9.0%。

全年粮食种植面积27.63万公顷，比上年下降0.1%；稻谷种植面积9.86万公顷，比上年增长0.3%；玉米种植面积12.81万公顷，比上年增长3.5%；甘蔗种植面积8.41万公顷，比上年下降14.5%；烤烟种植面积1.04万公顷，比上年下降11.1%；油料种植面积1.11万公顷，比上年增长2.3%；蔬菜种植面积9.21万公顷，比上年增长6.6%。

表1　2014年主要农产品产量及增长速度

产品名称	产量（万吨）	比上年增长（%）
粮食	120.78	3.0
油料	1.52	3.8
甘蔗	514.27	-9.2
蔬菜（包括菜用瓜）	207.05	6.8
烤烟	1.51	-15.6
木薯	3.23	-14.5
水果	66.61	14.5
茶叶	1.01	9.5

年末生猪存栏207.35万头，比上年增长4.7%。生猪出栏231.50万头，增长1.5%。全年肉类总产量26.82万吨，比上年增长0.7%。其中，猪肉产量17.29万吨，增长1.5%；牛肉产量2.20万吨，增长6.3%；羊肉产量0.83万吨，增长6.1%；禽肉产量6.10万吨，下降4.1%。牛奶产量0.03万吨，下降53.0%。蚕茧产量0.56万吨，增长24.7%。水产品产量13.88万吨，增长9.0%。

年末全市农业机械总动力292.38万千瓦，比上年增长2.0%。全年农田水利建设有效灌溉面积10.78万公顷。

三、工业和建筑业

全年全部工业增加值417.90亿元，比上年增长9.0%。

全年规模以上工业增加值增长9.4%。在规模以上工业中，国有企业下降3.0%，股份制企业增长11.5%，外商及港澳台商投资企业增长2.9%，其他经济类型企业增长14.0%。轻工业增长7.1%，重工业增长9.7%。分门类看，采矿业增长23.2%，制造业增长9.4%，电力、热力、燃气及水的生产和供应业增长4.0%。

表2　2014年全市主要工业产品产量及增长速度

本市15种主要产品及增速	产量（万吨）	增速（%）
铁矿石原矿	30.88	1417.00
锰矿石成品矿	23.94	1923.00
成品糖	65.13	-25.50
机制纸及纸板	55.57	-11.30
硫酸	23.45	-60.10
精制茶	1561	0.00
硅酸盐水泥熟料	575.8	7.50
水泥	673.5	14.30
商品混凝土	330.6	227.40
石墨及碳素制品	41.69	-13.60
钛合金	88.54	43.60
氧化铝	796.8	3.70
原铝（电解铝）	37.98	-46.80
铝材	174.1	23.20
人造板（万立方米）	62.54	39.80

全年规模以上工业中，农副食品加工业增加值比上年增长6.1%；木材加工和木竹藤棕草制品业增长13.3%；造纸和纸制品业下降3.1%；有色金属矿采选业增长66.8%，黑色金属矿采选业增长42.1%，通用设备制造业增长85.4%，六大高耗能行业增加值比上年增长8.1%。其中，非金属矿物制品业下降2.3%；化学原料及化学制品制造业增长3.2%；有色金属冶炼及压延加工业增长

11.2%；黑色金属冶炼及压延加工业增长10.0%；电力、热力生产和供应业增长4.3%；石油加工炼焦及核燃料加工业下降5.2%。

全年规模以上工业主营业务收入835.71亿元，增长15.2%；利税总额48.37亿元，增长7.3%，其中利润总额16.07亿元，增长33.2%。

表3　2014年规模以上工业企业利润总额及增长速度

指标	利润总额（万元）	比上年增长（%）
规模以上工业企业	160710	33.2
其中：轻工业	-13055	
重工业	173765	57.53
其中：国有企业	14392	
股份制企业	118510	6.97
外商及港澳台商投资企业	24642	6.25
其他经济类型企业	3166	1300
其中：国有控股企业	68258	4.94
大中型工业企业	99171	-12.36

分行业看，农副食品加工业亏损0.52亿元，增亏155.3%；非金属矿物制品业实现利润2.59亿元，下降0.8%；化学原料及化学制品制造业实现利润1.76亿元，增长41.9%；有色金属冶炼及压延加工业实现利润10.53亿元，增长14.3%；黑色金属冶炼及压延加工业亏损0.69亿元，增长47.7%；电力、热力生产和供应业实现利润2.5亿元，减亏4.8倍；石油加工炼焦及核燃料加工业亏损0.69亿元，减亏50.7%。

全年全社会建筑业增加值72.12亿元，比上年增长18.1%；全市具有资质等级的建筑业企业实现总产值37.34亿元，比上年增长29.1%。

四、固定资产投资

全年全社会固定资产投资926.34亿元，比上年增长9.6%。其中，固定资产投资（不含农户）895.23亿元，比上年增长11.6%；农村私人建房投资31.11亿元，比上年下降27.6%；农村投资133.99亿元，比上年下降4.0%。

在固定资产投资（不含农户）中，分管理渠道看，基本建设投资482.08亿元，比上年增长 26. 3%；更新改造投资 245. 19 亿元，增长 5. 0%；房地产开发投资 54. 36 亿元，下降 4. 7%；其他投资 10. 71 亿元，比上年下降 68. 1%。

表 4 主要行业固定资产投资完成情况（不含房地产开发项目）

指标	总量（亿元）	增长速度（%）
第一产业	42. 00	4. 1
农、林、牧、渔业	42. 00	4. 1
第二产业	278. 23	－2. 2
采矿业	31. 33	1. 4
制造业	189. 69	－12. 2
电力、热力、燃气及水的生产和供应业	30. 91	－15. 8
建筑业	26. 31	2987. 6
第三产业	575. 00	20. 4
交通运输、仓储和邮政业	137. 77	－12. 2
批发和零售业	36. 39	23. 3
住宿和餐饮业	19. 53	161. 8
金融业	0. 56	－45. 7
房地产业（不含房地产开发）	86. 23	213. 9
信息传输、软件和信息技术服务业	4. 43	－46. 4
租赁和商务服务业	15. 78	363. 0
科学研究和技术服务业	2. 42	－67. 2
水利、环境和公共设施管理业	149. 13	30. 1
居民服务、修理和其他服务业	1. 51	－67. 2
教育	19. 87	－27. 9
卫生和社会工作	9. 34	51. 7
文化、体育和娱乐业	21. 98	67. 7
公共管理、社会保障和社会组织	15. 69	19. 0

在固定资产投资（不含农户）中，分产业看，第一产业投资 42 亿元，增长 4. 1%；第二产业投资 278. 23 亿元，下降 2. 2%，其中工业投资 251. 92 亿元，下降 11. 2%；第三产业投资 575 亿元，增长 20. 4%。

五、国内外贸易

全年社会消费品零售总额 201. 06 亿元，比上年增长 12. 6%。按经营地统计，城镇消费品零售额 175. 83 亿元，增长 12. 5%；乡村消费品零售额 25. 22 亿元，增长 13. 0%。

在限额以上企业商品零售额中，汽车类零售额比上年增长 36. 3%，石油及制品类增长 6. 3%，家用电器和音像器材类比上年下降 11%，通信器材类增长 54. 1%，体育娱乐用品类增长 21. 4%，文化办公用品类比上年下降 11. 6%，家具类增长 83. 4%，建筑及装潢材料类下降 9. 9%，日用品类增长 18. 4%，粮油、食品、饮料、烟酒类增长 14. 1%，服装、鞋帽、针纺织品类增长 6. 9%，化妆品类增长 5. 4%，金银珠宝类增长 34. 5%。

全年货物进出口总额 7. 28 亿美元，比上年增长 21. 8%。其中货物出口 5. 31 亿美元，比上年增长 37. 2%；货物进口 1. 98 亿美元，下降 6. 3%。

六、交通、邮电和旅游

全年交通运输、仓储和邮政业增加值 39. 18 亿元，比上年增长 5. 0%。年末公路里程 16106 千米，增长 5. 3%，其中等级公路 14294 千米。全年实现公路水路客货运周转量 108. 12 亿吨千米，比上年增长 11. 5%，其中公路为 102. 99 亿吨千米，增长 11. 5%。

年末全市民用汽车拥有量 17. 12 万辆，比上年增长 11. 8%。

全年邮电业务总量 19. 86 亿元，比上年增长 15. 9%。其中，邮政业务总量 1. 97 亿元，增长 39. 3%；电信业务总量 17. 89 亿元，增长 13. 8%。

全年接待国内游客 1997. 8 万人次，比上年增长 18. 9%；实现国内旅游总收入 156. 01 亿元，比上年增长 28. 0%。

七、金融、保险

全年金融业实现增加值 33. 04 亿元，比上年增长 12. 9%。年末金融机构各项存款余额 880. 56 亿元，比上年增长 14. 2%，其中个人存款 528. 67 亿元，比上年增长 14. 8%。年末金融机构各项贷款余额 673. 33 亿元，比上年末增长 14. 4%，其中中长期贷款余额 443 亿元，比上年增长 10. 8%。

全年保险业累计实现保费收入 12. 21 亿元，比上年增长 17. 69%，其中，财产险业务保费收入 6.01 亿元，增长 20.5%；寿险业务保费收入 6.20 亿元，增长 15.08%。

表 5　2014 年金融机构本外币存贷款及其增速

指标	年末数（亿元）	比年初增长（%）
各项存款余额	880.56	14.2
其中：单位存款	328.46	9.7
个人存款	528.67	14.8
各项贷款余额	673.33	14.4
其中：短期贷款	220.34	18.2
中长期贷款	443.01	10.8

八、教育和科学技术

全市中等职业教育学校（市属）19 所，普通中学 188 所，小学 1278 所。中等职业教育学校专任教师 973 人。普通中学专任教师 11156 人。小学专任教师 15886 人。全年普通高中在校生 5.86 万人，中等职业教育学校在校学生 5.82 万人，普通初中在校生 19.98 万人，小学在校生 34.24 万人，幼儿园在园幼儿 15.48 万人。初中毕业生升学率（升普通高中）77.61%。

全年专利申请受理 863 项，比上年增长 51.1%，其中发明 596 项，实用新型 209 项，外观设计 58 项。专利申请授权 179 项，其中发明 28 项，实用新型 107 项，外观设计 44 项。

九、文化、卫生和体育

年末全市县级以上文化馆 13 个，博物馆 15 个，公共图书馆图书总藏量 143.57 万册。年末广播综合人口覆盖率为 100%，电视综合人口覆盖率为 100%。

全市共有医疗卫生机构 2594 个。其中，医院 32 个，乡镇卫生院 175 个，社区卫生服务中心 5 个，诊所（卫生所、医务室）358 个，疾病预防控制中心 13 个，卫生监督所（中心）13 个，妇幼保健院（所、站）13 个。卫生技术人员 17911 人，其中执业医师和执业助理医师 5367 人，注册护士 7067 人。医疗卫生机构床位 15805 张，其中医院 6710 张，乡镇卫生院 4079 张。

全市共有体育场馆7个。在参加各项重大比赛中，世界比赛获1枚金牌，5枚银牌，3枚铜牌；全国比赛获29枚金牌，18枚银牌，5枚铜牌；省级比赛获53枚金牌，44枚银牌，52枚铜牌。

十、人口、人民生活和社会保障

年末全市户籍总人口412.02万人，比上年增加0.36万人，其中非农业人口62.03万人；男性214.64万人，女性197.39万人；18岁以下94.09万人，18～35岁111.86万人，36～60岁147.72万人，60岁以上58.36万人。年末常住人口356.88万人，比上年增加2.36万人，其中城镇人口116.85万人。

全年城镇居民人均可支配收入23282元，比上年增长8.5%；农民人均纯收入6145元，比上年增长13.6%。

年末全市城镇基本养老保险参保人数15.63万人，比上年末增长1.4%；失业保险参保人数为11.56万人，比上年下降0.3%；参加医疗保险参保人数为56.91万人，比上年增长5.2%；工伤保险参保人数为15.66万人，比上年增长13%。

全年城镇新增就业人数2.27万人，下岗失业人员再就业人数为0.36万人。全年城镇登记失业率3.3%。

十一、资源、环境和安全生产

全年完成植树造林总面积38250公顷，比上年增长1.51%，完成荒山造林总面积32315公顷，比上年下降6.58%，全市森林面积243万公顷，建有林业自然保护区18个，森林覆盖率67.02%。活立木蓄积量11010.65万立方米，自然保护区面积392920公顷，其中国家级自然保护区4个。

初步核算，全年能源消费总量比上年增长1.0%。万元地区生产总值能源消耗比上年下降6.84%，规模以上万元工业增加值综合能源消耗比上年下降7.18%。

年末污水集中处理率80.85%，生活垃圾无害化处理率100%，人均公园绿地面积11.62平方米，建成区绿地覆盖率达到37.01%。

全年各类安全生产事故99起，其中工矿商贸事故26起，交通事故220起，火灾事故165起。交通事故死亡人数157人，交通事故损失173.33万元；火灾事故死亡人数4人，火灾事故损失683.2万元。

注：（1）本公报中2014年数据均为初步统计数，最终数据以《广西统计年鉴（2015）》为准。

（2）地区生产总值、各产业增加值绝对数按现行价格计算，增长速度按不变价格计算。

（3）全社会固定资产投资包括固定资产投资（不含农户）和农户固定资产投资。

后 记

本书是《百色市实体经济降低成本的途径与策略研究》课题研究成果，特别感谢百色市委杨春庭副书记和百色市政府刘北副秘书长对该项课题的研究方向和研究重点所进行的整体规划与构想，没有他们最初的思索和对百色市宏观经济整体特征的深刻了解，该项研究课题不可能产生，本书的出版更是无从谈起。在中国楼市“高烧不退”，地方财政严重依赖房地产、制造业严重低迷的背景下，两位在经济后发展地区任职的官员能够将思考的重点放在实体经济上，并试图通过降低实体经济成本，提高实体经济市场竞争力来提高百色市经济运行质量的做法让人敬佩。实体经济降成本工作不但涉及经济组织内部问题，也牵涉许多外部环境因素，众多影响因素相互交织并融合在一起，梳理起来极为困难。在课题研究过程中，百色市发展和改革委员会的黄廷文主任和范旭日副主任积极介入，利用他们长期从事宏观经济管理工作的经验，对课题研究的脉络和细节给予了大量指导和建议。百色市发展和改革委员会项目中心主任向家宇博士在课题研究之初从社会学角度给出很多建议，这些建议是促使课题组开始从经济社会学角度考虑实体经济降成本问题的最初动因。百色市发展和改革委员会综合科的钟静宇科长全程陪同课题组完成全部调研工作，并提供了大量帮助。作者在此对百色市发展和改革委员会的领导及同行的指导和帮助表示感谢。

从事课题研究和专著的写作要耗费大量时间，课题组成员所属单位——百色学院为此提供了大量帮助，在此表示感谢。

在本书的调研及写作过程中，我们也得到了各种难以言表的帮助，在此谨表谢忱。感谢百色市田阳县、田东县、平果县、德保县与靖西市发展和改革委员会的帮助和指导，感谢百色市工业开发区的支持和帮助，感谢银海铝业和环球国际宾馆等企业为课题组调研提供的帮助和建议。

王耀光

2016 年 11 月